与国学大师杜道生先生合影

作者母亲与外婆

子學講義

九十六歲尹從華題

李里 著

广西师范大学出版社
GUANGXI NORMAL UNIVERSITY PRESS

·桂林·

子学讲义
ZIXUE JIANGYI

图书在版编目（CIP）数据

子学讲义 / 李里著. 一桂林：广西师范大学出版社，
2019.5
（李里草堂国学系列）
ISBN 978-7-5598-1758-7

Ⅰ．①子… Ⅱ．①李… Ⅲ．①先秦哲学－研究 Ⅳ.
①B220.5

中国版本图书馆 CIP 数据核字（2019）第 078784 号

广西师范大学出版社出版发行

（广西桂林市五里店路 9 号　邮政编码：541004）
网址：http://www.bbtpress.com
出版人：张艺兵
全国新华书店经销
广西广大印务有限责任公司印刷
（桂林市临桂区秧塘工业园西城大道北侧广西师范大学出版社
集团有限公司创意产业园内　邮政编码：541199）
开本：787 mm × 1 092 mm　1/16
印张：14　　　字数：230 千字
2019 年 5 月第 1 版　　2019 年 5 月第 1 次印刷
印数：0 001~6 000 册　　定价：48.00 元

如发现印装质量问题，影响阅读，请与出版社发行部门联系调换。

再版自序

  《大众子学》于二〇一一年春由北京大学出版社刊刻，迄今八载，售罄有时，故多寻购此书而不得者。去春蒙广西师范大学出版社不弃，复邀再版，更名《子学讲义》，并嘱此序。既有此序，里所欲言亦可借此宣抒。

  所欲言者七：

  其一，书之命名。前刊未述，久为遗憾，兹刻得言，可了夙愿。原书依讲稿修订而成，意在普及，非关研究，故须通俗为要。思民国时艾思奇先生以通俗语言释诠马恩学说，名曰《大众哲学》，于彼时马克思主义哲学之弘宣影响甚巨，而里书风格及欲于国学弘扬略生效用之大旨与之相近，遂名《大众子学》。然昔广西师大社刻印里之国学著作，皆以"讲义"名之，今镌斯著，为求一统，故亦以"讲义"称。

  其二，再版于原书编排已作颇大之修改。原书编为十七讲，再版更为十四章。所以然者，《四库全书》列子部为十四家，精要准确，勿需损益。原书为十七讲，无非将《四库全书·子部》杂家类中之墨家、名家、纵横家独列一讲而已。此三家虽名显东周，然秦后无传，诚为绝学，故《四库》统置之杂家类。再版遵之，附三家于杂家后为一章。另《四库》设术数家，无阴阳家。其名虽异，其实略同。阴阳为术数之要核，术数为阴阳之杂用，东周名阴阳，后世名术数。且术数多门，尽含阴阳，而阴阳未必悉括术数，故《四库》举后名，再版亦从之，易阴阳家之名为术数家。

其三，《四库全书》子部十四家所列次第之缘由大有可述，前书未言，亦引为憾，再版于序论增谈，斯愿已足。兹版所列十四家次第，复与《四库》所列不类，所以然者，亦于序论补释。

其四，本书之特点。从来著作，论先秦诸子者多，述历朝子学者鲜；论子学中思想类者多，述子学中技术类者鲜。本书即以《四库全书》子部分类为纲，将历代子学之源流皆作梳理，思想与技术并重。且于每章后列《四库全书》中各家之代表著作，书末更附汉太史公司马谈《论六家要旨》、班固《汉书·艺文志》（节选）、清《四库全书总目提要·子部总叙》三文，俾知古来研究子学最著之成果。如此初习国学者则可概览吾国子学之全豹，亦或能稍裨于国学之弘化。

其五，书中文风有异。前书之儒、墨、道、法、阴阳、名、纵横、兵、农、杂、佛十一家乃据讲学整理，皆口语体；天算、中医、艺术、小说、类书、谱录六家乃付梓前增撰，为书面体。前者生动，后者简明，于普及则生动为佳，本应润色后补数家，使文风化一，惜杂务烦累，未能如愿，是所憾也，望于他日。

其六，再版增自绘插图十七帧，为前书所全无。曩里所著《论语讲义》《蒙书讲义》，亦尝自绘插图，此与前同者，咸以现实人生为题材，以绘往古之题目。所不同，前二书悉以钢笔，此书俱以毛笔。且每帧俱撰对联概括图意及各家之要旨。另二○一○年里自创传薪书院，宣讲国学，立"参天化地，继绝传薪"之院训，继绝传薪即设帐讲学，参天化地则创赞化园于书院，饲飞禽走兽百余种，数年间参赞其中，呕心沥血，与生灵为友，自有深情妙悟，故插图多有绘兽禽者，聊作参化之记录。

其七，前书幸得恩师国学泰斗九十八岁杜道生先生、养生学者朱鹤亭先生、著名中医卢崇汉先生赐序，及里外祖母苏应萱老人之后记。书刻之明年杜老即以百零三岁仙逝。朱老已过九旬，又远居百粤，重山阻隔，再未谋面。惟卢医生同居蓉城，虽过古稀，然仍时为里诊疾开药。外祖母今九十晋六，体不如前。四老之文里皆以珍宝视，再版犹布之首尾。所增者复请家母作再版后记一篇，置于卷末。书名既易，旧题难再，更请九十六岁恩师重庆师范大学文学系名教授尹从华先生复书新名，铭感曷胜。

文尽情抒，搁笔可矣。惟书中蹇讹，定不在少，望天下方家不吝匡正是幸。

二○一九年潇潇春雨时节，李里序于传薪书院禽鸟池畔

初版序一

《孝经》曰："周公郊祀后稷以配天，宗祀文王于明堂，以配上帝。是以四海之内，各以其职来祭。夫圣人之德，又何以加于孝乎？"个人认为周公制礼作乐，建立中国古代社会政治传统，是诸子百家学说的源头，诸子之学皆是周公学说的流裔。宋朝以前对中国社会之影响周公更胜于孔子，宋朝以后孔子的影响才超过周公。研究子学当从周公这个源头着手，深入探讨。李里贤友于传统学术甚有用心，《大众子学》见解每有独到。

九十八叟杜道生

初版序二

农历丁亥年季冬初六，在湖南长沙，有缘与长衫先生相识。远观其行，徐而缓；近视其立，定而恭；眼见其坐，直而端，文彦风采，令人深印脑海。片刻交谈，感悟到其"以文会友""修己以安人""泰而不骄"的气质和风范。

长衫先生赠吾其所著《论语讲义》，读之，甚感"温故而知新"。读后思之，则明悟到《讲义》之博达。

农历庚寅年，长衫先生新著《大众子学》在国学勃然兴起之今时问世，实乃欣幸。

《大众子学》为诸家冠名：雍容、隐逸、冷峻、神秘、诡辩、功利、拼凑、超越、灵奇等等，无不蕴含着中华文化的哲理。美国著名语言学家盖利·吉宁斯在《世界语言》一书中说："汉语是智慧的语言。"可谓至理名言。

诸子百家之学，知其然者，有之；知其所以然者，少之。追思玄事，讲得失；见事遇人，论现实。《大众子学》云："国学复兴，用中华传统文化的精华来支撑中华民族的长足发展，来挽救世界生态平衡的严重破坏、人心道德的功利浮躁，才是当务之急。"建序之讲，长衫先生乃尔。

国学中之经学、史学、子学、集学，知之熟之者，有之；融会贯通触类旁通者，少有。旁搜博采，旁征博引，独见独知，讲修己治人之道、修己治家之道、治国安民之道，阐发圣贤之道，长衫先生是也。深谙诸子百家而精通，造诣国学经典而深邃。《大众子学》洋洋大观，十四万余言，言简意赅，豁然贯通。《大众子学》，吾诚愿细读之，乐愿深悟之。

吾才疏学浅，自感儒重治世，道重养生，释重佛心。读《大众子学》，明儒家是常道，悟道家是非常道，知佛家是无常道。开卷有益，学而知之。

法国哲学家、作家米凯莱·戴·蒙泰涅在校阅《中华大帝国史》法文版时，在书边写道："中国的历史告诉我们，世界该是多么辽阔而变化无穷，无论是我们的前人，还是我们自己，都没有彻底了解它。"国学的复兴，"既是中华民族历史发展的客观需要，更是世界人类历史发展的大势所趋"。这是在多所大学执教的长衫先生，用令人容易了解的质朴语言，在本书中所讲的。

九十二岁朱鹤亭（玄鹤子）

初版序三

李里先生继《论语讲义》《蒙书讲义》出版后，今又编撰了《大众子学》，也是他讲解国学的又一新作。短时间内连出新作，乃长期讲解国学积淀所致。

"子学"是国学的重要组成部分，虽说当下有不少人开始研读国学，重新审视国学的魅力所在，并在国学中陶冶精神，但是像李里先生这样从小就对国学一往情深而卓有研究的年轻学者，实属难得！

李里先生不仅讲解国学，而且知行合一。初次与李里先生相见，是他为其亲戚求医来我家拜访，他一进门即按照中国的传统礼节向我磕了三个头，顿时令我刮目相看。我祖父卢铸之在成都开设"扶阳讲坛"时，凡来听讲者进门后都行三个磕头礼，表示对老师的尊敬。磕头——这熟悉又远离我们生活的礼节，让我们初次见面的生疏感荡然无存。

他运用传统礼节并非一时之兴，而是由于深受国学的熏陶和影响自心而出。2008年我们在北京举办第二届扶阳论坛时，李里受论坛组委会邀请作"扶阳与中国文化"的大会演讲。面对400多名与会者，他说：医者活菩萨，救人无数，其中不乏高仁义士，为此只能磕头以表敬意。于是他为在场的所有听众磕了三个头，这一举动深深地感染并打动了每一位与会者。他精彩的讲演更是受到与会者的好评。

李里对博大精深的国学了然于心。《大众子学》对"子学"的解读言辞流畅，书中对"子学"十七家的概括堪谓精练：子学"多彩"、儒家"雍容"、道家"隐逸"、墨家"实用"、法家"冷峻"、兵家"谋略"、阴阳家"神秘"、农家"均平"、名家"诡辩"、纵横家"功利"、杂家"拼凑"、佛家"超越"、小说家"形象"、医家"灵奇"、天算家"神圣"、艺术家"风流"、类书家"广博"、谱录家"专门"。不仅如此，《大众子学》还对"子学"条分缕析，深入浅出，由繁返约，一气呵成，读之让人爱不忍释，使阅者对"子学"之渊源、发展之脉络及其演变顿觉条理分明，思绪清晰。李里不愧为青年才俊。

传统中医学植根于深厚而博大的国学。儒学的《易经》、道家的养生、阴阳家对阴阳五行的认识都对中医理论的建立影响至大，并留下了深深的印迹。中医"天人合一"的思想即根源于《易经》推天道以明人道的精神。《易经》的上经三十卦，开篇于乾坤两卦，结尾于坎离两卦，乾坤坎离即代表天地水火的天道；下经三十四卦，开篇于咸恒两卦，结尾于既济未济两卦，揭示了男女交感的人道。《易经》的泰卦表明天地间阴阳二气交合生出万物，而天人同构，人也必须在阳气的主导下实现阴阳的上下交合方能百病不生。《黄帝内经》讲："阴阳四时者，万物之终始也，死生之本也。逆之则灾害生，从之则苛疾不起，是谓得道。"郑钦安和卢氏三代人创立的钦安卢氏医学正是深得《易经》和《黄帝内经》的精髓而在乾坤坎离上来认识人体的生理病理。郑钦安谈到："乾坤交觏化生六子，惟中男中女独得乾坤性情之正。人秉天地之正气而生，此坎离所以为人生立命之根也！"卢氏进一步认为，在坎离两者的关系上，存在主从关系，从而奠定了"人生立命在于：以火立极""治病立法在于：以火消阴""病在阳者，扶阳抑阴""病在阴者，用阳化阴"的坚实理论基础。

《大众子学》为爱好国学的人们打开了一扇门，为研习中医并欲真正领悟中医之真谛的人们开启了一扇窗，这是我认为《大众子学》之深义所在。是为序。

卢崇汉
庚寅年孟夏于火神轩

目　录

序论 多彩的子学

　　子学即诸子百家之学，是国学的重要组成部分。国学即中华民族固有之学问。由经学、史学、子学、集学四部分组成。经史子集是对中国古代图书的分类，其名最早见于中国正史二十四史中《隋书》的《经籍志》。后来历代沿用，到清朝乾隆皇帝编中国最大的一部丛书《四库全书》时仍用此名。图书是学问的载体，对图书的分类就是对学问的分类。经学即诠释儒经之学，史学即记录历史之学，集学即诗词文章之学。以四书五经为核心所构成的经学是国学之魂。它塑造了中华民族的精神，塑造了中国人的性格，建立了中华民族天人合一的宇宙观、协和万邦的世界观、自强不息的人生观、忠孝节义的价值观。它代表着中华民族的价值理想。史学是国学之肉，它记录了中华民族灿烂的历史，经学的价值追求都体现在史学记载的人事中。集学是国学的外貌，它展现了中华文化的优美典雅。子学则是国学的经络，它反映了国学的丰富性。

　　子学包含的内容相当广阔，《四库全书总目提要》讲："自六经以外立说者，皆子书也。"就是说在儒家六经主流思想的体系外建立自己学说的都是子学。《四库全书》子部列了十四类，分别是儒家、道家、佛家、法家、兵家、杂家、小说家、天算家、医家、术数家、农家、艺术家、谱录家、类书家。这十四类可以分为思想性和技艺性两大部分。儒家、道家、佛家、法家、兵家、杂家、小说家属于思想性的，天算家、医家、术数家、农家、艺术家、谱录家、类书家属于技艺性的。我们一般所说的诸子百家主要指的是属于思想性的这部分，而子学最初产生的也是这一部分。从国学的源流来说，属于思想性这一部分的子学，也是国学的源头。

春秋战国是中国学术的子学时代，两汉是经学时代，魏晋南北朝是玄学时代，唐朝是佛学时代，宋朝是理学时代，明朝是心学时代，清朝是考据学时代。每一个时代的学术思潮，总是在解决这一时代最主要的时代问题中产生的。经学是为解决汉代社会及思想上的大一统而形成的；玄学是为解决魏晋南北朝混乱时代中人之生命超越而形成的；佛学是因唐朝盛世人们对彼岸世界的追求而兴盛的；理学是为解决唐末五代以来社会人心道德的混乱、沦丧而形成的；心学是在纠正理学对人的情感个性的漠视中兴盛起来的；考据学是因清朝总结前代文化学术而形成的。那么子学是要解决什么时代问题呢？

子学产生的春秋战国时代是中国历史上第一个大分裂动荡的时代。周天子王道不行，诸侯纷纷争霸，礼崩乐坏，《三字经》总结为"逞干戈，尚游说"。在这样一个时代，最大的时代问题就是社会混乱无序。所以子学的主题就是建序，也就是为乱世寻得由乱而治之道。子学并非一种学问的名称，而是诸子百家学问的通称，所以诸子百家的主题，基本都是建序。那么一个时代为什么会产生出那么多学术思想流派呢？因为诸侯割据，都想称霸天下，要称霸天下必须富国强兵，要富国强兵，则需要得到富国强兵的学说、理论、方法。而身怀理想学问的人也希望得到诸侯国君的重用，以宣传自己的思想主张。在这种情况下，各家各派的学说自然应运而生。那为什么把有自己思想主张的人都称为子呢？"子"字的本义就是指婴儿。婴儿有男有女，在古代男女婴儿都可称"子"。后来词义缩小，只有男孩才称"子"。在男尊女卑的社会，男孩自然尊贵，"子"就引申为尊贵之义。而什么样的人最尊贵呢？有道德、有学问、有思想的人最尊贵，这样的人就被称为"子"，如孔子、孟子、老子、庄子、荀子、墨子、韩非子等。一子或数子创立一家学说，诸子则建立了各家学说，这就是诸子百家之学。

对诸子百家学说的探讨研究从战国时代就开始了。《庄子》的《天下篇》，《荀子》的《非十二子篇》，《韩非子》的《显学篇》都对当时的诸子即各家学说做了分析批评。而比较系统地研究诸子之学的是西汉初年的大史学家司马迁的父亲司马谈。司马谈作了一篇有名的《论六家要旨》，将春秋战国时的诸子百家归纳为六大家，即儒家、道家、法家、墨家、阴阳家、名家。司马谈站在道家的立场上认为诸家之中只有道家是完美无缺的，其他各家皆有利有弊。西汉末年的大学者刘歆又作《七略》，其中有《诸子略》，在司马谈归纳的六家外又增加了三家：农家、纵横家、杂家。东汉史学家班固修的《汉书·艺文志》又在刘歆九家的基础上增加了小说家。而这十家中，很多学派因各种原因没有传承，遂成绝学。如墨家、名家、纵横家这三家，《四库全书》子部中就未立其名，而将他们都收在了杂家类中。阴阳家的学说基本被医家、术数家吸收，所以《四库全书》子部也未立阴阳家之名，但其思想可在医家、术数家中找到。农家在战国时为一思想流派，有自己的主张，但到后世则主要是研究具体农业生产技术方法及农具等相关问题，故《四库全书》子部虽有农家之名，但所收录著作都是讲农业生产技术的。《四库全书》子部将《汉书·艺文志》所列的十家又归纳为儒、道、法、杂、农、小说六家。在这六家以外又新增了兵家、医家、术数家、艺术家、佛家、谱录家、类书家八家。这八家中兵家和佛家属于思想性的，其余都是技术性的。对兵家，司马谈、刘歆、班固都未专门讲，但《四库全书》子部列了兵家之名。兵家在春秋战国即出现，后世也代代相续，既有属于思想性的部分，也有属于技术性的部分。佛家本是外来文化，但自传入中国以后，就被中国人吸收、融合、改造，最终成为中国文化不可分割的组成部分，而且对中国社会影响深远，中国人就将其看成诸子百家中的一家，《四库全书》因此也将其列在子部。

儒家思想主要保存在经学中，在儒经体系下建立的儒家各种学说则收在子部儒家类。比如宋朝大儒程颐、朱熹建立的理学，宋朝大儒程颢、陆九渊、明朝大儒王阳明建立的心学，宋朝大儒张载、明朝大儒王夫之建立的气学等。其实经学与子学的儒家都属于儒学，只不过经学是儒家的核心与主体。本书所讨论的儒家是广义的儒家，并非仅是子学儒家类的儒家。从时间上来说，也是先有儒家学派，后有儒家经学。儒家学派起于春秋时代。西汉以后虽各时代皆有其流行的思潮，如玄学、佛学等，但儒家经学始终占统治地位，对中国社会影响最大。

《四库全书》子部的道家除了春秋战国的道家学派外，还包含了后世的道教。道教与道家，虽后世都称道家，但其根本追求是大相径庭的。先秦道家的追求是顺其自然。道教则追求长生不老。长生不老与顺其自然的主旨是相悖的。顺其自然就不能长生不老。道教因追求长生，所研究的问题主要是修养身体的方术，与思想关系不大。故冯友兰先生讲道教对中国哲学贡献不大，对中国科学贡献大。中国四大发明中的火药、指南针、印刷术三大发明都与道教有关。道家对中国文化的影响，从思想方面来说主要是先秦的道家，即老庄哲学；从科学方面来说主要是道教。

佛教传入中国以后分为在中国的佛学与中国的佛学。佛教的教义就是佛学。在中国的佛学就是佛教中的一些宗派谨守印度的传统，不与中国文化相融合，只是佛教在中国而已。正因其不与中国文化融合，所以对中国文化产生的影响也小，甚至没什么影响。中国的佛学，则是佛学与中国文化融合以后的产物。这一派佛学也就成为中国文化不可分割的组成部分，对中华文化产生了深远的影响。《四库全书》子部的佛家类主要指的就是这一部分佛学。

儒道佛，中国人也称儒释道。这三家都在不同方面对中华民族产生了巨大影响。儒家讲的是常道，道家讲的是非常道，佛家讲的是无常道。"常道"即大多数人都要共同走的人生道路，如读书、工作、结婚、生子、事亲、交友等。"非常道"即人在非常情况下所要走的道路。所谓"非常情况"，如人生不得志、失意、穷愁、受冤等。"无常道"即对人生绝望幻灭的人所要走的道路，如突然之间夫死子亡、家庭破灭、身患绝症等。不过人生总还是行常道的情况多，所以三家之中还是儒家影响最大。儒释道三家也相互影响，相互渗透，到了宋代以后逐渐出现了三教合一的趋势。在中国的名山大川，经常可以看到儒家的书院、佛家的寺院、道家的宫观并立的情形，民间更是常将孔子、老子、释迦牟尼三教的圣人供在一起，皆可见一斑。

儒释道三家以外，法家、阴阳家、小说家也对中国文化影响至大。法家的权谋之术几乎被历代君王所应用。阴阳家的学说更是广泛地应用到社会的各个方面，如中医、命相、风水、建筑、军事、服装、文学、艺术、祭祀、风俗等，不过阴阳家的学说后世都通称为术数，所以《四库全书》子部只有术数家而没有列阴阳家。小说家不是抽象地讲理论，而是以生动形象的故事与人物展现社会的复杂性与人性的丰富性。小说家在古代虽不被主流社会所重视，但在民间却影响巨大，普通百姓对历史、哲学、典故、文化的了解很多都来自小说。可以说小说在很大程度上影响了普通百姓，特别是市民的人生观、价值观。这里需要说明一点，《四库全书》子部类所收的小说都是文言小说，白话小说未收在内，但实际上影响巨大的多是白话小说。故本书在讲小说家时，将白话小说也一并讲到。

《四库全书》子部所列各家的顺序是儒家、兵家、法家、农家、医家、天算家、术数家、艺术家、谱录家、杂家、类书家、小说家、佛家、道家。《四库全书》认为儒家是文教，文教是治国第一等大事。有文治必有武备，有武备方能保家卫国，所以第二家列的是兵家。文武之外，治国当以法制为重，所以第三家列的是法家。治国以民为重，民以食为天，食以农为本，所以第四家列的是农家。人吃五谷杂粮生百病，百病皆需医治，所以第五家列的是医家。农业生产最重天时，天时必依历法，历法全靠计算，所以第六家列的是天算家。先民治国，人事以外多重天命，天命则需占卜，所以第七家列的是术数家。家国人生皆需美饰，美饰不离艺术，所以第八家列的是艺术家。艺术之外美化生活，还有收藏、美食、花鸟虫鱼，如此皆需列谱记录，所以第九家列的是谱录家。谱录之外，各家杂取、诸派互见，不外杂家，所以第十家列的是杂家。增广见闻、博观泛览则需百科全书，百科全书我国古称类书，所以第十一家列的是类书家。正学之外，人们喜听稗官野史，稗官野史衍成小说，所以第十二家列的是小说家。前面十二家都讲的是世间的学问，世间以外还有出世间，出世间的学问莫过佛道二家，佛家的影响又大于道家，所以第十三家列的是佛家，第十四家列的是道家。《四库全书总目提要》讲：儒、兵、法、农、医、天算六家皆是治国的大事，艺术、术数两家是《论语》中说的"小道必有可观者"，谱录、杂家、类书、小说四家都是以备参考的，佛道二家则是方外之学。

本书仍按《四库全书》子部所列十四家加以介绍，所讲各家既谈其思想学说，又简要介绍其历史沿革，不过顺序有所不同。将其分为思想和技术两大类。思想类的分列儒家、道家、法家、兵家、杂家、小说家、佛家七家；技术类的分为天算家、医家、术数家、农家、艺术家、类书家、谱录家七家。思想类中对中华民族影响最大的当然是儒家，所以排在第一。道家的影响仅次儒家，所以排在第二。法家在政治生活中的影响是相当巨大的，且不亚于儒道，所以排在第三。《四库全书》子部中的兵家既有讲军事思想的，又有讲军事技术的，本书更多探讨的是它的思想，而兵家思想与法家联系紧密，所以排在第四。杂家杂糅各家思想，所以排在第五。小说家以人物故事演绎思想，形式与前五家不同，所以排在第六。佛家思想虽然对中华民族影响深远，但毕竟是外来文化，所以排在第七。技术类中在中华民族首重天文历法，天文历法又离不开计算，所以天算家排在第一。天算而外，医家成就巨大，著作众多，所以排在第二。术数家与天算家、医家有千丝万缕的联系，所以排在第三。中华民族以农耕为本，在农业技术方面取得了巨大的成就，所以农家排在第四。社会生活而外，在中华文化中个人的艺术修养也很重要，所以艺术家排在第五。类书家与谱录家都是比较专门的技术，类书致广大，谱录尽精微，广大在前精微在后，所以类书家排在第六，谱录家排在第七。

第一章

雍容的儒家

細雨騎驢詩人意
深情滿眼儒者心

共餘國六十九年春李里題
於蓉城傳薪書院天人軒

儒家是诸子百家中最重要、对我们的民族精神和中华文化影响最为深远的一家。要了解什么叫儒家，就要先看看什么叫儒？"儒"字是一个"人"字旁，加一个"需"字构成。适应需要的人就是儒。需要做什么的人？需要人来传授古代经典、传承文化，需要人在举行婚礼、丧礼时司礼。著名哲学家冯友兰先生说：儒家就是以相礼教书为职业的人。其专长就是演礼乐、教诗书。正因为儒家是从掌握了大量古代文化的学者演变而来，故而儒家跟诸子百家最大的不同就是儒家既是思想家，又是渊博的学者，不仅能够纵向地了解古今的学问，还能够横向地了解各家各派的思想。真正创立儒家学派的人是孔子，我们要了解儒家的思想，必须要先了解孔子。说到孔子，也许普通的老百姓都知道他，但是他对中华民族的意义究竟何在，就不一定是所有人都了解的了。孔子对于中华民族来说是一个什么样的人呢？如果我们用一句话来概括，可以这么说，孔子是中华文化人格化的象征。除了孔子之外，没有任何一个人能够集中、全面地代表中华文化和中华文化的精神。在古代，每个县城里都有文庙，文庙就是祭祀孔子的地方。几乎每个文庙里都有一块匾，写着"斯文在兹"。"斯"和"兹"都当"这"字讲，就是说这个文就在这里，也就是说孔子在这里，中华文化就在这里。

为什么孔子能够代表中国文化，成为中华民族的文化象征呢？有以下几个原因：第一，孔子是中国历史上第一个文化总结者。在孔子以前，还没有完整系统的对于中国文化的总结。到了孔子生活的时代，中国历史虽然已经有几千年了，但是这几千年的文化都是零星断续地散见于一些典籍中，或者根本就是口耳相传的一种思想，没有人系统地对此予以总结。可以说孔子是中国历史上第一个文化总结者。孔子以前的文化全赖孔子总结；孔子以后的文化，全赖孔子开启。所以国学大师钱穆先生、柳诒征先生都说孔子是中华文化承上启下的圣人。

第二，孔子是中国古代境界最崇高的人。整个中国文化的精神就是在提高人生的境界。那人生境界究竟能有多高呢？孔子通过自己七十三年的人生实践，达到了人可能达到的最高精神高度。这个境界就叫"从心所欲不逾矩"。自由自在地生活，又不超越规矩，其实就是人的情与理的和谐统一。诸子百家中儒家是道德感最强的一家，而孔子的道德也是最高尚的，后世都说孔子为万世读书人立了人极。"人极"就是人的极致，人格道德的最高标准。传统中国老百姓做人都以读书人为标准，读书人又以孔子为标准。所以，孔子是传统中国社会所有人的道德楷模、人格标准。

第三，孔子是他那个时代最博学的人。为什么孔子是最博学的呢？因为孔子的学问是孔子以前历代学问的集大成。他一生的学问就是对他前代学问的总结。孔子不仅纵向地向古人学，而且也横向地向他同时代的任何有学问、有一技之长的人学。孔子曾向老子问礼、向郯国国君郯子请教古代官名、向周敬王大夫苌弘学音乐、向鲁国乐官师襄学弹琴。故孟子说："夫子之学，集大成者也。"孔子的三千弟子，基本都是春秋各国的精英。各国的精英都来向孔子学习，足见孔子学问的渊博，道德的崇高。

孔子是一个理想主义者，他的一生都是为理想而活，为理想而四处奔波，他也建立了中华民族理想主义的思想基础。孔子一生的理想是什么？就是天下大同，希望天下所有的人都过上幸福的、和谐的、安宁的生活。孔子一生栖栖遑遑，从五十四岁开始周游列国，六十八岁回到鲁国，用了十四年的时间推行他天下为公的政治主张。孔子晚年做了他一生最伟大的事业，即修订中国历史上最重要的六部经典：《诗经》《书经》《礼经》《乐经》《易经》《春秋》。这就是古人常说的"孔子删《诗》《书》，定《礼》《乐》，赞《周易》，修《春秋》"。

孔子平生做的最主要的事就是删订六经，然后向弟子门生传授，他也是中国历史上第一个进行私家讲学的老师。孔子以前，学问都在官府，民间是没有学问的。从孔子开始，才把神圣的、贵族的、官方的学问向普通民众宣传，让普通百姓都能够了解文化，这也是孔子的一项伟大功绩。所以后人把孔子称为"万世师表"，即万世最高尚的老师的表率。

孔子删述六经是以述而不作的方式来进行的。什么叫述而不作呢？《论语·述而篇》孔子说："述而不作，信而好古，窃比于我老彭。"意思是说，阐述而不创作，笃信而喜爱古代文化，这是孔子私下里与老彭相比。老彭是商朝的贤大夫。孔子虽自称述而不作，其实是以述为作。所谓"以述为作"即在讲述古代典籍时，又用自己所体悟到的宇宙、社会、人生的大道去作新的阐释，这就是孔子的"作"。哪些是他认为古代文化中最优秀的、最美好的东西，他就大力地歌颂、表彰；哪些是他认为古代文化中属于糟粕的东西，他就删减，予以淘汰。比如上古流传下来的三千首诗，经过孔子的删减，就只剩下三百零五篇。他删选诗歌有他的标准。在《论语·为政篇》中，孔子说："诗三百，一言以蔽之，曰：'思无邪。'"《诗经》三百篇有一个标准，就是没有邪念。就是说删订出来的诗歌，都有纯正的思想。这种纯正的思想就是孔子给中国人所制定的价值标准。也正是这种以述为作的方式使孔子成为了儒家学派的创始人，孔子以后的历代儒生也基本都是以以述为作的方式在传承文化，发扬文化。

六经是中国古代文化的集大成。集什么大成？集历代圣王智慧之大成，集历代圣王思想之大成，集历代圣王学问之大成，是伏羲、炎帝、黄帝、尧、舜、禹、商汤、周文王、周武王、周公历代圣王集体智慧的结晶。

《中庸》中说孔子"祖述尧舜，宪章文武"，即遵循尧舜之道，效法周文王、周武王之制。孔子从历代的先王中选择出那些代表中国先进文化的人。在孔子之前的帝王里，除了尧、舜、商汤、周文王、周武王等，还有夏桀、商纣等。后者在孔子看来，不是中国先进文化的代表，而是代表着古代落后的甚至是残暴的文化，因此就把他们淘汰掉了。孔子所祖述的就是以尧舜为代表的先进文化。这个先进文化是什么？就是正义的文化、和谐的文化、仁义礼智信的文化。

孔子在总结古代先进文化的基础上，又有自己的创造。在孔子的学说中最重要的概念就是"仁"。"仁"是由一个单人旁和一个"二"字构成的，即两个人。那么两个人是什么意思呢？两个人就代表了一切的人，因为一切的人伦关系，都是从两个人出发的。最根本的两个人，在儒家看来就是夫妇，把夫妇二人的关系推广开来就会出现父母和子女的关系、婆媳关系、姑嫂关系、兄弟关系等。把父子关系推广开来，就是君臣关系，就是上下级关系。把兄弟姊妹关系推广开来，就是天下一切朋友的关系。把夫妻关系推广开来，就是天下一切男女的关系。所以"仁"字中包含了一切人伦关系。孔子所代表的儒家，重点解决的就是人与人的关系问题。儒家的全部思想就从这个"仁"字出发，"仁"是个人的品格，也是一切道德的总和。

儒家有一部最重要的经典叫《论语》，是孔子的弟子及其再传弟子根据孔子的言行整理编撰而成的，包括对孔子日常生活的记录和描述，集中展现了孔子个人的思想体系和他的精神境界。因此通过《论语》这部书我们可以最直接地了解到孔子是一个什么样的人。

孔子是中国文化的象征，代表着中华民族的精神，但孔子并不是我们想象中的那么刻板严肃，相反他还是一个至情至性的人。比如《论语·先进篇》中讲："颜渊死，子哭之恸。"孔子最喜欢的弟子颜回死了，孔子悲伤地痛哭。《论语·阳货篇》中讲："子之武城，闻弦歌之声，夫子莞尔而笑曰：'割鸡焉用牛刀。'"意思是孔子到弟子子游治理的小城去，听见丝竹弦管的礼乐之音就开玩笑地说"杀鸡焉用牛刀"。《论语·述而篇》中有："子食于有丧者之侧，未尝饱也。子于是日哭，则不歌。"这是讲孔子参加故人的丧事，终日悲伤，连平日喜爱的歌唱也停止了。如此种种，不可尽说，都足见孔子的至情至性。凡是圣人都是至情至性的，他们有充沛的感情，也有深邃的理智，孔子恰恰做到了情感与理智的和谐统一。孔子说人要成为一个真正的好人、高尚的贤人、伟大的圣人，其根本就是要做到情与理的和谐。在现实生活中，如果一个人只讲道理，只有原则性，就会显得很古板、不可爱，我们一般都不会喜欢这样的人。如果一个人感情用事，什么都凭感情办事，不讲原则，那么往往什么都办不好。所以说圣人所要做的事，就是要把情与理调到和谐。那么如何才能调到和谐呢？

《论语·尧曰篇》中孔子说："不知命，无以为君子也；不知礼，无以立也；不知言，无以知人也。"意思是说，不懂得天命，就不能做君子；不知道礼仪，就不能立身处世；不善于分辨别人的话语，就不能真正了解他人。关键是"知命"，"知命"是儒家哲学的核心思想之一。什么是"知命"呢？儒家所说的"命"指的是什么呢？就是指个人所不能够掌握、不能控制的因素。比如你能不能够控制你什么时候出生呢？你说你想生在大唐盛世，偏把你生在清朝末年，你能决定得了吗？你能决定你出生在什么地方吗？你想生在欧洲，偏把你生在非洲，你同样是无法掌控的。可是不同的时间地域却决定了人的不同的命运。我们看到城市人和乡下人、欧洲人和非洲人、盛唐时代的人和清朝末年的人，他们的命运差别多大呀！

　　出生的时间地点你决定不了，父母亲你也决定不了。你想生在王侯将相之家，偏把你生在丐帮；你想生在书香门第，偏把你生在杀猪匠家……这些都是你决定不了的。可是家庭要决定你，父母亲要决定你。是什么父亲就是什么父亲，是什么母亲就是什么母亲，这是改变不了的。同样，兄弟姊妹也是你改变不了的。人所不能决定的因素，反过来又决定和影响我们个人，这就是孔子所说的"命"。那么"知命"是什么意思呢？知命不等于认命，知命是尽人事听天命。所谓尽人事就是说尽到人所能够尽到的努力，最后结果交给天来决定。比如说你爱上了一个女孩子，可是你从来不向她表白，她一点儿也不知道你是如此喜欢她，最后这个女孩子嫁给别人了。这就是没有尽人事。如果你爱上这个女孩子，又不断地去追求她，使尽了方法表达你对她的爱意，最后这个女孩子还是嫁给别人了，那么这就是天命。天命是人所不能控制的力量，我们就要听从它、顺从它。所以不尽人事就无法知天命，要尽了人事才能知天命。人做到了尽人事，就能无悔；做到了听天命，就能无怨。一个人做到了无怨无悔，心情自然就坦然平和了。人只有自己心安了，才能和别人相处得好。

　　那么儒家讲人与人又应怎样相处呢？

　　孔子说仁者爱人也。仁的精神就是爱人，就是关心他人，说穿了就是利他的精神，做任何事情都不是以对自己有利为原则，而是以对别人有利为原则，这是儒家最可贵的思想。而且利他是无条件的，是超功利的，是从人的善良的本性里发出来的。人就是应该有同情心，人就是应该关心他人，做任何事情就是尽自己的本心而已。比如你跌到井里我去救你，并不是我看到你长得很美，或者你是个大富翁，只是我看到你掉到井里不救，我心里就难过，就是为这一点才去做这件事情，而不是说救了你之后对我很有好处。这就是儒家可贵的利他精神。

　　在孔子的思想中，还有个重要的概念叫作忠恕。《论语·里仁篇》里孔子说："'参乎！吾道一以贯之。'曾子曰：'唯。'子出。门人问曰：'何谓也？'曾子曰：'夫子之道，忠恕而已矣。'"意思是孔子说曾参啊，我的学说贯穿着一个基本观念，曾子说是的。孔子走了之后，别的学生问曾子这是什么意思。曾子说，他老人家的学说，只是"忠"和"恕"罢了。宋朝大儒朱熹用"尽己之谓忠，推己之谓恕"来解释孔子的忠恕思想，可谓一语中的。

竭尽自己的全力就叫"忠"。每个人都竭尽自己的全力，尽到自己的本分，有了忠的精神，那么每一个人在社会中扮演的角色都可以做得很好。做老师的，竭尽全力地教书育人、传道授业解惑，就是做老师的忠；当学生的，竭尽全力地学习钻研，就是做学生的忠；做领导的，竭尽全力地管理好单位，就是做领导的忠；做职员的，竭尽全力地为单位服务，就是做职员的忠；做医生的，竭尽全力地为病人看病，就是做医生的忠；做丈夫的，竭尽全力地爱护妻子和儿女，照顾家庭，就是做丈夫的忠；做妻子的，竭尽全力地相夫教子，就是做妻子的忠。人人都可以尽忠。人人都尽忠的时候，那么这个社会也就和谐了。

推己及人、将心比心就叫"恕"。恕就是宽恕，事事都站在他人的立场上去考虑问题。如果事事都从自己的立场和角度来考虑，就会这也看不惯，那也不顺眼，没什么能合自己的心意，只会抱怨发牢骚。而有了宽恕的态度，就什么都能够包容，就具有博大的胸怀。所以梁漱溟先生说："人生的最好处置方法就是谦虚与宽容。"人与人之间融洽地相处，就要多站在别人的角度上去考虑问题。中国人还把"恕"提到了一个很高的哲学层面来讲，认为真正的恕不是饶恕，因为一个人的忍耐总是有限的，你可以容忍一时不可忍之事，但终究会忍无可忍，那时反弹出来的力量更大。所以真正的"恕"是《中庸》中讲的"赞天地之化育"，就是对天地孕化万物精神的赞美。天地生养万物，兼收并蓄，既有美丽的仙鹤，也有丑陋的癞蛤蟆；既有雄健的狮子，也有卑琐的老鼠；既有轻灵的蜻蜓，也有恶心的蛆虫；既有娇柔的鲜花，也有长刺的仙人掌。所以天地之间是美丑并存，善恶同在。老天生养每一样东西都有它的意义和价值。没有蛆就没有苍蝇，没有苍蝇有些腐烂的物质就难以分解；没有癞蛤蟆，蚊子则会更猖狂；没有豺狼虎豹，草食动物将会泛滥，草食动物泛滥则草木遭殃。故而天地间的一切都是相生相克、相互制约以达到万物的平衡。这就是天地的化育之德。懂得这个道理，那么对于万物都会有赞美之心，不会憎这样恶那样。

用此眼光再来看人间的一切，也就不会再怨怒愤恨了。人间同样是善恶并存、美丑同在的。没有坏蛋，哪能印证出你是"好蛋"呢？没有小人哪里知道你是君子呢？而且君子怕小人，小人怕恶人，恶人怕君子，各种人的存在都是有他的意义和价值的。明白了这层道理，对各种人都会赞美，不需忍耐，更不会怨恨了。比如你们同寝室住了一个人，这个人不爱干净，又脏又臭，几个月不洗澡，盖的被子上都是厚厚一层油，衣服穿几个星期也不洗。这套衣服实在穿得太脏了，又将几周前换下的脏衣服拿出来穿。你恨不得把他的东西都扔到楼下去。可是如果你懂得了赞美天地化育的道理，从不同的角度看这个人，就会发现他很了不起。为什么呢？因为他的生存能力和适应能力太强了，在这么脏的环境他都能过得下去，一旦遇到灾荒年他肯定能够活下去，相反你可能活不下去。如果你通过这个角度重新审视他，就不会觉得他很讨厌，反而觉得他也是可爱的。宽恕精神到了极致，就不是强迫地忍耐，而是由衷地赞美，认识到这些，还有什么不能包容呢？这就是孔子所说的恕道。大家明白并能力行忠恕之道，人与人之间也就和谐了。人与人和谐了，社会也就和谐了。

　　以孔子为代表的儒家学派就是讲以仁为体，以礼为用。以仁爱无私的利他精神为本体，礼仪行节为功用。因为礼是仁爱精神的体现。孔子主张礼治，即以礼来治天下。礼治的核心就是正名的思想。《论语·子路篇》记载："子路曰：'卫君待子而为政，子将奚先？'子曰：'必也正名乎！'"孔子弟子子路问孔子，如果卫国国君请你为政，你第一件事做什么？孔子说必定是正名。所谓正名，就是孔子讲的"君君、臣臣、父父、子子"。意思就是做国君的要像一个国君，做臣子的要像一个臣子，做父亲的要像一个父亲，做儿子的要像一个儿子。国君不像国君就叫君不君，臣子不像臣子就叫臣不臣，父亲不像父亲就叫父不父，儿子不像儿子就叫子不子。君君臣臣父父子子合起来就叫人人，就是人要像人。这就是儒家的核心精神。所以说儒家所主张的"仁"，和人民的"人"是一回事。孔子说："仁者人也。""人"就是仁爱的"仁"，仁爱的"仁"也就是一撇一捺的"人"。"人"指的是自然意义的人。一个"人"一个"二"字的"仁"，指的是理想意义的人、经过教化的人。孔子办私学的目的就是要通过教育把自然的人变为理想的人，把一个处于自然状态的人变为一个懂得忠恕之道、懂得仁和礼、具有高尚情操、能够利他、坚持理想的人。

　　孔子是人文主义的始祖，是对人有高度自觉的人。他关注人的命运，关注人的价值，关注人的意义，关注人与心的和谐，关注人与人的和谐。而使人与心和谐、人与人和谐的途径就是教化，通过教化使自然人变为理想人则是孔子学说的追求。孔子的理想是要使天下祥和，天下祥和的基础便是人的素质的提高。通过人的改造提升达到社会和美的学说即是孔子的学说——仁学。

孔子以述为作的治学方法，形成后世儒家治学的传统，即不断对儒家经典进行注释和阐发。在注释阐发的过程中，又不断加入符合当代需要的思想精神。处于不同时代的儒家学者所做的工作就是把孔子所修订的六部经典做一种符合新的时代需要的阐述，这样就形成了国学中最重要的一门学问：经学。经学即中国各代研究儒家经典、解释其字面意义、阐明其蕴含义理的学问。经学的创始人即孔子。孔子修订的是六经，秦始皇"焚书坑儒"，把六经之一的《乐经》烧掉了，因为《乐经》里面有很多乐谱，很难记忆、背诵，所以《乐经》就失传了，现在流传下来的只有五经。《易经》作为一部占卜的书，不在"焚书"之列；《春秋》作为史书，藏于宫廷，因此这两部书得以保存。其他三部经典，都是靠读书人口耳相授地传下来的。中国的读书人，特别是儒家的读书人，对于传承中国文化有一个重大的贡献，就是他们在任何时代，都能把祖先的文化保存下来，而保存文化的重要方法就是记诵之功。

秦始皇虽焚书，但很多儒生都把儒家经典牢牢地记住，到了汉朝以后，就把自己所背的那些经典，一一口诵记录下来，所以五经得以保存。汉武帝时，出现了一个大儒，叫董仲舒，他给汉武帝上策论说：现在天下大统，需要一种思想来统一意识形态领域，并提出了"罢黜百家，独尊儒术"的主张。汉武帝采纳了他的建议，设立了《诗》《书》《礼》《易》《春秋》五经博士。博士的制度起源很早，在战国时各诸侯国都设有博士官，当时博士官的职责是博通古今，以备君王考问。秦朝建立后，秦始皇仍设七十博士官，为帝王的顾问。汉初沿袭秦制，依然设七十博士官。自从汉武帝设五经博士，就只有通《诗》《书》《礼》《易》《春秋》五经的才能立博士，其余通诸子百家之学的都不再立博士。五经博士的设立，标志着经学的正式形成。《诗》《书》《礼》《易》《春秋》五书从此成为《诗经》《书经》《礼经》《易经》《春秋经》。在先秦作为诸子百家中一家的儒家学派，在汉武帝时就从百家中脱颖而出，由子学上升为经学。

经书就是有权威性的书，从汉武帝以后，五经就成为天下读书人的必读书。从汉代到宋代，读书人没有不读五经的。汉武帝钦定五经以后，历代帝王又不断增加儒经，从汉武帝到宋神宗，历代帝王一共钦定了十三部儒家经典，称为儒家十三经。所以宋朝以后就有了"十三经"的说法。十三经分别是《诗经》《书经》《易经》《周礼》《仪礼》《礼记》《春秋公羊传》《春秋穀梁传》《春秋左氏传》《论语》《孝经》《尔雅》《孟子》。由于十三经内容浩繁，文字艰深古奥，一般人皓首穷经，也很难把它们搞清楚，故而宋儒就从十三经里抽出了四部书，就是《大学》《中庸》《论语》《孟子》，把它们合称"四书"。南宋大儒朱熹又为这四部书做了注解，叫作《四书章句集注》。《大学》《中庸》是两篇文章，《论语》《孟子》是两部书。《大学》出自《礼记》的第四十二篇，是孔子的弟子曾子写的，有一千七百五十三个字；《中庸》出自《礼记》第三十一篇，是孔子的孙子孔伋（字子思）写的，有三千五百六十八个字；《论语》是孔门弟子对孔子思想言行的记录，共一万五千九百一十七个字；《孟子》是孟子及其弟子记录的孟子的思想言行，共三万五千三百七十七个字。宋朝以后的读书人几乎没有不读四书的。朱熹编订的"四书"和汉武帝钦定的"五经"就是我们通常所说的"四书五经"。

十三经有六十四万七千五百字，"四书"只有五万七千七百四十六字，几乎是十三经的零头。《大学》展现了儒家学问规模的宏大，《中庸》展现了儒家学问义理的深邃，《论语》展现了儒家的人生哲学，《孟子》展现了儒家的政治哲学。"四书"篇幅小，容易读，而且读了以后收获很大，将"四书"读完，儒家的精神也就基本领会了。故而以"四书五经"为代表的儒家经学既是官方所认定的学问，也是自天子以至庶人都要共同遵守的一套价值准则。儒家经学建立起了我们中华民族的宇宙观、世界观、人生观、价值观，而这些观念对中华民族影响至深至远。

我们民族的宇宙观是什么呢？四个字：天人合一。天人合一的宇宙观从哪里来的呢？从《易经》中来的。《易经》的全部精神就是推天道以明人道。《易经》上经三十卦，讲天道；下经三十四卦，讲人道。《易经》的上经开篇于乾坤两卦，结尾于坎离两卦。乾代表天，坤代表地，坎代表水，离代表火，《易经》

的上经就是讲天地水火之道，即天道。《易经》的下经开篇于咸恒两卦，结尾于既济未济两卦。咸者感也，指男女的交感，就是指谈恋爱。恒卦讲夫妻之道，"恒"字的古字形（㐺）是上边一横，下边一横，左边一个"心"字，右边一个"舟"字，什么意思呢？就是说在天地之间风雨同舟、同心同德，这就是恒，就是夫妻之道。宇宙之道从天地开始，人间之道从男女开始。既济就是人间一切的矛盾得到解决；既济以后叫未济，就是新的矛盾又开始了。如果《易经》以既济这一卦为尾卦，那么就意味着一切矛盾都解决，世界也就静止了。《易经》的最后一卦是未济，意味着旧的矛盾解决，新的矛盾又开始产生，这就是风雷激荡，宇宙常新。这才真正显现出我们中国文化的深邃智慧。世界是生生不息、亘古变化的，旧的矛盾解决了，新的矛盾又产生。矛盾产生斗争，斗争产生运动，运动推动着社会前进，这也就是宇宙的精神。所以《易经》的核心精神就是推天道以明人道，让人们在宇宙的规律法则中学到社会人生的道理。《易经》在对天道的揭示阐发中推导出人道的法则。比如天体运行的品格是刚健勇猛，人效法天的品格就应自强不息。大地的品格是平顺宽广，人效法大地的品格就应该厚德载物。这就是中华民族天人合一的宇宙观。

我们民族的科学哲学文学艺术无不以天人合一的思想为基础。比如科学类的中医的核心思想就是天人合一。人生病就是人的小宇宙和大宇宙不协调所导致的，所以医家讲得好：人是天人同构的。所谓"天人同构"就是天和人都是按同一结构构成。天有日月，人有两只眼睛；天有春夏秋冬四季，人有四肢；天有金木水火土五行，人有心肝脾肺肾五脏；天有十二个月，人有十二经络；一年有三百六十五天，人有三百六十五个穴位；地有九州，人有两耳、两目、两鼻孔、口、前阴、后阴九窍；天有风雨，人有喜怒；天有雷电，人有音律；地球上有百分之七十是江河湖海，人体当中有百分之七十是体液。人要健康，个人这个小宇宙一定要和外部的大宇宙达到和谐，否则就会生病。《黄帝内经·四气调神大论篇》专门讲人与四季同步则健康的问题，其中讲"阴阳四时者，万物之终始也，死生之本也。逆之则灾害生，从之则苛疾不起，是谓得道"。也就是说我们懂得养生保健，能让身体随时和天地阴阳四季保持一致，则百病不生。

　　在政治上古人讲天人感应。所谓"天人感应"就是指人间的政治得失，必定会在自然界中有所反映。古人说，如果人间政治清明，那么老天就一派祥和，风调雨顺，海晏河清。有圣贤将出必有凤凰麒麟等吉祥之物出现。如果人间混乱无序，那么老天就会降各种灾异来警醒惩罚统治者。比如夏朝末年暴君夏桀统治时期，洛河枯了；商朝末年商纣王统治时期，黄河大面积决堤；西周周幽王统治时期出现大地震。天人感应学说使至高无上的皇权受到限制，让皇帝有所敬惧不敢为所欲为。如为所欲为，老天必定降灾并有亡国丧家、改朝换代的危险。

　　这些都是天人合一思想在中国文化中的体现。

　　我们民族的世界观是什么呢？四个字：协和万邦。"协和万邦"的思想就出自《书经》第一篇《尧典》。书中在称述尧帝的功德时，就讲到尧帝"克明俊德，以亲九族。九族既睦，平章百姓。百姓昭明，协和万邦"。意思就是尧帝能发扬才智美德，使家族亲密和睦，家族和睦以后，又辨明百官的善恶，百官善恶辨明了，又使各诸侯国协调和睦。协和万邦就是要使所有的国家都和平相处。在古代是使各诸侯国和睦相处，在现代则是使全世界各国和睦相处。中华民族是一个爱好和平的民族，从古到今，我们极少发动侵略战争，通常只打反侵略的战争，即使在国力最强大的汉唐时期。汉武帝之所以征伐匈奴，是因为从商周以来，北方的游牧民族就不断地对中原地区进行侵扰，烧杀抢掠。汉武帝花了四十年的时间，动用全国的力量来抵御北方少数民族的侵略，以换得汉朝的长治久安。

　　明成祖时，郑和七下西洋，最远到了非洲，比欧洲发现美洲新大陆早几百年。但我们不是像西方列强那样去侵略殖民其他国家民族，而是把我们民族的物产包括茶叶、丝绸、瓷器、金银珠宝、四书五经送给其他民族，还帮助一些弱小的民族建立自己的国家。直到现今，郑和下西洋沿途所经的国家，许多还塑有郑和的雕像以纪念这位给世界带来和平的使者。郑和下西洋可以说是最好地展现了我们中华民族协和万邦、爱好和平的世界观。因为我们的国家是爱好和平的，我们的世界观是和平的世界观，所以在唐朝的时候，世界上很多民族和国家的人都到中国来留学。当时就有大臣和太宗皇帝辩论：我们的学校到底要不要把我们的文化经典教授给其他国家的人？太宗皇帝说教，为什么不教？我们的文化是和平的文化、善良的文化、正义的文化，其他民族学得越多对我们越好。所以我们敞开胸怀，把我们的文化经典教授给其他国家和民族。

我们民族一方面爱好和平，一方面也坚决反对侵略。任何民族要侵略我们，我们都要拼死抵抗，这就是中华民族不屈不挠的精神。清朝末年，八国联军入侵，我们的民众和部分官兵积极抵抗，虽然最后失败了，但是在世界军事史上，却有独特的意义。与八国联军开战之前，慈禧太后召文武百官齐聚，说我们打也是个死，不打也是个死，与其被人吓死，不如被人打死。遂下了一道诏书，书曰："奉天承运，皇帝诏曰：洋人欺我太甚，竟至国之将亡。与其苟且图存，贻羞万古，何若大张挞伐，一决雌雄！今朕庄严宣誓：向英吉利国开战！向法兰西国开战！向美利坚国开战！向俄罗斯国开战！向德意志国开战！向意大利国开战！向奥地利国开战！向日本国开战！钦此。"这道诏书至今读来仍慷慨激昂，气壮河山。与八国联军这一仗，我们虽败了，却让全世界看到了我们民族反侵略的豪情壮志。

我们对所有的国家，不管大小贫弱，都是平等对待、与之和睦相处。但是如果有外敌入侵，我们也要坚决反抗，正由于我们有了这种既热爱和平又坚决反侵略的不屈不挠的精神，中华民族才能够五千年延绵不绝。其他的文明古国，如古希腊、古埃及、古巴比伦、古印度、古罗马等都断代的断代，灭亡的灭亡，唯有中华民族五千年亘古亘今，这是由我们的世界观决定的。抗战时期，北大、清华、南开三所大学内迁到云南昆明，建立了西南联合大学，延续和保存了中国最优秀的文化。抗战胜利以后，时任西南联大文学院院长的冯友兰先生写了一篇《西南联合大学碑记》，以纪念在抗战中西南联大所作的贡献。在这篇《碑记》里，冯先生写道："盖并世列强，虽新而不古；希腊、罗马，有古而无今。惟我国家，亘古亘今，亦新亦旧，斯所谓'周虽旧邦，其命维新'者也。"这段话的意思是说，并世列强诸如美国、英国、法国、德国、俄国这些国家，它们都是新国不是古国，希腊、罗马等又都是古国而没有今天，唯有我们中国是亘古亘今、亦新亦旧的。中华民族是一个既有几千年悠久历史，又有蓬勃生机的民族。

　　我们民族的人生观是什么？四个字：自强不息。《易经》的首卦乾卦的象辞讲："天行健，君子以自强不息。"就是说天的运动刚强劲健，人效法天就应刚毅坚卓，发愤图强。中华民族的人生观充分肯定生命的意义和价值，强调生命的可贵。《易经》中讲"天地之大德曰生"，天地最伟大的德行是生养万物。中国人看到的宇宙是生生不息的，故而人就应该珍爱生命，自强不息。清朝时的成亲王有副对联："不除庭草留生意，爱养盆鱼识化机。"不除去庭中的野草，是为了通过野草看到天地间的生意；喜欢养盆金鱼，是为了以此观察大千世界变化的机微。这副对联也是我们积极向上人生观的极好体现。

　　在自强不息的人生观指引下，中国人都希望人是积极、乐观、热情、向上的。自古以来，我们民族就崇尚那些有朝气、有激情、有蓬勃生命力、以乐观向上的态度积极面对人生的人。太史公司马迁在著名的《报任安书》中写道："文王拘而演《周易》；仲尼厄而作《春秋》；屈原放逐，乃赋《离骚》；左丘失明，厥有《国语》；孙子膑脚，《兵法》修列；不韦迁蜀，世传《吕览》；韩非囚禁，《说难》《孤愤》。"文王、孔子、屈原、左丘明、孙膑、吕不韦、韩非子，包括司马迁，无不是在逆境坎坷中百折不挠、自强不息，才创作出惊天地、泣鬼神的不朽巨著。这就是以儒家文化为核心的中华文化所建立的中国人的人生观。有了这样的人生观，我们中国人面对任何的苦难和挫折，都不会气馁，而是想尽办法去积极面对，去战胜它、超越它，最后实现生命的价值。

　　我们民族的价值观是什么呢？四个字：忠孝节义。"忠"是对国家的态度，"孝"是对父母的态度，"节"是对个人的态度，"义"是对别人的态度。

　　中国读书人身上有一种最为强烈的精神，就是爱国主义。中国的读书人对我们的国家、民族充满了敬意。正是有了这种精神，才使得我们的民族不管遇到什么艰难险阻，都能够挺过去。所以越是在国家面临艰险的时候，越是有无数的读书人站出来，成为民族的脊梁，抛头颅、洒热血。民族英雄林则徐撰写的"苟利国家生死以，岂因祸福避趋之"，就是这种爱国精神的最好写照。可以说爱国主义情怀已深深地化到了中国读书人的血液中。国民党元老、著名书法家于右任先生晚年在台湾，无法回大陆，临终前深情地写下了他对祖国最赤诚热烈的思念："葬我于高山之上兮，望我故乡，故乡不可见兮，永不能忘。

葬我于高山之上兮，望我大陆，大陆不可见兮，只有痛哭。天苍苍，野茫茫，山之上，国有殇。"传统中国知识分子的最高理想，就是把个人的生命和国家、民族的命运联系在一起。所谓"天下兴亡，匹夫有责"，"先天下之忧而忧，后天下之乐而乐"都是这种思想的体现。爱国主义是"忠"的精神的最集中体现。

"孝"就是对父母的态度。儒家文化是很讲究孝的。孔子讲一个人要成为仁者，必须要从孝入手。《论语·学而篇》中孔子的弟子有子说："其为人也孝弟（通"悌"），而好犯上者，鲜矣；不好犯上，而好作乱者，未之有也。君子务本，本立而道生。孝弟也者，其为仁之本欤！"就是说，一个人孝顺父母，敬爱兄长，却喜欢触犯上级，这种人是很少见的；不喜欢触犯上级，却喜欢造反，这种人从来没有过。君子追求做人的根本，根本建立了"道"就会产生。孝顺父母、敬爱兄长就是"仁"的根本，也就是说孝悌才是做人的根本。一个连父母亲都不爱、不孝的人，怎么可能成为一个真正能够利他、利国、利民的人呢？孝可以说是中华民族最特别的文化之一。十三经中的《孝经》就是一部专门讲孝的书。唐玄宗皇帝还亲自为其做注，影响深远。《孝经》中讲"孝者，德之本也"，就是说孝是一个人道德的根本。教育就是从教人尽孝中生发出来的，由此也可知孝对于中华文化的重要。

"节"就是气节风骨。中国人是很讲究气节的，一个人再有才华，如果丧失了气节，那么我们也不会赞赏他。像元朝的大书法家赵孟頫，他的书法足以和颜真卿、柳公权、欧阳询媲美。但他是宋朝的遗臣，宋宗室的后代，最后却降了元朝，所以历来对他的评价都不是很高，认为他没有气节。《论语》中记载，孔子非常称赞商朝的遗臣伯夷、叔齐，认为这两个人很有气节。他们是商朝的臣子，决意不食周朝的粮食，隐居在首阳之山，靠采薇、吃蕨菜来维生，虽然最后饿死了，但是却保全了商朝臣子的气节。对气节的最好诠释就是孟子所说的"富贵不能淫，贫贱不能移，威武不能屈"，任何外界的力量都不能改变自己内心对理想的坚定信念。

"义"就是由仁爱的心所发出的行动。"仁"是一颗好心肠，是爱人的心，"义"是具体的行动。比如你看到一个老年人跌倒了，内心很同情他，觉得他很可怜，可是却不伸出救援之手，不去帮助他，这不叫仁，叫假仁。真正的仁不仅要有恻隐之心，还需要通过行动来体现，这也就是义。扶助老人的行为叫作义，扶助老人的那颗心、不忍他跌倒的心就是仁，两者合起来就是仁义，所以说义就是对他人的态度，对弱者的同情和帮助。

价值观就是衡量事物的标准，是很重要的。没有标准就会混乱，有标准人们才有所守，社会才有序。我们传统中国人的价值标准就是这四条。我们喜欢什么人、讨厌什么人，爱什么、恨什么，都要符合忠孝节义的标准。爱国爱民、精忠报国的岳飞，鞠躬尽瘁、死而后已的诸葛亮，忠义勇武的关羽，孝感动天的大舜，为母亲亲尝汤药的汉文帝，为母亲百里负米的子路，十九年不改汉朝使臣节操的苏武，誓死不降元朝的文天祥，十八年忠于丈夫苦守寒窑的王宝钏，仗义行侠的梁山好汉……都是被我们民族千古称道的。相反，不忠不孝、不仁不义，有奶便是娘的人都是被鄙视唾骂的。这就是价值观对于一个民族的意义。

综上所述，可知以孔子为代表的儒家思想构建了我们中华民族的民族精神，塑造了我们中国人的人格，这也是为什么儒家能从诸子百家中脱颖而出，成为经学并最终成为国学之魂的重要原因。

孔子去世后，历代帝王纷纷赐予封号，如唐太宗李世民尊孔子为"先圣"，后又改称为"宣父"；唐高宗李治尊孔子为"太师"；唐玄宗李隆基称孔子为"文宣王"；宋真宗赵恒尊孔子为"玄圣文宣王"；元成宗铁穆耳尊孔子为"大成至圣文宣王"；明世宗朱厚熜改称孔子为"至圣先师"；清世祖爱新觉罗·福临加号孔子为"大成至圣文宣先师"。民国年间，国民政府派官员祭祀孔子，祭文仍称孔子为"大成至圣先师"。后世认为孔子是圣人中最伟大的，所以称为至圣。后来，在孔子以下还列了另外四位儒家的圣人，供在孔庙，称为四配。第一位是颜回，被称为复圣；第二位是曾子，被称为宗圣；第三位是孔子的孙子子思，被称为述圣；第四位是孟子，被称为亚圣。这里主要介绍一下复圣颜回。

孔子是伟大的教育家，《史记》里说孔子有三千弟子，七十二贤人，而且有十几位弟子成就很高。在这三千弟子七十二贤人中，有个人是孔子特别喜欢的，这个人就是颜回。

当别人问孔子，其弟子仁不仁德的时候，孔子都说"不知也"。什么叫"不知也"呢？圣人说话是很含蓄的，他不会直白地说你不仁德，而是说他不知道，说"不知道"意味就深长了。比如一个家长来学校开家长会，问老师：我的孩子怎么样？老师说："搞不清楚。"显而易见，老师对这个孩子肯定是有微词的，只是没有明说而已。

孔子的弟子子路勇猛精进，忠诚耿直，是个很了不起的人。有人问孔子：子路仁不仁德。孔子说"不知也"。有人问孔子弟子冉求、公西赤仁不仁德，孔子仍说"不知也"。这几个弟子都是孔子颇喜欢的弟子，但孔子对他们都还有微词。只有当别人问到颜回的时候，孔子一口一个"贤哉回也，贤哉回也"，不断地连声称赞。在孔子的心目中，真正领会他的道的，只有颜回。

颜回又是个什么样的人呢？颜回字子渊，所以又被称为颜渊，不幸早死，只活了三十二岁。自汉代起，颜回被列为七十二贤之首，是孔子早年弟子当中最有成就的一个。

孔子的弟子可以用早年的和晚年的来划分，像颜回、子贡、子路等都是孔子早年的弟子；像曾子、子张等都是孔子晚年的弟子。对颜回的评价，孔子在《论语·为政篇》中说："吾与回言终日，不违如愚。退而省其私，亦足以发。回也不愚。"意思是说，我和颜回说了一天的话，可是他好像很愚钝地坐在那里，什么都不说，只是点头。但当他退下去，我再观察他所做的事，发现他不仅把我说的话全部听进去了，而且他还对我讲的那些道理进行了更深的阐明，所以他真正地发扬了我的精神。"如愚"不是真愚，而是外表像一个愚笨的人，就是老子所说的"大智若愚"。只有具备了最大智慧的人，才可能看起来像个愚笨的人。如果一个人看起来非常机灵、聪明、夸夸其谈，那么这个人不一定很聪明。半壶水响叮当，满壶水是不响的。颜回在孔子身边，从来都是少言寡语的，看起来显得有点迟钝。《论语·子路篇》里孔子说："刚、毅、木、讷，近仁。"一个人朴实、言语谨慎，就接近于仁者了。颜回就有这样一种精神气象。

《论语·先进篇》中孔子还说："回也，非助我者也，于吾言无所不说。"就是说颜回不是一个能够实际帮助我的人，可是他对我说的话没有一句不听从的。我们怎么理解这句话呢？有些人说孔子就喜欢听他话的人。其实并不是这样，因为一个弟子如果能对老师说的每一句话都深信不疑，都深深地赞美，那说明他对老师的话有了最深切的理解。所以孔子是把颜回视为知己的。能做孔子知己的人，那已经是具有相当的精神高度了。

现在的教育常常鼓励学生在课堂上多提问题，多批评老师。实际上，一个学生在求学的过程中，只有入乎其内，才可能出乎其外。所谓"入乎其内"，就是深入地学习体会；"出乎其外"，就是得出自己独到的见解。一个人只有对老师所讲的道理和学问，深入地研究、长期地思考，才可能提出深刻的问题，进而至于有所批评。如果老师说上句，你就接下句，那说明你很浮躁。你根本没有进行深入思考，怎么能够随随便便提出批评呢？儒家所培养的人，最重要的就是要具备诚敬之心，要诚恳、敦厚、尊敬师长。颜回就是这样的人。

颜回是诚敬地来听孔子的教导，然后深入地去思考，并有所领会。孔子的学生各有所长，比如子路是个勇士，勇猛善战，所以在孔子周游列国的路上，可以时刻保护他。这些人都是实实在在能够帮助孔子的。颜回呢？孔子说："非助我者也。"他在实际的事情上，好像对孔子没有多大帮助。但是孔子仍旧称赞颜回，为什么呢？就在于"于吾言无所不说"，他对于孔子说的话没有一句不听从、不赞美的。西方著名哲学家黑格尔在其代表作《小逻辑》中说：精神的内在核心是思想，并且只有精神才能认识精神。广言之也就是说只有智慧才能认识智慧，只有思想才能认识思想。像孔子这样的圣人，拥有无上的智慧，颜回对他深信不疑，无所不从，说明颜回也具备了极高的智慧，这才是孔子深深称赞他的原因。

《论语·公冶长篇》讲有一次孔子问子贡："女与回也孰愈？"你和颜回两个比起来，哪个强一点呢？子贡说："赐也何敢望回！回也，闻一以知十；赐也，闻一以知二。"孔子说："弗如也。吾与女弗如也。"子贡说颜回听到一就知道十，他听到一只知道二，怎么敢和颜回相比呢？闻一知十，这就是我们通常所讲的悟性，就是举一反三的能力。颜回悟性极高、极聪慧，而表面上又显得很愚笨。一个人只有内中崇高，才可能外表愚钝。

《易经》里有一卦叫谦卦，其卦象是，下边是艮卦，代表一重高山，上边是坤卦，代表一片平地。也就是说，真正谦虚的人，内心像高山一样崇高，他的精神、品格、学问都像高山，可是他的外表却像大地一样平整、低下，简直谦卑得像个愚钝的人。这就是颜回的精神状态：内中像高山，外在像平地。

孔子除了称赞颜回诚敬、悟性高之外，还称赞颜回好学。在《论语》中记载了两次孔子对颜回好学的称赞。《论语·雍也篇》里哀公问："弟子孰为好学？"孔子对曰："有颜回者好学，不迁怒，不贰过。不幸短命死矣。今也则亡，未闻好学者也。"《论语·先进篇》里季康子问："弟子孰为好学？"孔子对曰："有颜回者好学，不幸短命死矣，今也则亡。"

鲁哀公和鲁国的季康子都去问孔子：你的弟子里边哪个最好学呢？孔子说是颜回。在三千弟子七十二贤人中，孔子说只有一个颜回好学。难道真的只有一个颜回好学？孔门弟子中的七十二贤人大都通晓孔子传授的六经，都很了不起。但为什么孔子不称赞他们好学呢？孔子说："有颜回者好学，不迁怒，不贰过。不幸短命死矣。今也则亡。"这句话就回答了这个问题，这也是孔子对颜回最大的称赞。

什么叫"不迁怒"？朱熹注释说："怒于甲者，不移于乙。"也就是说张三让我生气了，我绝不把气发到李四身上。道理虽然很简单，但是我们不一定能做到。我们一般的人都很容易迁怒，比如媳妇跟婆婆吵了架，最后把气撒到丈夫身上；在上级那里受了气，挨了批评，转怒于下级；在父母那里受了气，在自己子女身上发泄，这就叫迁怒。可是颜回不迁怒，怒于甲就止于甲，这就是人的自我修养，能够自己调节自己的情绪。孔子所看重的就是人能够发乎情，止乎礼。而颜回做到了，他善于调节自己的情绪，不把愤怒带到其他的场合。

什么叫"不贰过"？朱熹注释说："过于前者，不复于后。"不贰过就是不犯重复的错误。人哪有不犯错误的，只要做事就一定会犯错误，但是不要犯重复的错误。犯了错误以后，就要善于总结经验教训，使这个错误不再重犯。这是孔子看重颜回的又一个品德。国学大师梁漱溟先生讲："不贰过有两层意思：一是知过。知过非常之难，根本问题是在此。我们平常做了许多错事，我们往往不知道。一是改过。知过后便不再有过，就是所谓一息不懈，故而说过而能改不为过矣。"

另外，孔子还看重颜回什么呢？还看重颜回的精神境界。宋朝有一个著名的哲学家，道学的先驱周敦颐，他有两个有名的弟子，是兄弟二人。哥哥叫程颢，弟弟叫程颐。周敦颐在教授这两个弟子的时候，给他们出了个题目，叫他们去寻"孔颜乐处"，去寻找孔子和颜回为什么快乐，他们在哪里快乐，他们快乐什么。后来"孔颜乐处"成为中国哲学史上一个重要的命题。

从这个命题里，我们看出颜回和孔子有一脉相承的精神气象，就是"乐"。孔子何所乐呢？孔子"饭疏食，饮水，曲肱而枕之，乐亦在其中矣"。意思是说，孔子吃粗粮，喝白水，弯着胳膊当枕头，乐就在其中了。颜回何所乐呢？颜回"一箪食，一瓢饮，在陋巷，人不堪其忧，回也不改其乐"。意思是说，颜回用一个竹篮装饭，用一个木瓢喝水，住在简陋的巷子里，别人都忍受不了这种困苦，颜回却不改变他快乐的精神状态。

"乐"对于儒家，对于中国文化，有什么样的价值呢？从儒释道三家的品格来说，儒家讲乐生，也就是快乐地生存在天地之间；道家（道教）讲长生，追求长生不老；佛家讲无生，要超越生死，出离轮回。这是儒释道三家最根本的区别。儒家讲乐生的"乐"，就在孔子和颜回身上得到了集中的体现。孔子之所以看重颜回，也在这个乐字上。

而孔颜之乐，正是不为外物所动的内心之乐。内心之乐从哪里来的呢？有钱就能快乐吗？物质充裕就能快乐吗？非也。许多达官显贵、富商巨贾，有钱、有地位、有权力、有名望，却不快乐。这些颜回都没有，却有快乐，这就是孔子看重颜回最重要的原因。为什么颜回能够在任何情况下都不改变他快乐的精神状态呢？因为颜回心中有道，有道之乐大大超越了一般物质的享乐、感官的享乐。物质感官的享乐是满足人的欲望，道是约束人的欲望。颜回心中有道，自然就没有欲望所带来的烦恼，什么生活状态都能坦然面对，乐在其中。所以古人说"非乐道不足以安贫"，如果不乐道，是不可能安于贫穷的生活状态的。不仅不能安于贫穷的生活状态，也不能安于各种变化以后的生活状态。人都希望生活在习惯的生活状态中，一旦有所改变就会引起情绪上的波动。只有有道，才能守住自己的本心，让自己在任何情况下都能从容面对，泰然处之。道就是让人深刻洞悉宇宙、社会、人生规律，让人安心的智慧。有了这种智慧，才可能有崇高的精神境界，有了这种崇高的精神境界，才可能使心在任何情况下都能听自己的指挥。而心能听自己的指挥就是最大的快乐，世间没有其他任何快乐能超过这种快乐，当然也就没有什么能够改变这种快乐。

儒家讲的快乐是超功利的，不是建立在外在条件之上的快乐。一般意义上的快乐是和痛苦相对的，而颜回的快乐是超越于痛苦与快乐之上的永恒的快乐。一个人如果只为快乐而追求快乐，是永远得不到快乐的。因为这种快乐是自私的快乐，人在自私中是无法真正体会快乐的。只有求道才可能得到真正永恒的快乐，快乐是求道的副产品。所以求道是根本，有了道快乐自然就来了。道到底是什么呢？道的核心就是利他与无私。天地生养万物，又给万物以阳光雨露，让万物蓬勃生长，这就是天地的利他精神。所以《易经》讲"天地之大德曰生"，天地最伟大的德行就是生养万物。天地生养了万物，又不自私地占有万物，而是让万物各顺其性地生长，这就是天地无私的精神。所以《礼记》讲"天不私覆，地不私载，日月不私照"，也就是说天地的覆载、日月的照射是无所不在的，不会因为这个跟他关系好对他有利，他就覆载照射，那个跟他关系不好对他无利，他就不覆载照射。人具备了利他无私的品格，也就得道了。人有了利他无私的品格，就不会因为个人的得失而悲喜烦恼。得了道也就明白了人生的意义，人生最大的意义就是健康地活着，用自己健康的生命去体现天地的好生之德，《中庸》里边叫作"赞天地之化育"。所以人只要能健康地活下去就是最大的满足。我们常说知足常乐，知什么足？什么才算是足？这个问题不明白，就是随时念着知足常乐也没有用。明白了健康地活着就是最大的满足，也就获得了永恒的快乐。孔颜之乐正在于此。

儒家文化的核心就是提高人的精神境界，在崇高的精神境界中人就能获得永恒的安宁与快乐。颜回对于中华文化的最大贡献就是用生命去展现了这种安宁与快乐，并告诉世人这种安宁与快乐是学道的结果。他不迁怒、不贰过的德行，不改其乐的精神境界都从学道中来。孔子是给我们指引道，颜回则践行这个道，孔子、颜回两师徒共同完成了儒家之道。儒家之道就是学为圣人之道，这个道中有人类的光明、社会的理想、人生的信念。追寻这个道，就永远沐浴着理想的光辉，享受着圣人的温暖。

　　颜回是孔子认为能够传自己大道的人，颜回去世以后，孔子非常伤心，《论语·先进篇》中孔子仰天长叹说："噫！天丧予！天丧予！"就是说明要传自己道的人，却短命死了，是不是老天要断绝我的道啊！但是不是颜回早逝了，孔子的道就断了呢？事实上并非如此。孔子的道被其晚年的弟子曾子继承下来，曾子又把他学到的儒家思想传给了孔子的孙子子思，子思又收了一个了不起的徒弟，就是被称为亚圣的孟子。孟子可谓是孔子的四传弟子。

　　孟子姓孟名轲，字子舆，战国时邹国人。邹国是鲁国旁边的一个小诸侯国，今天山东的邹城还有孟府、孟庙、孟林。孟子一生也和孔子的命运差不多，周游列国游说诸侯，宣扬仁义之道皆不见用，晚年与弟子万章等著述《孟子》七篇。孟子志向很大，自视甚高。他说："如欲平治天下，当今之世舍我其谁哉？"孔子的性格温柔敦厚，孟子的性格刚毅雄强。孟子一生最大的志愿就是学孔子，孟子说"乃所愿，则学孔子也"，那么孟子是如何发扬孔子之道的呢？

　　《三字经》中说："孟子者，七篇止，讲道德，说仁义。"孔子讲"仁"，孟子则讲"仁政"。孔子讲君子小人之别，孟子则讲利义之辨、王霸之争。孔子讲人应该是善的，但并没有说清楚人为什么是善的；孟子为孔子善的精神找到了哲学上的依据，即著名的性善论。可以这么说，性善论的提出对于儒家学说理论基础的构建，起到了至关重要的作用，也是对孔子思想最有力的补充。

　　孔子生活在春秋末年，孟子生活在战国时期，比春秋末年更加混乱。面对更为混乱的社会现实，孟子以儒家精神为根基，建构了一套治国理论。一个读书人在乱世中要想生存下去，要想真正地替天行道，还必须具有刚正的人格。因此，孟子又提出人要养浩然之气。儒家哲学在孔子那里更多呈现的是一种温柔敦厚之美，而在孟子这里，则更多地呈现了一种阳刚坚毅之美，所以孔子之道偏重于柔，孟子之道偏重于刚。

　　孟子在当时是以继承孔子的思想自居的，故而孟子对孔子也备极颂赞。《孟子·公孙丑上》中孟子说："自生民以来，未有孔子也。"就是说自有人类以来，还没有比孔子更伟大的。孟子不断追寻孔子的精神境界，总结孔子的学问，发掘孔子的思想。孟子的思想学说都记载在《孟子》七篇中。

　　孟子学说的第一个重要思想就是性善论。《孟子·滕文公上》曰："孟子道性善，言必称尧、舜。"《三字经》开篇说："人之初，性本善。"要了解孟子的性善论，必须先搞清楚孟子对于人性的界定。孟子认为人性就是"人之异于禽兽者"，就是人与禽兽所不同的本性。禽兽有食欲色欲，人也有食欲色欲，那么人之异于禽兽者在哪里呢？孟子说，人一生下来，老天就赋予了人仁义礼智四种本性，这是人所独有而禽兽没有的。《孟子·公孙丑上》说："无恻隐之心，非人也；无羞恶之心，非人也；无辞让之心，非人也；无是非之心，非人也。"也就是说没有恻隐心、羞恶心、辞让心、是非心就不是人。孟子又讲："恻隐之心，仁之端也；羞恶之心，义之端也；辞让之心，礼之端也；是非之心，智之端也。人之有是四端也，犹其有四体也。"

"恻隐之心"就是同情心，同情心是仁爱的发端。孟子认为人天生就具有同情心，看到别人受苦心里会过意不去，会很难过。如果一个人连恻隐之心都没有，那就不叫人。我们要衡量一下自己算不算一个人，那就看看我们有没有同情心。如果你扪心自问，觉得自己有同情心，那么你符合了做人的第一个条件。如果你觉得自己没有同情心，那么你离真正的人还有距离。那该怎么办呢？就需要返本还原，去找你的同情心。

做了可恶的事会感到羞耻，这就是"羞恶之心"，也就是羞耻心。羞恶之心是义的发端。明朝有个大学者叫王阳明，一次抓到一个小偷，就给他大谈人的良知。小偷听了半天，说：王夫子你说些什么，我一点都不明白。当时天气非常炎热，小偷就把上衣给脱了。王阳明说：你为什么不继续脱呢？把你的内裤也脱了吧。小偷说：这不太好吧？王阳明说：对了，你能够觉得脱内裤不好，这就叫良知，你还有一点羞耻之心，还有点人性。人只要还有一点羞耻心就可以教化。其实这也就是孟子所说的羞恶之心。你扪心自问，如果没有羞耻心，那你就不叫人；有羞耻之心，就又有了一个成为人的条件。不做可恶的事而做该做的事，那么义也就由此发端生长起来了。

"辞让之心"就是推辞谦让的心。辞让心是礼仪的发端。人与人之间要推辞谦让，这是中华文化所提倡的。中国古人不推崇竞争。因为一竞争，人与人就是对手，进而发展为斗争，一斗争，人与人就是敌人，斗争的结果就是战争。战争就带来灾难，带来毁灭。讲辞让，则人与人是朋友，大家和谐相处，天下太平，进而世界大同。辞让之心的表现形式就是礼节。正因为中华文化讲辞让，所以中华民族是礼仪之邦。礼的发端即在那点推辞谦让之心。如果我们扪心自问，我们见到名誉、利益是争先恐后还是推辞谦让，就知道我们符不符合人的条件了。

"是非之心"是辨别美丑善恶真假的心。而能够辨别就是智慧的发端。儒家非常注重辨别是非，认为一个人应该有是非观念，能够知道什么是值得肯定的，什么是该否定的。其实"是"就是指真善美，"非"就是指假丑恶。一个人能够清晰地认识真善美与假丑恶的区别，也基本够做人的资格了。我们每个人都可以扪心自问：是不是能够明辨是非？一般说来，当我们看到假丑恶，一开始我们还会生气、会愤怒，后来慢慢就麻木了，最后就随波逐流了。如果像这样，我们离人就还有距离。因此一个人真正做到辨别是非也是很不容易的。智慧就是什么都能分别清楚，看得明白。而这个看得清辨得明就是从辨别是非发端生长起来的。

孟子说一个人具有了同情心、羞恶心、辞让心、是非心四端，再把这四端推广开来，就是一个完美的人。比如把同情心推广到极致，就是孔子所说的仁德。你能够同情别人，就能去关爱别人，帮助别人，就能够见义勇为，就能够真正地急他人之所急，就能够"老吾老以及人之老，幼吾幼以及人之幼"。把羞恶之心推广到极致就是义，义就是勇敢，敢于否定自己，敢于自我批评，敢于帮助弱者，敢于与恶势力做斗争，包括与自己的恶做斗争。把辞让之心推广开来，就是人与人之间的礼节，就是秩序。大家都能够互相谦让，那么社会就是和谐的。有礼就有秩序，反之这个社会就是无序的。把是非之心发展到极致就是智慧。人有了智慧就什么都看得明白，想得清楚，就没有困惑，就豁达、通透。所以孔子说智者不惑，智慧的人是没有困惑的。为什么没有困惑？因为他把什么都看清楚了，理解透彻了。

把这四颗心推广到极致，就是仁义礼智，就是人类社会的道德。孟子说每个人的天性中都有这四颗心，《孟子·告子上》讲："仁义礼智，非由外铄我也，我固有之也，弗思耳矣。故曰：求则得之，舍则失之。"就是说，仁义礼智并不是强加给我的，而是我本来就有的，只是没有去思考而已，只要认真地去寻找就会有，把他们丢掉就会失去。也正因为这样，人们所受的教育不是给你另外增加许多东西，而是把你内心当中本来就具有的这四心彰显出来。教育的工作就像是洗东西，一块美玉落到泥潭里，上面沾满了淤泥，教育工作者的任务就是洗掉这些淤泥，让这块玉重新发出耀眼的光芒。人为什么会变坏？孟子认为是后天的习气所染，人接受教育的目的就是把这些习气洗涤干净，让人心天然地善彰显出来。

这就是孟子的性善学说。肯定人性是善的，才有了一切人伦道德的基础。这种思想其实也是孔子身上理想主义光辉在孟子身上的继续。与孟子同时期的还有一个大儒叫荀子，但荀子是儒家的现实主义者，故而他没能传接孔子的大道，反而为法家学说建立了理论基础，这留待后面讲到法家再谈。儒家的根本核心是理想主义，并且在孟子这里得到了升华，所以孟子才是孔子思想的正宗传人。

孟子学说的第二个重要思想就是利义之辨。《孟子》开篇《梁惠王上》就谈到了利义之辩。文中说："孟子见梁惠王。王曰：'叟！不远千里而来，亦将有以利吾国乎？'孟子对曰：'王！何必曰利？亦有仁义而已矣。王曰："何以利吾国？"大夫曰："何以利吾家？"士庶人曰："何以利吾身？"上下交征利而国危矣。万乘之国，弑其君者，必千乘之家；千乘之国，弑其君者，必百乘之家。万取千焉，千取百焉，不为不多矣。苟为后义而先利，不夺不餍。未有仁而遗其亲者也，未有义而后其君者也。王亦曰仁义而已矣，何必曰利？'"这段话的意思是讲孟子去见魏国的梁惠王。梁惠王就问孟子，您老先生不远千里而来，将对于我国有利吧。孟子回答说：大王何必讲利呢？只要有仁义就可以了。王说怎么对我国有利，大夫说怎么对我的封地有利，士人和百姓说怎么对我自己有利。上下都相互争利，那国家就危险了。拥有一万辆兵车的国家，杀掉他的君王的，一定是拥有一千辆兵车的大夫；拥有一千辆兵车的国家，杀掉他的君王的，一定是拥有一百辆兵车的大夫。在一万辆兵车的国家里，拥有一千辆兵车，在一千辆兵车的国家里，拥有一百辆兵车，不算不富有了。但如果把义放在后头而把利放在前头，那他不争夺是不会满足的。从没有讲仁却遗弃自己父母的，也没有讲义却轻慢自己君王的。大王只要讲仁义就可以了，何必讲利？

所以《孟子》书一开篇就是教君王要行仁义，不要老想着争利益。而这正是孟子所谓的"利义之辨"。

什么叫"利义之辨"？就是在现实生活中做事，到底是遵从本心的善，还是遵从外在的利益？如果遵从外在的利益，那就是功利主义，就是世俗的，就是恶的发端；如果遵从本心的善，那就是义。比如说一个女同学的书掉在地上了，你去帮她捡，原因是她是市长的女儿，我给她帮忙，我会有好处。为这种目的去捡，就叫为利。如果你去捡是因为你觉得人应该助人为乐，不去捡心里觉得过不去，捡起来你心里会感到舒服，这样去捡书就是义。为利生活还是为义生活，成为后来我们衡量人精神境界的重要标准。为利生活，就是功利境界；为义生活，就是道德境界。君子与小人的区别也由此划定。为利的是小人，为义的是君子。传统中国社会的人一般都重义而轻利，这便是孟子利义之辨对中华民族价值取向的深远影响。

孟子学说的第三个重要思想就是王霸之争。所谓"王霸之争"就是一个统治者治天下，要看他是行霸道还是行王道。以力服人者为霸，以德服人者为王。孟子是肯定王道而反对霸道的。春秋五霸齐桓公、晋文公、宋襄公、楚庄公、秦穆公，他们称霸依靠的是什么？是武力而不是德行。孟子说"仲尼之徒，无道桓、文之事"。在孟子看来，真正的王道是要以德服人。以力服人，不听我的话，我就打你，打得你最后不得不听，这就是霸道。虽然对方唯唯诺诺，但是口服而心不服，表面上服从，心里却积压着仇恨的怒火，一有机会就会反抗，而且爆发出的力量是巨大的，霸道并不能真正地收服人心。孟子强调王道的意义，王道就是使天下之人都能够心悦诚服，用崇高的德行去感染天下的人。这也是儒家政治的一贯主张。一个政治家、一个统治者，最应该做的事，不是去管理天下的人，而是管理好自己，不断地完善自己、提高自己的精神境界。自己首先成为一个圣人，由内圣而做到外王，天下的人就会被你所感染。这就是孔子讲的"远人不服，则修文德以来之。既来之，则安之"。就是说，只要统治者自身的道德崇高，那么天下人就会被感染，而纷纷从远方来归顺，这样的归顺就是心悦诚服、心甘情愿的。

像大唐盛世时，全世界都派使者、留学生到唐朝交流学习。周边少数民族也纷纷来归顺唐王朝，还尊唐太宗为天可汗。这就是王道的体现。而现在的美国虽然很强大，但他的很多行为却是行霸道，做世界警察，哪里不服就打哪里，这种行为并不能使其他国家的人民心悦诚服。当今世界上，中国的影响越来越大，而我们行的正是王道。我们对世界上一切国家民族都平等相待，不惧不欺，努力发展自己国家的政治经济文化。可以说孟子的王道思想是儒家文化对当今世界和未来人类政治指出的重要道路。

孟子学说的第四个重要观念是养气说。《孟子·公孙丑上》说："'我知言，我善养吾浩然之气。''敢问何谓浩然之气？'曰：'难言也。其为气也，至大至刚，以直养而无害，则塞於天地之间。其为气也，配义与道。无是，馁也。是集义所生者，非义袭而取之也。行有不慊於心，则馁矣。'"意思是孟子的学生公孙丑问孟子擅长的是什么。孟子说，我懂得辨析言辞，我善于培养我的浩然之气。公孙丑说：请问什么叫浩然之气？孟子说：难以讲清楚啊。它作为一种气，是最强大的、最刚健的。用正义来培养它而不加伤害，就能充塞于天地之间。它作为一种气，是合乎道义的，没有这个它就疲弱了。它是日积月累的正义所生长出来的，而不是正义偶然从外而入所取得的。所作所为有一件不符合道义，它就疲弱了。这就是孟子的养气说。养气其实就是长期道德积累所形成的一种至大至刚的精神气象。

孟子说一个柔弱的儒生很难与强大的恶势力相抗争，因此提出"养吾浩然之气"的精神修养方法，以增强自身内在的力量。孟子说一个读书人应该阳刚正大、光芒四射。怎么才能做到这一点呢？那就要集义。集义就是积累道德。时时刻刻以道义要求自己，长期做符合真善美的事。当一个人的道德积累到一定程度的时候，他身上便有了一股浩然正气，这股气是至大至刚、充塞天地的。有了这股浩然正气就会出现儒家所说的圣贤气象。有浩然之气的人往你旁边一坐，你就会感到他的至大至刚，凛然不可侵犯。后来道家提倡练气功，练气功有一定的作用，但孟子是养气，比练气功更高。练气功只是为了身体上的健康，而孟子的养气是使人既有身体的强壮，更有精神的强大。

"浩然之气"的具体表现是什么？《孟子·滕文公下》里孟子用了三句话来概括："富贵不能淫，贫贱不能移，威武不能屈。"意思是不为金钱和地位所迷惑，不会因为你拿一些钱就改变自己的操守，改变自己的人生理想和追求；不会因生活贫困、社会地位低下就改变自己的志向，不会因为一贫如洗，就摇尾乞怜；不屈从于武力的威慑，不会因为你拿着刀枪就屈服。

孟子的这三句话对中国几千年以来民族精神的形成有着重要的影响，故而后来中国的读书人都讲究养气，养一股浩然正大之气。文天祥的《正气歌》就是对孟子浩然之气的最好诠释。

当一个人有一股浩然正气的时候，就能充塞天地而岿然不动，像文天祥一样慷慨赴死，抱道而终。这就是读书人的境界。孔子也讲过这种境界，孔子说三军可以夺帅，匹夫不可夺志。三军的统帅可以拉下马，却改变不了一个读书人的志向。所以读书人往往是表面柔弱而内里刚强。如果以他目前的力量和处境，还不能与恶势力斗争，那么他可能用生命来抗争。抗战爆发以后，当时的爱国文人、学者都迁往昆明、重庆等地，著名的建筑学家梁思成和夫人林徽因在四川宜宾一个叫李庄的地方住下。当时他们听说日本人打到贵州独山了，才五岁的小儿子梁从诫就问林徽因：妈妈，日本人要是真打来了怎么办？林徽因说：门口不是还有一条江吗？梁从诫听不懂什么叫门口有一条江。年长以后，他在写回忆母亲的文章时，深情地写道：我一个五岁的娃娃，哪里能够体会到门口有一条江的深沉含义！可是现在，当我想起这句话的时候，我是泪流满面，我才深深体会到母亲说的门口的那一条江是中国读书人的最后一条退路，沉江自尽，用生命来与敌人抗争！林徽因身上体现的正是我们中国读书人身上一以贯之的浩然正气。

孟子一生颠沛流离，但他却发扬了儒学，提出了性善论、利义之辨、王霸之争和养气之说，为儒家学说增添了新的光辉，也对我们中华民族性格的形成产生了至深至远的影响。

儒家是诸子百家中影响最大的一家。汉朝以后，儒家又从诸子百家中脱颖而出，成为中国社会两千多年的主流思想。故而儒家的学者代不乏人。从具体历史的发展来讲，儒学主要兴盛于汉代、宋代和清代，所以昔人常有汉儒、宋儒、清儒之说。这三个时代儒学探讨的问题各有侧重，汉儒主要探讨的是政治问题；宋儒主要探讨的是人生问题；清儒主要探讨的是学问问题。严格地说汉代的儒学还有西汉、东汉之分，西汉的儒学主要探讨政治问题，东汉的儒学主要探讨学问问题。清代的儒学也有前期、后期之别，清代前期的儒学主要探讨学问问题，清代后期的儒学主要探讨政治问题。西汉的儒学主要探讨大一统的政治问题，东汉的儒学主要探讨儒家经典的文字、音韵、训诂、名物考证等问题，宋代儒学主要讨论人生命境界的不断提高超越的问题。清代前期的儒学和东汉儒学探讨的问题是差不多的，清代后期的儒学主要讨论变法维新的政治问题。归纳起来，全部的儒学主要讨论了三大方面的问题：政治问题、人生问题、学问问题。学问问题是对儒家经典文本的研究，而政治问题、人生问题的探讨都离不开对儒家经典文本的研究，所以学问问题其实是探讨政治问题和人生问题的基础。从这个角度来说，儒学也就主要探讨了两个问题：政治问题、人生问题。儒家的政治理想是致大同，人生理想是成圣贤，汉儒主要研究的就是怎样达到"使天下为一家，使中国为一人"的大同世界的问题，宋儒主要研究的是"士希贤，贤希圣，圣希天"这个怎样成为圣贤的问题。儒家倡导的"致大同，成圣贤"的政治人生理想最终也成了中华民族的最高价值追求。探讨"致大同"的代表人物是西汉大儒董仲舒，探讨"成圣贤"的代表人物是南宋大儒朱熹。董仲舒和朱熹是继孔孟而后对中国社会历史影响最大的两位大儒。董仲舒对于儒学的最大贡献是使儒家从诸子百家中脱颖而出，成为古代中国两千余年长治久安的思想基础。朱熹对于儒学的最大贡献是使儒家的圣贤之道简明易行，再一次从佛道二教中脱颖而出，成为元明清三朝八百余年繁荣的思想基础。

孔子是儒学的创始人，孔子的思想学问博大精深，后世儒学探讨的政治、人生、学问等问题在孔子的学说体系中都有，不同时代的儒者只是着重发挥了孔子某一方面的学说。孔子去世以后，孔门弟子对孔子的学说各有发挥，儒学遂有了分派，《韩非子·显学篇》讲自孔子之死，儒分为八。也就是说孔子死了之后，儒家分为八派，有子张之儒、子思之儒、颜氏之儒、孟氏之儒、漆雕氏之儒、仲良氏之儒、孙氏之儒、乐政氏之儒。这八派中在战国时候影响最大的有孟氏之儒和孙氏之儒两派。孟氏之儒是指的孟子一派，孙氏之儒是指的荀子一派。孟子是儒家的理想主义，荀子是儒家的现实主义。孟子直接传承了孔子的精神，荀子倡性恶之论，直接为法家学派奠定了理论基础。后世都称荀子"大醇而小疵"。孟子对于儒家最大的贡献就是深入地发掘了孔子的深邃思想，大力弘扬了孔子的高尚人格和伟大精神，使孔子和儒家在先秦诸子百家中有了无与伦比的崇高地位。孟子在上章已谈到，荀子将在法家中谈到，兹不赘述。

汉代是儒学的兴盛期，儒学在汉代主要是以经学的形式出现的。大多数儒生都以注释五经来阐发儒家思想。汉儒中影响最大的就是董仲舒。董仲舒因上《天人三策》而深受汉武帝器重。《天人三策》是董仲舒对汉武帝提出的治国问题的回答。其核心就是以儒家思想为大一统的大汉王朝统治思想。董仲舒的儒学是以《春秋公羊传》为基础，用阴阳家的学说改造儒家，建立了一套天人感应的学说，并著有《春秋繁露》八十一篇阐述他的思想。经过董仲舒的改造，儒家学说符合了大一统统治的需要，被历代帝王所尊崇，深刻地影响着中国的社会人心。不过由董仲舒开启的公羊学派，用阴阳家与儒家结合的风气，到西汉后期越演越烈，给原本朴素的儒家增加了许多神秘的色彩，孔子被神化成具有超人能力的神，五经也有了神秘化的注本五纬——《诗纬》《书纬》《礼纬》《易纬》《春秋纬》。西汉末年儒家便成了儒教，孔子成为了教主，五纬成了儒教经典，这个时期儒家成了真正意义上的宗教。但儒学本身是具有理性光辉的，孔子敬鬼神而远之，不语怪力乱神的精神，毕竟是儒家的主流。儒教兴起的同时，有不少儒家学者就致力于反对儒学神秘化，要还儒学的本来面目。这其中最有名的就是西汉末年的大儒刘歆、扬雄和东汉初年的大儒桓谭。经过这些儒者的努力，东汉以后儒学逐渐与阴阳家分立，回到了学者儒学的本途。东汉的儒学以研究学问为主，主要研究儒经的文字、音韵、训诂、考据等问题，成就最高的是东汉末年的大儒郑玄。郑玄集东汉儒家学问研究之大成，遍注儒经，对后世儒家学问的研究影响深远。

魏晋南北朝天下分裂，朝代更替频繁，儒学失去了大一统的时代背景，玄学兴盛，儒学沉寂，几乎没有出很有影响的大儒。隋朝天下一统，又需要倡奉统一的儒学，于是应运而生出了一位有名的大儒叫王通，他在山西的黄河、汾河之间效法孔子讲学，弟子有千人之众。唐初有名的大臣魏征、房玄龄等据说都是他的弟子，时人皆称他王孔子。但他只活了33岁，他去世以后，弟子们称他为文中子，并把他的言论整理起来编成《中说》十篇。"中说"就是"文中子说"的意思。王通效法孔子传道，提倡王道政治，致力恢复儒家正统，并第一个提出了调和儒释道三教的主张。西汉末年的大儒扬雄仿照《论语》作《法言》，是儒学史上第一个模拟孔子的语言著书的人，王通则是儒学史上第一个模拟孔子事迹，大规模聚徒讲学的人。

唐代佛学兴盛。儒学在官方虽然还是处于正统地位，并且唐初还有著名儒臣孔颖达等奉唐太宗之命校正儒经，统一了自汉代以来八百年间五经的文本与注解，但是在文化学术方面的影响还是远不如佛学，也没有出现一流的大儒。不过在佛学大兴的唐朝，也有人出来竭力倡导儒学，力排佛老，这个人就是中唐时期著名的大儒韩愈。韩愈最大的贡献就是发起了古文运动，古文运动有两个目的，一是用先秦朴实的古文来反对六朝华丽的骈文，一是用儒学来反对佛老之学。佛就是佛家，老是指老子，也就是道家。韩愈写了篇著名的文章叫《原道》，这篇文章是古文运动的宣言，第一次提出了儒家的道统说。韩愈讲儒家的圣贤之道是代代相传的，尧传给舜，舜传给禹，禹传给商汤，商汤传给周文王，周文王传给周武王，周武王传给周公，周公传给孔子，孔子传给孟子。韩愈的道统说直接为宋代的道学奠定了基础，并成为宋代道学的先声。韩愈上接汉儒，下开宋儒，在汉代儒学和宋代儒学之间架起了一座重要的桥梁，成为唐代最重要的一位儒家代表。韩愈之后还有韩愈的学生李翱继续韩愈的事业，李翱著了三篇《复性书》，用《中庸》的性命之说来反对佛家的性命之说，在反对佛家的理论深度上更进了一步。

宋代以后儒学大盛，这个时期的儒学批判又融合了佛家、道家的学说，继承又发展了旧的儒家，故而这个时期的儒学又称为道学。道学的主题就是探讨人怎样通过自身道德的修养来达到精神境界的提高与超越。道学产生的原因主要是中唐五代以来人心的混乱与道德的沦丧，而人心道德的混乱沦丧，又是由于魏晋以来儒学的不昌引起的，道学就是在挽救世道人心的呼声中出现的。道学的先驱是北宋初年的大儒周敦颐和邵雍，创立者是北宋中期的大儒程颢、程颐、张载，集大成者是南宋的大儒朱熹。

道学当中又分为理学、心学、气学三派。理学的创始人是北宋的二程夫子程颐，集大成者是南宋的朱熹。心学的创始人是北宋的大程夫子程颢，发扬者是南宋与朱熹同时的大儒陆九渊，集大成者是明朝大儒王阳明。气学的创始人是北宋的张载，集大成者是明末的大儒王夫之。理学、心学、气学三者的不同主要在于对事物规定性的理到底存在于何处的看法的不同。理学认为理存在于客观事物之外，气学认为理存在于客观事物之中，心学认为理天生就存在于人的心中。三派虽对理究竟存在于何处有不同的认识，但都强调应对人之何以为人的理有深刻认识，并以此理去指导做人。道学家将深刻认识人之为人的理称作"穷理"，用人之为人的理指导做人称为"尽性"，穷理尽性就是道学家讲的提高人生境界、成圣成贤的修养方法。用西洋哲学的观点来讲，气学是唯物主义，理学是客观唯心主义，心学是主观唯心主义。

道学又有宋代道学与明代道学之分，宋代道学以理学为盛，明代道学以心学为盛，宋代理学的最高成就是朱熹，明代心学的最高成就是王阳明。道学对于儒学的最大贡献就是吸收了道家的自然学说和佛家的心性学说，从宇宙的高度和人性的深度深刻地阐述了儒家的道理，丰富了儒学的内涵，建立起了一个包含自然、社会、人生、人心在内的广泛学问体系。以往的儒家主要讲人应该是什么样子、社会应该是什么样子，道学则从理论上阐释了为什么人应该是这个样子、社会应该是这个样子，因为人只有是这个样子、社会只有是这个样子才符合宇宙的规律，才合理，理就是宇宙的规律。

元代儒学最重要的事件就是道学中的程朱理学被确定为统治思想，从此程朱理学作为统治思想直到清末，深刻地影响着元、明、清三朝的社会人心。明朝心学的兴盛实际是对程朱理学的批评与修正。理学过分注重作为理的客观标准，忽略人的主观性情。心学则强调理就在人的本心之中，人只要发明自己的天然本心，就是合理的，这实际上就强调了人主观感受的重要性。明代大儒王阳明心学的核心主张就是"致良知"，所谓"良知"就是人天生就具备的对事物的正确认识，"致良知"就是将人与生俱来的对事物的正确认识彰显出来，也就是让原本干净的本心显现。王阳明的门人将王阳明的言论编为《传习录》，后人又将其著作编为《王文成公全书》。心学主要受到禅宗明心见性的影响，不注重学问的研究，其流弊则是空疏无物，明末尤甚。而理学的流弊也有空谈义理、不重训诂的毛病。为了纠正这种风气，故而出现了重视学问研究的清代儒学。明末清初出了三位有名的大儒：顾炎武、黄宗羲、王夫之。三人都成就巨大，影响深远。王夫之既是道学中气学的集大成者，又是明代道学的集大成者，他对于古代儒学中各方面的主要问题都做了总结，其学问的广度、深度都足以和宋代大儒朱熹并驾齐驱。王夫之著作宏富，晚年因居湖南衡阳石船山，人称船山先生，故其著作统称为《船山遗书》。顾炎武对于文字、音韵、训诂、考据进行精深研究，成为清代前期学问儒学的开启者。代表顾炎武主要思想学说的著作是《日知录》。黄宗羲因对于传统社会弊病的批判和对于新社会制度的设想，成为清代后期政治儒学的开启者。黄宗羲著有《明夷待访录》，记录他的政治儒学思想，另著有儒学史性质的《宋元学案》《明儒学案》，两书以儒者传记的形式将宋、元、明三朝的儒学流变详尽记载。

　　清代儒学可以分为前期、后期，道光二十年的鸦片战争，是前后期的分界线。前期儒学以研究学问为主，主要研究儒经及历代各种古籍的文字、音韵、训诂、名物考证、辨伪、辑佚等问题，在总结前代学问方面取得巨大的成就。此期儒学研究的问题与东汉儒学研究的问题比较相似，都是研究学问问题，故此期儒学又称为汉学，也称考据学、朴学。考据学、朴学又鼎盛于乾隆、嘉庆年间，因此又称乾嘉学派。乾嘉学派又分为吴派、皖派两派。吴派得到皇帝的支持，皖派得到学术界的推崇。吴派的特点是好博崇古，什么都是越古越好，凡是汉儒旧说皆奉为至宝，凡是古书上有的东西无所不考，并且只讲考据，不讲义理。皖派的特点是通过考据来阐述义理，讲究实事求是。吴派的代表人物是江苏大儒惠栋，皖派的代表人物是安徽大儒戴震。清末还出了位朴学的集大成者章太炎。清代后期洋人侵凌，国家内忧外患，儒学研究的问题就主要是救亡图存、托古改制。所谓"托古改制"，就是将一切改革变法的主张都说成是孔子的主张，或孔子的预言。此期儒家的代表人物主要有龚自珍、魏源、康有为等。康有为的戊戌变法就是清代后期儒学托古改制的集中体现。康有为托古改制思想的代表作主要有《新学伪经考》《孔子改制考》《大同书》。

　　民国以后，帝制被推翻，当时的新派人士因救亡图存的急迫，简单地将作为中国古代社会主流思想的儒家与封建等同，意欲打倒。此期儒家的主要工作就是一方面努力证明儒学对于人类社会的永恒价值，一方面试图吸收融合西学，完成儒学的现代化，以适应现代人类社会的发展。汉代儒学吸收融合了阴阳家的理论，建立了天人感应的新儒学，适应了社会历史发展的需要，儒学遂成为了中国社会的主流思想。宋代儒学吸收融合了佛家、道家的学说，建立了名为道学的新儒学，适应了社会历史发展的新需要，巩固了儒家的主流地位。民国以后的儒家，则希望以道学为基础，吸收融合西学，以建立更新的更广阔的儒学体系，继续指引中国社会的发展，并进而引领世界人类的前进。不过这是一个漫长而艰巨的工作，至今也还没有完成，但其间已有一些儒家进行了成功的探索尝试，最有代表性的则有马一浮、熊十力、梁漱溟、冯友兰几位大儒。这几位大儒都是出生在清末，经历过民国、共和国，其中最晚去世的冯友兰先生已活到了九十年代。九十年代以后，新中国已逐渐雄强于世界、救亡图存已不再是时代的主题；国学复兴，用中华传统文化的精华来支撑中华民族的长足发展，来挽救世界生态平衡的严重破坏、人心道德的功利浮躁，才是当务之急。国学复兴的根本就是作为中华民族主体价值核心的儒学的复兴，儒学的复兴既是中华民族历史发展的客观需要，更是世界人类历史发展的大势所趋。

《四库全书》子部儒家类共列著作112部，存目307部，其中最有名的有《孔子家语》《荀子》《孔丛子》《新语》《新书》《盐铁论》《新序》《说苑》《法言集注》《潜夫论》《申鉴》《中论》《傅子》《中说》《帝范》《家范》《帝学》《太极图说述解》《通书述解》《西铭述解》《张子全书》《注解正蒙》《二程遗书》《二程外书》《二程粹言》《童蒙训》《上蔡语录》《延平答问》《近思录》《杂学辨》《小学集注》《朱子语类》《少仪外传》《曾子》《子思子》《大学衍义》《心经》《政经》《读书记》《先圣大训》《性理大全书》《困知记》《呻吟语摘》《圣学宗要》《人谱》《人谱类记》《御纂性理精义》《御纂朱子全书》等。

《孔子家语》记孔子及孔门弟子的思想言行，体例与《论语》相近，三国时魏国名儒王肃言其书得自孔子后人，实为王肃所撰。《荀子》为战国时大儒荀子所著，其书所载即荀子哲学、政治、经济、教育、文学思想。《孔丛子》旧题为孔子八世孙孔鲋所撰，实也为王肃伪托之作，其书内容也是记孔子及孔门弟子言行。《新语》为汉初儒臣陆贾所撰，其内容是为汉高祖刘邦总结逆取顺守的治国之道，逆取就是以武力得天下，顺守就是以儒道治天下。《新书》为西汉文帝时大儒贾谊所撰，内容是总结秦亡的教训，提倡用儒学作为汉朝长治久安的统治理论。《盐铁论》为西汉宣帝时名儒桓宽所撰，其书是根据汉昭帝时朝廷召开的盐铁会议的内容写成，用对话体记录了参加会议的朝廷当权派主张用经济手段打击商人，和在野派主张用政治手段打击商人的不同意见。《新序》《说苑》为西汉成帝时大儒刘向所撰，两书基本都是借战国秦汉间故事以寄寓儒家教诫之义。《法言集注》为北宋司马光给西汉末年大儒扬雄《法言》作的注解，《法言》是扬雄仿《论语》而作，模拟孔子的口气讲述儒家的道理，其书主要是要在迷信谶纬流行的西汉末年恢复儒学朴实严谨的本来面目。"法言"即可以效法的言行。司马光将历代《法言》的注解汇集起来，写成《法言集注》。《潜夫论》为东汉末名儒王符所撰，内容多为批判汉末弊政，讨论治国安民之道。王符因性格耿介，不得仕进，潜居著书，故自号潜夫。《申鉴》为东汉末名儒荀悦所撰，内容为东汉末之政论。《中论》为东汉末名儒徐干所撰，徐干为建安七子之一，其书内容乃原本儒经以阐发圣贤之道。《傅子》为晋朝名儒傅玄所撰，内容多为批判玄学的清谈，讲儒家治国的道理。《中说》为隋朝大儒王通的门生仿照《论语》体例编撰的王通的言论。《帝范》为唐太宗皇帝所撰，内容是告诫太子做皇帝的规范。《家范》为北宋大儒司马光所撰，其书主要讲修己治家之道。《帝学》为北宋名儒范祖禹所撰，内容是讲从伏羲到宋神宗古今贤君的典型事迹。此书是范祖禹当宋哲宗老师时编写，用以教导宋哲宗的。《四库全书》讲以上诸书皆在宋代道学未出以前，所谈内容多是诵法圣人，以明修己治人之道，尚未有宋代道学所谈的那些精深微妙的哲学义理。

《太极图说述解》《通书述解》《西铭述解》为明代名儒曹端所撰，曹端本朱熹思想注解三书，阐发心得。《太极图说》《通书》为北宋初年大儒周敦颐所撰，《太极图说》是对太极图的阐释，通过阐释讲了天地宇宙的化生之道与圣人得天地之性而成为圣人的道理，由此开启了道学研究的规模。《通书》是周敦颐对于易经的阐释，其核心是讲圣人之所以为人极，其根本在于有诚的品德。《西铭》为北宋中期大儒张载所撰，此书为道学纲领性的著作，其核心精神就是讲人与天地万物浑然一体的崇高境界。《张子全书》为后人编辑张载著作而成。《注解正蒙》为清朝名儒李光地注解张载《正蒙》之作，《正蒙》是张载晚年所思所想札记的汇编，也是体现张载道学思想最重要的著作。李光地的注解疏通全书，多有发张载未发之意。《二程遗书》《二程外书》都是南宋大儒朱熹编辑的北宋大儒大程夫子程颢、二程夫子程颐的语录集。《二程粹言》是二程的学生杨时编辑的程颢、程颐的语录集。杨时在编辑时将二程的口语翻译成了文言，并且通称"子曰"，不分是程颢说的还是程颐说的。《童蒙训》为宋代名儒吕本中撰，此书乃以儒家道理编成的家塾童蒙课本。《上蔡语录》是朱熹编辑的二程高足谢良佐的语录，谢良佐为河北上蔡人，故名《上蔡语录》。《延平答问》为朱熹所撰，内容是朱熹老师李侗回答朱熹问题的汇编。李侗是二程的再传弟子，李侗的老师是罗从彦，罗从彦的老师是杨时，杨时是二程的高足，程门立雪的故事就发生在杨时身上。李侗对朱熹的影响相当大，朱熹早年颇好禅学，自从问学李侗才知佛学之弊，从此归宗儒学。李侗因居福建延平，故此书名《延平答问》。《近思录》为朱熹与南宋大儒吕祖谦同撰，内容是对周敦颐、程颢、程颐、张载四儒之书的节选，书名取自《论语》中子夏"切问而近思，仁在其中矣"的话。《杂学辨》为朱熹所撰，内容是斥责同代诸儒的著作中夹杂佛老思想的。《小学集注》为明代儒士陈选注解朱熹《小学》之书。《小学》是为蒙学教育编写的，是教育儿童立身做人的启蒙之书。《朱子语类》是南宋儒者黎靖德编辑的朱熹的语录。《少仪外传》为南宋大儒吕祖谦所撰，内容也是教育蒙童立身行己、应事居官之道。《曾子》《子思子》皆为南宋儒者汪晫杂采各书有关曾子、子思言论编辑而成。《大学衍义》《心经》《政经》《读书记》皆为南宋大儒真德秀所撰。《大学衍义》是征引经训、参证史实、旁采先儒之论以推衍《大学》之义，欲以匡正当时朝廷的过失。《心经》是对圣贤论心格言的汇编。《政经》是对经典中论政言论及现实政迹的汇编。《读书记》是引经史格言以阐发己意之作。《先圣大训》为南宋大儒杨简所撰，杨简为道学中的心学家陆九渊的弟子。《先圣大训》是杨简搜辑孔子遗言编排而成。《性理大全书》为明朝儒臣胡广奉旨所撰，内容是宋儒之说一百二十家的汇编。《困知记》为明朝大儒罗钦顺所撰，罗钦顺为道学中的气学家，他反对陆九渊、杨简、王阳明的心学，认为心学是禅宗思想的翻版。《困知记》的主要内容即是对心学的批判。《呻吟语摘》为明朝大儒吕坤所撰，内容主要谈儒家道理中可以切实践行的言论。吕坤还著有专讲妇女道德的《闺范》一书。《圣学宗要》《人谱》《人谱类记》为明末大儒刘宗周所撰。《人谱》主要讲人的立身改过。《人谱类记》是分类辑录古人的嘉言善行，以教人做人做事。刘宗周的学问源于王阳明的心学，又有所发展，有王学之利而无王学之弊，自成一派，影响深远，明末大儒黄宗羲即是其弟子。《圣学宗要》是汇编诠释宋明道学的书。《御纂性理精义》是康熙皇帝根据明朝胡广编的《性理大全书》裁定而成。内容比前书精当严密。《御纂朱子全书》为康熙皇帝精选朱熹文集而成。清代皇帝尤重儒学，御定的儒书除上所讲的两部以外，《四库全书》还列了顺治皇帝、康熙皇帝、雍正皇帝、乾隆皇帝御定的八部儒书。历代儒家凡是阐发儒经的著作《四库全书》大都收在经部当中，属于经学的范畴，兹不赘述。

第二章

隐逸的道家

篆煙飛鶴遠俗出塵

共餘國六十九年春花如煙時節李里讚

道家是儒家的第二个反对派，墨家是儒家的第一个反对派，墨家的内容将在后面介绍。道家这一派来源于隐士。从上古以来，中国就有隐士。相传尧帝时就有隐士许由、巢父等。春秋战国时期，礼崩乐坏，天下混乱，很多读书人厌弃了尘世间的尔虞我诈、争权夺利、混乱无序，于是遁迹山林，逃到尘世以外去做隐士。越是乱世的时候，隐士就越多。有的隐士隐居在山林里，不为人所知。但是隐士中也有一些人努力为自己的隐逸生活寻找理论基础。他们积极探索，进行理论方面的构建，于是就逐渐形成了道家的思想。

我们常常说道家和儒家是相对立的，实际上道家和儒家的人都是周朝没落贵族中的读书人，来自同一个阶层，都厌恶春秋的混乱无序，想恢复昔日周朝的和谐。只是两家有不同的主张罢了。儒家选择的道路是要做现实的努力，用教化的方式去净化人心，改良社会，使无序变为有序。道家是用冷眼旁观的方式批判社会，并探讨怎样在混乱残酷的社会中自我保全。

道家学派的发展有三个阶段，每个阶段都有不同的代表人物。在道家学派形成的最初阶段，出现了一个重要人物，叫杨朱，被称为杨子。这个人是真正意义上的隐士，他是完全不著书立说的，因为他的核心主张就是保全自己，也就是利己。对于一个利己的人来说，著书立说是给别人看的，只会消耗自己的精力，是对别人有利，对自己无利。所以杨子没有著作。我们只能在先秦其他诸子的书中找到一些杨子的影子，诸如《庄子》《孟子》《吕氏春秋》等。在《列子》中有《杨朱篇》，但是后世很多学者都认为《列子》这部书是伪书，那么这一篇关于杨子的记载也就不好讲它的可信程度了。

根据先秦时期一些典籍的记载，我们可以了解到杨子的一些思想。归纳起来主要就是"拔一毛而利天下，吾不为也"，意思就是说拔一根汗毛对天下人有利这样的事情我都不做。如果有一群人被强盗围困起来了，强盗说："杨朱，你只要拔一根汗毛，我就把这些人给放了。"杨朱觉得拔一根汗毛好痛，即便能救一群人，我也不拔。这就是杨子的思想。杨子认为人人都能够利己，人人都保全自己，不要去管他人，也不要去利他人，那么天下就安宁了，根本不需要什么制度，什么政府。这就是道家在原始阶段的主张：绝对的自私利己主义。杨子的这种主张其实也是隐士思想的体现，叫作全身避害。保全自己的身体避免遭到伤害，这也是道家一贯的主张。

道家发展到第二个阶段，代表人物是老子。在这个阶段，道家的思想得到了升华，绝对自私利己的露骨思想已逐渐消失。老子是春秋末期周朝的史官，仙风道骨，满腹经纶。当时史官兼管藏书，孔子曾经访周，想读王室藏书，就拜谒老子并问礼于老子。孔子见了老子以后非常震撼，深深地倾服老子的智慧与境界，对弟子们说："鸟，吾知其能飞；鱼，吾知其能游；兽，吾知其能走。……吾今日见老子，其犹龙邪？"意思是说，鸟儿我知道它能飞翔，鱼儿我知道它能游动，野兽我知道它能奔跑，看到老子就像天空中的龙一样，是神龙见首不见尾。老子姓李名耳，字伯阳，号老聃。"聃"是耳括的意思，相传老子生下来就没有耳括，所以在号中将它补起。他以史官的深邃，看透了历史的兴衰治乱，抛弃尘世，骑青牛出函谷关。函谷关就在今天陕西一带。当时有个守关的人，叫尹喜，是一个天象学家。他夜观天象，发现一股紫气自东而来，就知道一定有圣人要来，于是就一直在函谷关门口等候。果然有一天，看见一个仙风道骨的老者，骑着一头青牛来了。他断定这个人就是他夜观天象获知的需要迎接的圣人，就毕恭毕敬地把老子迎到了陕西周至，给他修了个茅屋叫作楼观，请老子在这个地方讲经。相传老子在这里讲了五千言，就是《老子》这部书。讲完之后，老子在一天夜里化成一股青气，飘然升天了。所以老子这个人是颇有些神秘色彩的。到底这个人是怎么回事，现在也没有定论。司马迁在《史记》中对老子也写得不是很肯定，据他说春秋战国时期至少有三个叫老子的人。他也不敢断定到底哪一个是写《老子》的老子。

《老子》共八十一章，五千余字，可以代表道家第二阶段的主要思想。后来道教成立，就把《老子》尊为《道德经》。《老子》这部书从宇宙的高度总结了全身避害之道。老子认为全身避害的核心是顺应自然的规律，自然规律就是宇宙之道，老子把宇宙之道简称为道。道是老子学说最重要的概念，道家之名也由此而来。《老子》一开篇就说"道可道，非常道"，道是可以说的，但不是我们通常所说的道。通常所说的道其实就是儒家讲的道，儒家讲的道主要就指的是人道，老子所讲的道主要指的是天道，也就是自然之道、宇宙之道。人要顺应宇宙之道首先就要明白宇宙之道，所以《老子》中很多章节都在阐述什么是道。老子认为道就是宇宙的能量和规律。老子讲宇宙之间有一种无形的力量，这种力量推动整个宇宙的运动变化。老子说："有物混成，先天地生。寂兮寥兮，独立而不改，周行而不殆，可以为天下母。吾不知其名，强字之曰'道'。"意思是说：有一个混然一体的东西，在天地形成以前就存在；听不见它的声音也看不见它的形体，它独立长存永不衰竭，循环运行而生生不息，可以为天地万物的根源；我不知道它的名字，勉强叫它作"道"。老子还说："大道泛兮，其可左右。万物恃之而生而不辞，功成不名有。衣养万物而不为主，常无欲，可名于小。万物归焉而不为主，可名为大。"意思是说：大道广泛流行，无所不到；万物依赖它生存而不推辞，有所成就而不自以为有功；养育万物而不自以为主，可以称它为小；万物归附而不自以为主宰，可以称它为大。在老子看来，作为宇宙能量的道是看不见摸不着的，但它又确实存在，恍兮惚兮，绵绵若存，在天地之间亘古永恒地存在，鼓动着万物的生命。后来道教形成以后，就吸取了老子对于道的这种认识。道教的修炼，就是讲要吸取宇宙的能量，转化成人自身的能量，以达到长生不老的目的。

老子讲的道除了指宇宙无形的能量外，还指宇宙自身运动变化的规律。宇宙的规律无时无刻不在支配着万事万物的发展变化。人要全身避害最重要的就是要顺应宇宙的规律。老子将宇宙的规律主要总结为物极必反、柔能胜强、相反相成等。

对于物极必反，老子讲："反者道之动"，"物壮则老"，"兵强则灭"，"木强则折"。也就是说，一个事物发展到极致的时候就要向它的反方向发展。一个事物发展到鼎盛的时候，就离衰亡不远了；一种事物达到圆满的时候，就离亏损不远了。我们说月圆则亏，如果月亮到了最圆的时候，也就要亏损了，花开得最繁的时候，也就要凋谢了。认识了物极必反的道理，老子讲要全身避害就不要把事情做到极致，要适可而止。所以老子讲："持而盈之，不如其已。""金玉满堂，莫之能守。""富贵而骄，自遗其咎。""功遂身退，天之道也。""祸莫大于不知足。"意思就是说把东西装满，不如适可而止；金玉太多必遭人妒忌，反不能收藏；富贵骄傲必使人厌恶，自然招来祸患；功业完成就应该隐居身退，这是符合宇宙道理的；最大的祸患就是不知足。

　　从物极必反的规律老子又认识到弱能胜强的道理。事物达到极致的时候，也就是强盛的时候，但越是强盛的时候离衰亡也就越近，所以强盛反不如事物没有达到极致前的柔弱。老子讲："飘风不终朝，骤雨不终日。"就是说强大的狂风刮不了一个早晨，暴雨下不了一整天。越是强大的东西越不能长久。细雨则能绵绵地下个几天几夜。老子又讲："人之生也柔弱，其死也坚强。草木之生也柔脆，其死也枯槁。故坚强者死之徒，柔弱者生之徒。强大处下，柔弱处上。"意思就是说，人活着的时候身体是柔软的，死了就变僵硬了。草木生长的时候是柔脆的，死了就变干枯了。所以坚强的东西属于死亡的一类，柔弱的东西属于生存的一类。凡是强大的居下位，柔弱的居上位。老子还讲："天下莫柔弱于水。而攻坚强者，莫之能胜"，"以天下之至柔，驰骋天下之至坚"。意思是说水是最柔的，可是它可以在天下驰骋，可以去对付天下最坚硬的东西，天下最坚硬的东西无过于石头，但滴水可以穿石。

　　根据柔能胜强的道理，老子讲人要全身避害就要守柔弱处卑下。

　　柔弱卑下都是把自己摆到低微的位置。因为一个人如果太突出了，就会带来意想不到的灾祸。这就是我们中国人常说的"枪打出头鸟""木秀于林，风必摧之"的道理。一棵树木长出了树林，风最先吹到的也就是这棵树。故而老子说："不敢为天下先。"老子又说："江海之所以能为百谷王者，以其善下之，故能为百谷王。"江海为什么能成为百川汇流的地方呢？因为江海善于处于低下的位置，所以才能够把一切的河水、溪流都承载下。一个人只有当他处于最低位置的时候，他才能承载万物，保护自己。

　　对于相反相成，老子讲："有无相生，难易相成，长短相较，高下相倾，声音相和，前后相随。"意思是说事物都是以其对立面的存在为自己存在的前提。没有有也就没有无，没有困难也就没有容易，没有长也就没有短，没有高也就没有矮，没有前也就没有后。推而广之没有恶也就没有善，没有丑也就没有美，没有假也就没有真。事物都是在对立面中存在的。老子还认识到事物对立的双方不光是相互依存，而且还可以相互转化。老子说："祸兮福之所倚，福兮祸之所伏。"意思就是说祸可以变为福，福也可以变为祸。好事可以变坏事，坏事可以变好事。比如一个学生从来考试都是第一名，这本来是好事，但就因为他从来都是第一名，所以他丝毫受不得一点挫折，这样好事反而变成了坏事。再比如一个学生平时成绩很差，这本来不是好事，但正因为他平时成绩很差，所以他对于得失可以坦然面对，这样坏事反而变成了好事。因此老子讲没有什么事物是永恒不变的，事物都可以相互转变。从这个角度讲人就在思想上得到了保护，不管处于再危困的情况总是有希望的，因为事物不会永远不变，坏事会变为好事，危困会变为平安。这可以说是最大的全身避害，精神上的全身避害。

老子学说的核心就是要顺其自然，顺其自然也就是顺应宇宙的规律，老子认为顺应宇宙的规律才能真正地全身避害。老子将顺其自然称为无为，顺其自然就能与宇宙同步，与宇宙同步就能避免伤害，全身避害是老子所讲的最大的有为，最大的有为就是无不为，故老子说无为而无不为。从个人来讲顺其自然就能全身避害，从社会来讲顺其自然就应该返璞归真，回到朴素和谐的原始状态。老子追求的是"小国寡民。使有什伯之器而不用，使民重死而不远徙。虽有舟舆，无所乘之；虽有甲兵，无所陈之。使民复结绳而用之。甘其食，美其服，安其居，乐其俗。邻国相望，鸡犬之声相闻，民至老死，不相往来"的社会。意思是：国土狭小人民稀少。即使有各种器具却并不使用，使人民重视死亡却不向远方迁移。虽有船只车辆也不会去乘坐，虽有铠甲武器也不会去陈列。使人民回到结绳记事的状态。人们吃着甘甜的饮食，穿着美丽的衣服，住着安定的居所，享受着欢乐的风俗。邻国之间可以互相看得见，鸡鸣狗吠的声音可以互相听得着，人们到老死都互不往来。老子描绘的这个祥和美好的社会其实是对春秋乱世的深刻批判。

老子虽是道家思想第二个阶段的代表，但道家思想的真正形成却是在老子阶段完成的，老子也可以说是道家学派的真正奠基人。老子和孔子是诸子百家中智慧最高的圣哲，他们从不同的角度对中国的历史文化进行了深刻的总结。孔子从理想主义的角度总结了中国历史文化的优秀传统，并希望通过教化的方式使人变为理想的人，使社会变为理想的社会。老子从现实主义的角度总结了人们只有顺应宇宙之道，才能在复杂多变的社会中全身避害、保全自己。从思想总结的高度与深度来说，老子与孔子是相似的。从总结的内容来说，孔子偏重于人生社会之道，老子偏重于自然宇宙之道。大体上说，孔子更形象，老子更抽象。

道家发展到第三个阶段，其代表人物是庄子。在这个阶段，道家思想发展到了极致。庄子是中国文化史上极富有诗人气质、艺术家气质、浪漫气质的思想家。

庄子名周，字子休（一作子沐），是战国时期蒙国人。蒙国是今天山东河南交界处的一个很小的国家。庄子曾经做过漆园吏，当时楚国的楚威王想请庄子去做官，庄子拒绝了，说自己情愿逍遥山林、快活一生，也不愿意去做官。庄子是典型的隐士，过着隐逸、潇洒、浪漫的生活。庄子的思想集中保存在《庄子》这部书中。后来道教成立，把《庄子》称为《南华经》。

《庄子》现存三十三篇，分为内篇、外篇和杂篇。内七篇是最重要的，分别是《逍遥游》《齐物论》《养生主》《人间世》《德充符》《大宗师》《应帝王》。传统说法认为这七篇是庄子作的，其余是庄门弟子、后学所著。其实《庄子》是庄子一派著作的总集，其中思想并不完全一致。冯友兰先生说最能代表庄子思想的是《逍遥游》《齐物论》两篇。这两篇中的思想对后世影响最大。另外战国时人对庄子思想的评论，也都是根据这两篇。我们也根据这两篇来探讨庄子的学说思想。

老子讲人只有认识和顺应天地宇宙的规律，才能全身避害。但在庄子看来，就是顺应了天地宇宙的规律，也不一定能保全自己。因为人就是顺应了天地宇宙的规律，终归还要死。人有对死亡的恐惧，就会有无穷的痛苦和烦恼。庄子从更高的人的精神角度来解决道家提出的全身避害的问题。杨子是用自私利己的方法来达到全身避害，老子是以顺应自然规律的方法来达到全身避害，庄子则是以达到无我的境界来全身避害。庄子认为人只有达到无我状态的时候，才能获得最大的全身避害。

老子讲事物都是在它的对立面中存在的，而且对立的双方可以互相转化，好事可以变坏事，坏事也可以变好事。庄子更进一步发挥了老子的这个思想，认为事物根本都是相对的，没有一个统一的标准。生死梦醒对错都是自己认识的立场不同而已。庄子说："天之苍苍，其正色邪？"意思是说天空的颜色是苍苍茫茫的，但这就是天真正的颜色吗？"苍苍"这个词也是人定的，最早称天的颜色为苍苍，天就是苍苍。如果最早称天的颜色为红或黄，那天的颜色不就是红或黄吗？对于是非对错，庄子在《齐物论》中举了个例子来说明。讲两人辩论，如果甲辩赢了，就能说明甲是对的吗？乙辩赢了，就能说明乙是对的吗？找裁判来判决，赞同甲观点的人说甲是对的，他既然与甲的观点相同，又怎么证明乙的观点不对呢？赞同乙观点的人说乙是对的，他既然与乙的观点相同，又怎么证明甲的观点是不对的呢？与甲乙观点都不同的人说甲乙观点不对，既然与甲乙观点都不同，又怎么能说甲乙的观点不对呢？所以庄子说，一切的是非对错都是相对的，都是各人在自己立场上的认识，都是各人的偏见，没有谁是绝对的对或绝对的错。这就是庄子的"等是非"。"等是非"就是说是非都是等同的，无所谓是，无所谓非。在你的立场认为是"是"，在他的立场却认为是"非"。对于生死梦醒，庄子讲活人站在活人的立场上看死人是死，那么死人在死人的立场上看活人也是死。醒人站在醒的立场上看梦是梦，做梦的人也可以站在梦的立场上说醒是梦。因此《齐物论》中也才有"庄周梦蝶"的典故。庄子站在庄子的立场说庄周梦蝴蝶，蝴蝶站在蝴蝶的立场也可以说是蝴蝶梦庄周。所以醒梦生死也是相对的。这便是庄子的"齐生死"。"齐生死""等是非"是《齐物论》最主要的思想。庄子认为人明白了这个道理，就获得了最大的解放。因为死生利害都是相同的，那也就无所谓死，无所谓害了。既然无所谓死，无所谓害，那又何需全身避害，全身避害都不需要了，那便是最大的全身避害。最大的全身避害就是人从生死利害中解放出来。

　　人从生死利害中解放出来就是逍遥，庄子讲有两种逍遥，一种是有条件的逍遥，一种是不需要任何条件的逍遥。有条件的逍遥就是顺其自然的逍遥，顺其自然就是逍遥的条件。无条件的逍遥就是最高境界的逍遥。庄子在《逍遥游》中打了很多比方来讲这个道理。例如大鹏与蝉，大鹏要高飞九万里才能够向南方飞，蝉只需飞一棵树那么高就可以停止。如果让大鹏像蝉一样飞，大鹏会很痛苦；让蝉像大鹏一样飞，蝉也会很痛苦。大鹏因其身大，只有在九万里高的天上飞翔才感到自在；蝉体小，在树林之间穿梭就自在了。所以庄子说万物只有各顺其性，才能获得逍遥。如果一个女孩子天生就爱美，喜欢化妆，你却让她穿朴素的衣服，不化妆出门，那么她就会很痛苦。一个女孩子喜欢简单，最讨厌化妆，你却非要让她化妆，穿着华丽烦琐的衣服，那么同样她也会很痛苦。天生爱美的女孩就让她打扮，喜欢简单的女孩就让她简单，这样大家都自在了。自在就是逍遥，不过这样的逍遥是相对的逍遥，相对的逍遥就是有条件的逍遥。有条件的逍遥，就是要满足条件才逍遥，条件满足不了就不逍遥。比如说让大鹏飞蝉那么高，大鹏一定会憋死；让蝉飞大鹏那么高，蝉还没飞上去就会累死。哪还有什么逍遥可言？条件即是万物各自的特性，万物各顺其特性，就是顺其自然。在庄子看来顺其自然只能达到相对的逍遥，要达到绝对的逍遥，只有打破万物的差异，打破个人主观与客观世界的对立，认识到万物一体、物我不二才能实现。

那么怎样才能打破万物的差异，打破个人主观与客观世界的对立呢？庄子讲只有与道同体。庄子把道叫作太一，太一就是混沌没有区别永恒存在的宇宙。天地万物皆为太一所生，人也是太一所生，太一永恒，人也就永恒。认识到这个意义的时候，人就超越了死亡，人就与太一同在，与宇宙同在，人就获得了永生。万物都是"太一"所生，那么万物就是一体。从这个意义上说，庄子就取消了差别，万物都没有差别了，人的一切烦恼痛苦也就没有了。为什么呢？因为人的一切烦恼痛苦都来自差别。凭什么你比我漂亮？凭什么你比我有钱？凭什么你比我穿得好？凭什么你坐"宝马""奔驰"，我骑个自行车还被人偷了？要解决这些差别带来的痛苦，就必须取消差别。取消差别的方法就是认识到万物一体。比如说今天他说他爱你，你感到很幸福，过两天他不爱你，爱她了，你不是很痛苦吗？但如果认识到万物一体，她就是你，你就是她，那爱谁都一样，哪里需要他爱你，你才感到幸福呢？认识到这个境界的时候大鹏就是蝉，蝉就是大鹏。我就是你，你就是我。我就是万物，万物就是我。我就是太一，太一就是我。与太一同一的境界也就是无我的境界。在无我的境界中，不需要任何条件都是逍遥的。因为无我，所以也就没有我这个个体所带来的特性，没有特性就没有差异性，没有差异性就没有差异所带来的烦恼痛苦，没有烦恼痛苦就逍遥。另外，没有特性，也就不需要去顺应这个特性，不需要顺应特性就是无条件。这就是庄子说的无条件的逍遥，绝对的逍遥。

庄子讲无条件的绝对逍遥必须通过长期的修炼才能达到。而这种修炼的方法就叫"弃知"。要懂得"弃知"，首先要明白什么是"知"。"知"就是知识，知识的任务就是做出区别。知道一个事物就是知道它与其他事物的区别。"弃知"就是忘记这些区别。区别忘记了，就剩下一个混沌的整体，这个整体就是"太一"。庄子认为，人在出生之时的那种状态就是无知，无知就是混沌，什么都不清楚，什么都不能辨别。经过无知状态以后，小孩子开始辨别差异，认识事物。从水果、花草树木到鸟兽虫鱼等，逐渐积累很多知识。知识积累得越多，智慧就越高。而真正成为庄子所说的圣人，则要将这些知识智慧再重新忘记，复归于混沌。复归于混沌就是与万物合一、与太一合一的无我的状态。虽然同是混沌，婴儿的混沌叫无知，圣人的混沌叫不知。无知是原始阶段，不知是经过有知阶段再忘记的更高阶段。前者是自然的产物，后者是精神的创造。

婴儿的无知状态和达到了圣人的不知状态从现象上看是一样的，但本质却全然不同。就好比说一个植物人和一个毫无畏惧的人，植物人什么都不怕，因为他什么都不知道，是不知道害怕所以不怕；一个毫无畏惧的人，因为有一股浩然正气，可以抵御一切外敌，是知道可怕但不怕。这种知道可怕的不怕，当然比前一种不知可怕的不怕要高明许多。达到了"弃知"的境界，才能获得绝对逍遥，自由自在地在天地间生活，这便是《逍遥游》的主要思想。

体悟了逍遥和齐物的境界，人就获得了精神上的超越，达到无我的状态。在无我的状态中也就无须全身避害。无须全身避害则是最大的全身避害。道家学说到了庄子阶段才在最高层次上解决了全身避害的问题。

庄子的思想对中国文化影响非常大，尤其他的文章写得汪洋恣肆、仪态万方，对古代文学影响更是深远。先秦诸子中有四人的文章写得最好，分别是庄子、孟子、荀子、韩非子，简称为庄、孟、荀、韩。庄子的文章瑰伟绚烂，如汪洋大海，风起云涌，孕育万物；孟子的文章雄强刚毅，宏辩滔滔；荀子的文章逻辑性强，严密老成；韩非子的文章尖刻峭拔、深邃冷峻。庄子的文章又是最浪漫的，所以郭沫若先生在《庄子与鲁迅》一文中说："庄子在中国文化史上的确是一个特异的存在，他不仅是一位出类的思想家，而且是一位拔萃的文学家"，"秦汉以来的一部中国文学史差不多大半是在他的影响之下发展"。

庄子的思想到了魏晋时期发展到了极致，向秀、郭象等玄学家纷纷为《庄子》这部书做注解，使《庄子》在魏晋时期成为一门显学。魏晋时期在学术史上被称为"玄学时代"。玄学主要以对三部书的研究构成。这三部书是《易经》《老子》《庄子》。三书中尤以《庄子》的影响最大，它的影响远超过了《老子》。魏晋时人们都称庄老而不称老庄，是将庄子放在老子前面的。庄子在玄学中的最大影响便是构建起了中华文化中的风流人格。在中国文化中，风流是一种境界，是一种人格，不是我们一般人说的男女关系。具有风流人格需要四个条件：第一个叫玄心，第二个叫妙赏，第三个叫洞见，第四个叫深情。

"玄心"就是做任何事情都不计结果、不计利益，没有任何功利目的。做任何事情，只是顺着自己的性情去做，喜欢这个事情就去做。《世说新语·任诞篇》中讲有个魏晋名士王子猷在一个雪夜乘舟访朋友戴安道，用一夜的时间到达戴安道门前，却又不进去而返回。有人问他为什么，王子猷说：我本是趁着兴致去的，尽兴便归，为什么一定要见戴安道呢？这就是率性而为的玄心。再举个例子，比如我今天本来是要去看电影，可是走到路上看到一朵鲜花很美，就被这花给迷住了，接着就赏花去了，看电影的目的也是为了高兴，现在赏花也获得了高兴，又何必一定要去看电影呢？

"妙赏"是对美的事物有特别敏锐的鉴赏力，对美有深切的觉解。一看到美的事物，眼睛就发亮，心就感动。具有妙赏能力的人能够敏锐地捕捉到大千世界中最美好的东西。《世说新语·言语篇》中讲有个僧人叫支道林的，常养几匹马。有人说和尚养马不风雅。支道林说：我是看重它们有神采。支道林养马不是为了骑，而是从审美的角度叹其神骏。

"洞见"就是对天地万物有深邃的洞察并且可以用最精练的语言把它表达出来。风流的人往往是深刻而机智的。《世说新语·文学篇》中讲有个叫阮宣子的人有美好的声誉。太尉王夷甫见到他时问他老庄和儒学的不同。阮宣子回答说："将无同。"太尉很欣赏其回答，召他为属官。世人称他为"三语掾"。"掾"是属官的通称。"三语掾"即因三个字而做官。"将无同"是对老庄与儒家异同既深刻又简明的回答，这就是洞见。

"深情"就是对天地万物一往情深。一往情深指对人或对事物倾注了很深的感情，往往不能克制。一往情深这个词就出自《世说新语》。《世说新语·任诞篇》中讲："桓子野每闻清歌，辄唤'奈何！'谢公闻之曰：'子野可谓一往有深情。'"意思是说一个叫桓子野的人每逢听到优美的歌声总是唤"奈何"，谢安听到后说：子野可谓是一往情深啊。而且这种情是无我的，是超越于个人之上的深情。

《世说新语》是中国的风流宝鉴，真正展现了魏晋的风流人格，体现了庄子的思想。玄心、妙赏、洞见、深情这四者合起来就是魏晋玄学的追求，玄学的精神也是庄子精神最极致的发展。庄子对于中国文化的最大贡献就是使中国文化增加了许多浪漫自由的气息，并在儒家温柔敦厚的人格外建立了一种风流潇洒的人格。

《四库全书》子部将道家的书与道教的书列在一起合称道家，可见古人是将道家与道教看成一体的。古人说道家时有时指的是道家，有时指的是道教。其实道家与道教是既有联系又有区别的，道家是先秦诸子百家中的一个流派，道教是中国土生土长的一个宗教。道教虽然以道家的"道"为名，以道家的老子为教主，以道家的书为经典，吸收了道家的部分思想，保存了道家隐士的生活状态，但道家终究只是道教的部分思想来源。其实道教是中国文化的大杂烩，鲁迅先生说把道教搞清楚了，中国文化就搞清楚了一大半。道教思想的核心是神仙家，神仙家起源于战国时代，他们相信天地间有长生不死的神仙存在，而人通过某种方术修炼或服食某种灵丹妙药，可以达到延年益寿、不死成仙的目的。为秦始皇、汉武帝求长生不老之药的方士大都是神仙家。长生不老、羽化登仙便是道教的永恒追求。从儒、释、道三家来说，儒家追求乐生，佛家追求无生，道家追求长生。这里说的道家就是指的道教。在追求长生的主旨下，道教又吸收了原始的鬼神崇拜、阴阳家的术数、医家的养生、天算家的星象律历、儒家的纲常伦理、佛家的因果报应及宗教仪轨、法家的权谋势术等众多思想学说。

道教产生于东汉末年。东汉初年佛教已传入中国，佛教的传入对中国人产生一种刺激，觉得外国的宗教都能传入中国，难道中国没有自己的宗教吗？这种思潮为道教的产生创造了条件。另外汉代的学术本身也有一种宗教化的倾向。西汉后期阴阳家与儒家的紧密结合形成了儒教，孔子被神话成具有超人能力的教主，和《诗》《书》《礼》《易》《春秋》"五经"相对的《诗纬》《书纬》《礼纬》《易纬》《春秋纬》"五纬"成了神秘的儒教经典。这个时期的儒家就是真正具有宗教意义的儒教。但儒家的正统向来是反对怪力乱神的，经过一大批具有理性精神的儒者的努力，儒家又与阴阳家分离，孔子重新被还原为人，五纬也逐渐消失，具有宗教色彩的儒教还是被还原成了儒家。但是学术宗教化的思潮并没有因此而消失，阴阳家、神仙家又和道家结合最终形成道教。

　　道教的创始人是东汉顺帝时的张道陵。张道陵字辅汉，江苏人，汉初名臣张良八世孙。原为太学学生，博通五经，好事鬼神。早年曾做过江州令，江州即今之重庆。后悟到仕途沉浮无益长生，便辞官求仙。听说蜀地多名山，便携弟子到四川大邑县鹤鸣山修道。最后在鹤鸣山修道成仙，号为张天师，创立道教，奉原本具有神秘色彩的老子为教主，尊称为太上老君；尊《老子》五千言为《道德经》，作为道教的主要经典。又自著《老子想尔注》一部，成为道家向道教转变的标志著作，原著早已散失，清末于敦煌莫高窟发现，是研究早期道教思想的重要典籍。因规定凡入道者必须缴纳五斗米，故又称五斗米教。张道陵羽化以后其子张衡、其孙张鲁先后承袭其道。道教把去世称为羽化，佛教把去世称为圆寂。张鲁作为汉末农民起义政权的一支，占据汉中一带三十多年，实行政教合一的统治，被称为天师道。后来曹操攻入汉中，张鲁归顺曹操，曹操封张鲁为镇南将军，因此天师道取得合法地位，得以公开传播，成为后世道教的正统。与此同时，领导汉末黄巾军起义的河北人张角还创立了道教中的太平道。太平道是以《太平经》得名。《太平经》是道教最早的一部重要经典，是原始道教教义的总集。既是总集则不是一人完成，而是由原始道教中很多人的著作积累而成。太平道随着黄巾起义的失败而销声匿迹，但《太平经》作为一部重要经典被道教保存下来。《太平经》以阴阳五行、天人合一为主体，论述了自然、社会、人生多方面的问题。其核心思想就是要致太平，也就是构建均平的理想社会，这实际是农民起义思想的反映。所以早期的道教和下层民众有极深的关系，它的很多教义都反映了下层人民的愿望。东汉末年还出了一部很重要的道教经典叫《周易参同契》。此书为东汉炼丹术士魏伯阳所撰，是道教第一部全面论述炼丹法的经典，被称为"万古丹经王"。因其将周易象理、黄老之学、丹法炉火三者互相契合，故名"参同契"。书中认为修丹与天地造化同途，所以用易象说明人身配合天地变化修炼金丹的过程。南宋大儒朱熹还专门注解过《周易参同契》。

魏晋南北朝时期是道教的成熟期，出现了大量正式的道教宫观。此期社会混乱，人们精神空虚，许多贵族和上层社会的人也大量信仰道教。在这种情况下，许多道教领袖就将汉末的民间道教进行改造以符合上层社会的需要，由此道教完成了从追求太平世界向追求长生养生的转变。其中最有影响的几位道士是葛洪、寇谦之、陆修静、陶弘景。

葛洪，东晋时人，号抱朴子。写了一部道教史上划时代的著作《抱朴子》。《抱朴子》分内外篇，内篇讲神仙方药、鬼神变化、养身长寿、辟邪消灾等内容，外篇讲纲常伦理、治国平天下的内容。此书将玄学与道教、道家与儒家、神仙与方术、丹鼎与符箓融为一体，对晋以前的神仙信仰及方术做了系统的总结和理论的阐述，从而确立了道教的神仙理论体系，为道教从民间化走向官方化奠定了基础。

在葛洪的影响下，东晋末年，南方出现了以撰作道书、传播经法为主的道教新派别。其中最有名的是上清、灵宝、三皇三派。上清派由女道士魏华成创立，因信奉魏华成等撰写的《上清经》得名。除了《上清经》外，上清派还信奉《黄庭经》。《上清经》主要教人存思通神、除淫去欲、服气咽津、叩齿导引。《黄庭经》讲人体的五脏六腑、骨节毛孔的各部位都有主管之神，并且各有姓名、形状、功能，人只要存思诸神形象即可使诸神返归身内，得到长生。大书法家王羲之曾看上一位道士的白鹅，便手书了一部《黄庭经》与之交换。上清派按《上清经》《黄庭经》所讲内容修行。灵宝派以从奉《灵宝经》得名，《灵宝经》由葛洪族孙葛巢甫撰作而成。《灵宝经》主要讲劝善度人，宣称要普度一切人，所以灵宝派在群众中影响很大。三皇派以从奉《三皇经》得名，《三皇经》相传由石壁中传出，内容由天皇文、地皇文、人皇文组成，讲趋妖辟邪、除病去瘟、降龙伏虎、止风息雨等。这三派都是天师道的分支。

寇谦之，南北朝时北魏人，是当时北方道教的领袖。他主要对道教组织制度、修炼形式等进行了改革，去除了道教的许多原始巫术色彩，使其符合儒家的纲常伦理与士大夫贵族的口味，创立了北天师道。

陆修静，南北朝时南朝人。他收集整理了南朝以前的大量道教书籍，将其分为洞真、洞玄、洞神三类，编写了《三洞经书目录》，成为我国最早的道教经书总目。另外他还统一了道教中的祝香、谢礼、奏启、请事、服饰等制度，将上清派、灵宝派、三皇派合并起来创立了南天师道。

陶弘景，南北朝时南朝人，陆修静的再传弟子。陶弘景对道教贡献甚大。首先，他建立了一个整齐有序的神仙世界，使道教理论趋于成熟。其次，他弘扬《上清经》，开创了道教里的茅山宗，茅山在南京。茅山宗是以上清派为主，兼收道教各派及儒、佛的思想，对后世道教发展影响深远。再次，他作了第一部道教史书《真诰》。最后，他丰富了道教的修炼理论，主张养神与养形兼顾，并将中医中药的理论用之于修炼当中，达到了当时中医的最高水平。

隋唐时期是道教的兴盛期。隋文帝、隋炀帝都崇信道教，大量兴建道教宫观，隋文帝的开国年号"开皇"之名则取自道经。唐高祖起兵反隋之际，遇追兵逃至陕西楼观台老子庙而得脱险，唐高祖以为是老子显灵，再加上唐高祖与老子同姓李，认为自己是老子之后，故而唐朝开国后即尊老子为太上玄元皇帝，令各地建玄元皇帝庙，供事老子像。后来老子像两边就供唐王朝历代皇帝像作陪侍。另外，唐高祖还亲自到国子监为儒释道三家排座次，道教为首，儒家次之，佛教最后。唐玄宗又亲自注解了《道德经》并列入科举考试范围；封庄子为南华真人、列子为冲虚真人、文子为通玄真人、庚桑子为洞灵真人；尊《庄子》为《南华经》、尊《列子》为《冲虚经》、尊《文子》为《通玄经》、尊《庚桑子》为《洞灵经》。唐玄宗天宝七年编辑了《开元道藏》，这是中国历史上第一部道藏。道藏就是道教经籍的总汇。唐玄宗还开始追封张天师为天师道的祖师，并审定加封张天师的子孙。道教在唐朝成了李唐王朝的家教。

唐朝还出现了以吕洞宾、钟离汉为代表的内丹道。内丹道与外丹道相对。外丹道主要讲用植物、动物、矿物经过高温加工炼成丹药，以服食丹药达到长生不老的目的。内丹道主要讲将人的身体当成丹炉，采天地之气在身体内修炼以达到长生不老的目的。内丹道其实就是后来的气功。唐代道教最兴盛的就是茅山宗一派。唐末五代出了一个著名的道士杜光庭，著了一部《道门科范大全》，是唐朝道教制度规范集大成之作，其所制定的道教规范至今仍在沿用。唐朝还有一部道教经典盛行，就是《阴符经》。《阴符经》相传是唐朝一个叫李筌的道士在嵩山石室中发现的，说为黄帝所撰，只有四百余字，讲天、地、人、我之道，根据阴阳五行、奇正变化阐明天人合一、万变定基的道理，主张对客观世界冷静观察，谓"圣人知自然之道不可违，因而制之"。此书虽短，但在道教中却甚为重要。

宋元时代是道教的发展期。此期道教形成了最重要的南北两派，北派为全真教，南派为正一教。北宋的真宗与徽宗笃信道教，道教也由此大盛。北宋初年最有名的道士是陈抟祖师，他修道于华山，宋太宗赐号希夷先生。他一生致力于养生之道，著有《无极图》和《先天图》，对宋代程朱理学影响深远。陈抟祖师对内丹道进行了总结和发展，直接影响后来的全真教。陈抟祖师之后，北宋还出了位集内丹道之大成的道士张伯端，张伯端因居紫阳山故被称为紫阳真人，著有《悟真篇》。《悟真篇》总结了宋代以前内丹道的理论与方法，提出炼内丹要性命双修，先修命后修性。修命主要是修炼精气神，修性主要是心性修养。《悟真篇》与《周易参同契》被道教尊为两部炼丹巨著。

北宋灭亡以后，北方为金朝统治区。北方出现了太一道、真大道、全真道等新道派。太一道后来被正一教融合，真大道被全真教融合。全真教的创始人是陕西的王重阳。王重阳尊吕洞宾、钟离汉为祖师，思想上主张儒释道三教合一，修炼上主张内丹道，并规定道士必须出家住宫观，不许娶妻生子，不许吃肉吃酒，必须严守清规戒律。王重阳居终南山重阳宫，著了《立教十五论》，此论只有千余字，讲了道教日常生活的准则、内在的修炼和修道之境界，成为全真教立教之纲领，全真道士修道之指南。王重阳收了七个徒弟，分别是：马钰、谭处端、王处一、丘处机、刘处玄、郝大通、孙不二。七个徒弟都为全真教的发展做出过重大贡献，其中丘处机影响最大，他创立了全真教中的龙门派。他曾以七十一岁高龄率十八弟子，跋涉万里到西域会见成吉思汗，深受成吉思汗尊崇。后来元世祖忽必烈还在元大都专门为丘处机建长春宫，长春宫遂成为全真教的中心，长春宫即今天北京的白云观。

与北方的全真教同时，南方兴起了正一教。正一教是对南方诸道派的整合，其中包括天师道、上清派、灵宝派、茅山宗及当时由天师道派生出来的神宵派、由上清派派生出来的清微派、由灵宝派派生出来的东华派和净明派。正一教形成于元朝初年，保存了许多传统道教的特点。道士可以不出家，可以娶妻生子，可以喝酒吃肉，修炼以画符念咒、驱病攘灾、降妖除魔、修习外丹为主。从此以后，天下的道教就分为全真教和正一教两大派，直到今天。

宋代还出现了两部重要的道教经典，一部是《太上感应篇》，一部是《云笈七签》。《太上感应篇》为道教的劝世文，是道士假托太上老君之名而作，以因果报应的思想宣扬抑恶扬善的精神。讲人的头上三尺有神灵，可以根据人的善恶来增减人的寿命，行善增寿，行恶减寿。故而书中列了二十六种善，一百七十种恶。全书只有一千二百七十四个字，但在民间的影响却非常巨大，旧时代的百姓大多都知道《太上感应篇》。此书南宋以后被历代帝王提倡而大盛。《云笈七签》是北宋张君房所编，张君房奉宋真宗之命主持编成《大宋天宫宝藏》后，从中摘录精华，共举万条辑成《云笈七签》。《大宋天宫宝藏》其实就是《道藏》，《云笈七签》就是道藏的缩影，又被称为小道藏。内容就是对《道藏》的分类摘抄汇编，可以说集北宋以前道教内容之大成。"云笈"是道教对书箱的称呼。"七签"是道教对道书的分类名称，道教将道书分为三洞四辅共七类。"三洞"就是洞真、洞玄、洞神三类，"四辅"就是太玄、太平、太清、正一四类。

明清是道教的衰落期。虽是衰落期，不过明朝皇帝大多信奉道教，也曾使道教一时兴盛。明成祖朱棣自命为真武神转世，据说湖北武当山为真武神所居之地，明成祖就大力营建武当山。当时明成祖是北建紫禁城，南修武当山，所以武当山颇有皇宫的气派。武当山山顶的金殿全是用铜铸鎏金的。明成祖还令第四十三代张天师张宇初编修《道藏》，明英宗继其志，编成了《正统道藏》。明神宗又令第五十代张天师张国祥编成了《万历续道藏》。《正统道藏》与《万历续道藏》合称《明道藏》，是中国道教史上最完备的道书总集。明朝皇帝既想长生不老又酷好房中术，道士们投其所好，大炼仙丹，多制淫药，由此明朝的迷信与淫风都大盛。《金瓶梅》这部小说就是明朝淫风的缩影。明朝最有名的道士就是张三丰，张三丰生卒年代不详，相传活了一百多岁。他修道武当山，创太极拳，并著有大量讲内丹道的经典，被集为《张三丰全集》。

清朝皇帝基本都崇信佛教，朝野上下都重佛抑道。又加上清朝诸多反清复明的农民起义都和道教有关，清王朝在平定农民起义的同时顺便把道教也给打击了，所以道教在清朝非常衰落，元气一直没有恢复过来。清朝最著名的道士只有清初的王常月。王常月奉顺治皇帝之旨在北京白云观主讲道法，并受皇上赏赐，还创立了道教初真、中极、天仙三堂大戒，沿用至今。王常月被称为全真教龙门派的中兴之祖。清朝还出了一部有名的道书叫《伍柳仙宗》，为明人伍冲虚、清人柳华阳共撰。内容是讲全真派清净修炼的内丹法，熔道儒佛三家学说为一炉，论述内丹学理功法，因其没有门户之见，颇受社会人士广泛接受，在道教内外都影响深远。

道教的理想追求是长生不老，道教的学问基本都是围绕追求长生不老展开的修炼方术，所以道教的贡献主要不在哲学思想方面，而在科学技术方面。英国的汉学家李约瑟先生在其所著的《中国科学技术史》中讲，道教对于中国科学有巨大贡献。中国的四大发明，其中有三样都跟道教有密切关系。火药是道士炼丹时发明的，最早见于道书《真元妙道要略》，此书讲用硫黄、雄黄、硝石、蜂蜜合烧就可做火药。指南针最早也是道士的前身方士在看阴阳时发明的。南北朝时道教就已经用雕版技术来制作道书，道书《灵宝三洞奉道科戒营始》中就提到了最早的印刷技术，所以道教为印刷术的最后发明做出了很大贡献。道士丹书中记载了大量炼丹时产生的化学反应，对中国化学发展影响颇大。道教讲祛病养生，对中医也产生了深远影响。

《四库全书》子部道家类共列著作四十四部，存目一百部。其中著名的有《阴符经解》《阴符经考异》《道德经解》《关尹子》《列子》《庄子注》《文子》《列仙传》《周易参同契考异》《抱朴子》《神仙传》《真诰》《亢仓子》《云笈七签》《悟真篇注疏》《道藏目录详注》及《老子注》两种。

《阴符经解》旧题为黄帝所撰，太公、范蠡、鬼谷子、张良、诸葛亮、李筌六家注，实为后人伪托。《阴符经考异》为南宋朱熹所撰。《老子注》一为汉代河上公撰，一为魏王弼撰。河上公不知何人，相传为汉代隐士。王弼为玄学家，注《老子》是为发挥其玄学思想。《道德经解》为北宋苏辙所撰，其书主张佛老同源，又引《中庸》比配。《关尹子》旧题周朝尹喜所撰，实为后人伪托，内容间杂佛家与神仙家思想，也颇有可观。《列子》旧题周朝列御寇撰，实为后人伪托。《庄子注》为晋朝玄学家郭象所撰，郭象无非是借注《庄子》来发挥玄学思想，不过郭象的《庄子注》是注解《庄子》的书中最权威的。《文子》旧题周朝文子撰，似后人伪托，文子传为老子弟子，其书内容多本于老子，但似窃取他书而成，此书后被道教称为《通玄经》。《列仙传》旧题汉朝刘向撰，实为后人伪托，内容记载道教自古以来神仙七十一人。《周易参同契考异》为宋朝朱熹所撰。《神仙传》为晋朝葛洪所撰，内容也是记道教神仙共八十四人。《亢仓子》旧题周朝庚桑楚撰，即前面提到的《庚桑子》，实为后人伪托，内容是杂取诸子，道教尊为《洞灵经》。前已提到《悟真篇》为宋朝人张伯端所撰，《悟真篇注疏》为宋朝人翁葆光注，元朝人戴起宗疏。《道藏目录详注》为明朝道士白云霁所撰，内容是对《明道藏》目录所列诸书的详细注解。《抱朴子》《真诰》《云笈七签》前已讲到，兹不赘述。

第三章

冷峻的法家

禦虎伏獅以威降惡弄權造勢用法製人

法家視人以惡以法術勢成帝王之學也哭

共蘇國六十九年孟春

李里贖於

傳薪書院

之書樓

　　法家学派在诸子百家中颇为独特，它不仅是儒家的反对派，而且还是其他很多家的反对派。为什么呢？因为在诸子百家中，大多数学派都是以复古为主，而法家是以维新为主。为什么诸子百家主张复古呢？原因有二。第一，诸家多认为，中国的盛世出现在尧舜时代，这个时代民风淳朴，社会祥和。后世则是每况愈下，社会要想变得和谐安宁，就一定要向尧舜时代看齐。第二，诸子都想让自己的学问具有无可辩驳的权威性，都竞相抬出古代的圣王作为自己学派的祖先，这也需要复古。孔子复周公之古，墨子反对孔子，就要复大禹之古，因为在时间上大禹更早于周公。孟子批判墨子，以为大禹虽古，但总没有尧舜古，所以孟子言必称尧舜。道家则认为，尧舜虽古，总没有黄帝古，又以黄帝为自己的渊源。农家以为，黄帝虽古，总没有炎帝古，农家又以炎帝为自己的渊源。唯有法家反对复古，认为历史是不断变化的，不同历史时代的问题不同，其解决方法自然也不同，并用守株待兔的寓言批评各家的复古。韩非子在《五蠹篇》中讲："宋人有耕田者，田中有株，兔走，触株折颈而死。因释其耒而守株，冀复得兔，兔不可复得，而身为宋国笑。今欲以先王之政，治当世之民，皆守株之类也。"就是说要用古代先王的政治来治当世的人世，就等于是守株待兔。

　　法家之所以有如此的主张，是因为法家是代表当时的新兴贵族说话的。新兴贵族只有通过改革，摧毁旧制度，建立新制度，才能发展壮大自己，所以法家是主张改革的。新兴贵族就是春秋战国时期那些竞相争霸的诸侯大夫。先王就是以周天子为代表的旧贵族。春秋时周天子王道不行，诸侯纷起。当新兴贵族兴起以后，旧贵族便成了没落贵族，儒家、道家等就是为他们说话的。儒、道各家自然便成了法家的反对派。

　　法家哲学的理论基础是性恶论。因为人性本恶，所以必须用严法酷刑以统治之。性恶论是谁提出的呢？是先秦诸子中一位著名人物荀子提出的。荀子名况，字卿。战国时赵国人，略晚于孟子。曾游学齐国，到稷下学宫讲学。稷下是齐国首都西门稷门附近的学宫，因几代齐王爱好学问而建。当时诸子中不少人都曾到稷下讲学，孟子也到稷下讲过。荀子还到过秦国、楚国。著名的战国四公子中的楚国春申君还请荀子做兰陵令，后来荀子死于兰陵。荀子著作有

《荀子》三十二篇。荀子是以儒家自许的。韩非子在《显学篇》中也讲孔子死后儒分为八派。孟子和荀子是其中最大的两派。冯友兰先生称孟子是儒家的理想主义，荀子是儒家的现实主义。而荀子的性恶论恰构成了法家哲学的理论基础，且法家学派中两个最重要的人物都是荀子的学生，所以后世也有说荀子是法家的。即使说他是儒家，也说他是"大醇而小疵"，是不纯正的儒家。不过荀子的文章内容详细而逻辑严密，是诸子文章中的好文章。

荀子的性恶论与孟子的性善论直接相反。《荀子·性恶篇》中说："人之性恶，其善者伪也。"荀子认为，人的天性就是恶，恶就是指人充满了欲望，这种欲望跟禽兽没有区别。荀子说人生来就是眼睛喜欢看好看的，耳朵喜欢听好听的，嘴巴喜欢吃好吃的，鼻子喜欢闻好闻的，身体喜欢安逸的姿势，这些都是恶的根源。"其善者伪也"的"伪"字由一个"人"字加一个"为"字构成，是说人为的就是伪。所以荀子认为，人的善良都是后天学习的成果，而不是先天就具备的。孟子认为人天生就具备了恻隐、羞恶、辞让、是非之心，善是人天生就有的；荀子则认为所有的善都是通过后天学习的产物，因此特别强调后天的教化。《荀子》开篇就是《劝学篇》，劝人要学习。

法家学派的人物在春秋战国时期比较多，因为各诸侯国的国君及大夫等都希望富国强兵、称霸天下，这就需要主张改革的法家的思想，有需要则有法家人物应运而生。齐国的宰相管仲，就是早期法家的代表人物之一。他是法家学派中最早的实干家，辅佐齐桓公九合诸侯，成为春秋第一霸。管仲，名夷吾，仲是他的字。他原先很穷，做过小商人，后来曾为齐国公子纠的家臣。公子纠与公子小白争夺君位，公子纠败死，小白为齐国国君，即齐桓公。桓公不计前嫌，用管仲为相。管仲的思想在《管子》这部书中有记载。《管子》全书共八十六篇，分八类。它不是管仲著的，而是齐国稷下学宫众多学者论文的汇编，管仲是齐国最有名的人，故以他的名字命名这个论文集。齐国稷下学宫的学者各家各派都有，其论文也是各家各派的思想都有。所以《管子》这部书的思想比较复杂，并不都是管子的思想。但有些篇章却是对管仲思想的记录。

魏国的李悝，也是法家的著名代表人物。他著了一部书，叫《法经》，共有六篇，即《盗法》《贼法》《网法》《捕法》《杂律》《具律》。《盗法》《贼法》是关于惩罚盗贼的条文，《网法》《捕法》是关于逮捕盗贼的条文，《杂律》是规定一般违禁行为的条文，《具律》是实行刑法时可以酌量加减的条文。这是中国历史上第一部较为系统的法典。商鞅变法时，曾推行这部《法经》，并将其改变为《秦律》。汉朝的萧何又加了三篇，将其改为《九章律》。《法经》是中国后世法律的基础。

韩国的申不害、赵国的慎到、卫国的商鞅也都是法家的重要人物。申不害著有《申子》。其学说重在讲统治者的用人之术。慎到是齐国稷下学宫的学者，著有《慎子》。其学说重在讲统治者应有绝对的权势。商鞅是卫国国君的子孙，时称卫鞅或公孙鞅。商是他在秦国所受的封地。因他为商地的封君，故称商鞅。商鞅因得秦孝公信任，掌握大权，遂在秦国改革变法，为秦国最终统一天下奠定了基础。后人将商鞅的言论编辑为《商君书》。《商君书》的学说重在讲统治者应严制法令。

法家学派的集大成者是韩非子。韩非子是韩国的公子，一开始在韩国推行变法，但是韩国国君拒绝采纳他的建议。后来韩非子到了秦国，希望秦王采纳他的主张来治国。当时的秦王便是后来的秦始皇。秦始皇对他的观点颇为认同，比较赏识他。当时韩非子的同学李斯深受秦始皇重用，看到秦始皇赏识韩非子，深知韩非子的才华在自己之上，于是心生嫉妒，暗中用计让韩非子下狱，然后设法用毒酒把韩非子毒死在监狱。韩非子的著作，后人将其编辑为《韩非子》，共五十五篇。

韩非子是怎样集法家学说之大成的呢？他综合了申不害重"术"、慎到重"势"、商鞅重"法"的思想，认为一个统治者治天下，这三者缺一不可。并指出申不害只重"术"，结果让大臣官吏钻了法律不统一的空子，最终不能使韩国富强；商鞅只重"法"不讲"术"，结果让大臣得利，而国君并没有得到好处，最后自己也遭来五马分尸之祸。所以韩非子说"徒法而无术""徒术而无法"都是有害的。韩非子讲："故明主之行制也天，其用人也鬼。天则不非，鬼则不困，势行教严，逆而不违。""行制也天"指依法办事，"用人也鬼"指用人要有方术，使臣民觉其莫测高深；"天则不非"是说依法办事天下没有非议，"鬼则不困"是说有了操纵用人之术，才不会为臣下包围；"势行教严，逆而不违"是说有了最高权威，天下虽有不赞成者，也不敢违抗。这就是韩非子讲的"法""术""势"三者对于治天下的重要作用。其实"法"就是讲统治者要治天下，首先要制定一套严密完善的法律。法律既定，天下人有法可依，国君也可依法制臣民。"势"就是讲统治者应有绝对的权威，有此权威才能令天下人无条件服从，这就是法家主张的专制。"术"就是统治者制臣下的方法。韩非子讲国君只要有了法、术、势，就可以"无为而无不为"。"无为而无不为"本是道家的思想，但道家讲的"无为而无不为"是顺其自然而为则无不为。法家对其进行改造，说统治者要"无为"，但"无为"的内涵却不同，是说国君不要亲自去做具体的事，而重在操纵手下的人去做。手下人什么都为你做了，就是无为而无不为。这即是法家对道家的继承与改造。司马迁正是看到了道家和法家的这种联系，故在《史记》中将老子、庄子、申不害、韩非子放到了一篇列传中，叫《老子韩非列传》。

国君做到"无为而无不为"的关键是要掌握用人之术。什么是法家的用人之术呢？举个例子来说。比如有一个山东巡抚、一个四川巡抚。山东巡抚励精图治，把山东建设得繁荣昌盛，山东老百姓对这个巡抚是称赞有加，敬重无比，并给他立德政碑。四川巡抚却贪赃枉法，吃喝嫖赌，霸占民女，无恶不作，四川百姓对他恨之入骨。按照一般老百姓的想法，皇帝肯定对山东巡抚大加表彰，加官晋爵，对四川巡抚要严惩不贷。但皇帝不会这么想，他反而会想：山东巡抚这么有能力，会不会对我形成威胁，天下人这么拥戴他，那以后天下的人是不是都要归顺于他？所以皇帝可能会给山东巡抚加官晋爵，把他调到朝廷里来，可是却剥夺了他的实权，在朝中给他安个闲差。一方面让百姓看到确实给他升了官，一方面把他调到朝中，以便严密地监控他，看他会不会真正威胁到自己的统治。而那个贪赃枉法的四川巡抚呢？皇帝可能会把他调到朝廷里，把他的罪状一条一条地列出来，说："按照你的罪行，你死一百次都有余了。"四川巡抚眼看大难临头，自然吓得满头大汗、浑身发软，以为死期到了。可是皇帝接着说："我还不杀你。"这个时候四川巡抚对皇帝就感恩戴德。皇帝说："我不仅不杀你，还要把你调到山东去做一个小官。"天下的老百姓看到皇帝确实训斥这个贪官，而且还把他贬到山东去，就觉得皇帝很圣明。虽然皇帝在山东给那个贪官一个很小的官，但是有实权。然后皇帝密授他："你到了山东以后，要把山东那个清官手下的势力全部瓦解掉。"这个贪官到了山东之后，就按照皇帝的吩咐去做，于是老百姓更是怨声载道，说这个四川的贪官到了山东，把上一任清官的好政策都搞坏了，应该砍他的头。这个时候，皇帝又把这个贪官招来，对他说："现在可不是我要杀你，是天下人要杀你，我也没有办法呀。"于是就命人推出去杀了。这个贪官帮皇帝做了皇帝想做又不好做的事，做完以后还是被杀掉了，对于贪官来说要杀他的还不是皇帝，而是天下人。对于百姓来说，皇帝又仁厚又清明，做了坏事皇帝要给改过的机会，给了机会不改，最终还是要被杀掉。这个就是历代法家所讲的权谋之术，即怎样把手下的人牢牢掌控在手中的用人之术。

法家学派对后世影响最大的正是这套权谋之术。而法家的这套权谋之术也可以说是诸子学说中最阴暗的，但对于集权统治确实很有利，所以历代统治者几乎没有不用这套权谋之术的。不过，对于统治者不能以他是否用权谋之术来衡量高下优劣。因为政治斗争本是你死我活的，如果不懂、不用权谋之术，或许连命都保不住，更何谈施展政治抱负了。关键是要看他用权谋之术的目的到底是为了巩固自己的地位、施展自己的政治抱负以为天下人谋利，还是为了个人私利。如是前者，则是明君，后者则是昏君。

有些政治家人品非常高尚，根本不懂或懂也不用这套阴暗的权谋之术，但是往往在政治斗争中失败。如此则他有再好的人品、再大的政治抱负都会灰飞烟灭。比如光绪皇帝，不可不谓人品高尚、抱负远大，但因不懂政治斗争、权谋之术，结果导致失败，政治理想化为泡影。再比如唐太宗，他可以逼父，可以弑兄，按照一般的道德标准，唐太宗就是大逆不道、十恶不赦。但是按照政治家的标准，他就是个伟大的政治家、一代明君。唐太宗登基后，励精图治、勤政爱民，短短的十多年之间，就迎来了大唐王朝的贞观之治，让天下的百姓过上了安定富足的生活。统治者用权谋之术如果是为己谋私利，就该批判；如果是为天下苍生，就无可厚非。所以法家的这套权术要看为什么用，怎么用。用得好，就会对社会产生积极的作用；用得坏，就会阻碍社会的前进。

另外还要谈一谈，历史上总有忠臣被奸臣所害的问题。历代的君王难道不喜欢忠臣吗？君王都是喜欢忠臣的。在光绪皇帝和慈禧太后感情还比较好的时候，慈禧是准备把江山交给光绪的。有一次太后问光绪：治天下最重要的是什么？光绪说是人才。慈禧点了点头，说你说得对。然后又问光绪：人才最重要的是什么呢？光绪说是才干。慈禧说才干是历练出来的。光绪又说是经验。慈禧说经验是积累起来的。光绪就不知道是什么了。这时，慈禧示意旁边的大臣。荣禄就站出来说：人才最重要的是忠心。慈禧点了点头：说得对，是忠心。可见帝王都希望自己的臣子忠心耿耿。那为什么历朝历代总会出现忠臣遭陷害的事呢？这就需要明白帝王喜欢的忠是什么。当天下的利益和帝王的利益是一致的时候，帝王是喜欢忠臣的，忠臣也会受到重用；可一旦天下的利益和帝王的利益发生冲突的时候，忠臣如果只忠于天下，没有忠于帝王，那么他的下场可能就会很惨。这就是历史上那些忠于天下而不是忠于某一个帝王的真正忠臣下场比较悲惨的原因。比如岳飞，如果没有天子的示意，秦桧敢杀他吗？岳飞忠于大宋，与宋高宗的利益相冲突，他想收复河山，救回徽钦二宗，徽钦二宗救回当然就危及登上帝位的宋高宗，这必然导致他对岳飞的反感，而岳飞最终遭致杀身之祸。由此可知，如果没有帝王的背后支持，哪里杀得了忠臣呢？

法家的主张虽是诸子百家中最现实残酷的，但在乱世中能够促进天下的统一，是有其积极作用的。历史上，往往天下在由乱变治的时期，法家的积极作用就显现出来。但如果天下一统，再用法家来治天下则将民心背离，道德缺失，人人自危，最终导致天下的灭亡。秦朝即是最典型的例子。秦以法家学说得天下，最后也以法家学说失天下。儒家与法家的根本区别在于儒家是使整个社会的道德标准提高，法家是使整个社会的道德标准降低。周朝时是礼不下庶人，刑不上大夫。儒家主张将贵族的礼用于平民，法家则主张将平民的刑用于贵族。儒家实际是将贵族的标准用于平民，法家则是将平民的标准用于贵族。将贵族的标准用于平民是使整个社会的素质提高，将平民的标准用于贵族是使整个社会的素质降低。这个标准主要是指的道德标准。其实一个社会只用道德来治理或只用刑法来治理都是行不通的。因为人性中既有善又有恶，用儒家的道德来引导人的善，用法家的刑法来约束人的恶，这才能使社会真正和谐有序。这正是法家学说在今天的真正意义之所在。

法家学说一直被历代统治者运用，特别是遇到需要改革的时期，许多政治家都会以法家学说作为自己的理论武器。但由于法家学说本身的刻薄寡恩、急功近利，加之秦朝速亡的教训，所以秦朝以后罕有专门研究法家思想的人，自然也就没有再出过法家的大思想家，法家著作也很少，有的也只是一些谈刑法判案的专书。

《四库全书》子部法家类只有著作八部，存目十九部。分别是《管子》《管子补注》《邓析子》《商子》《韩非子》《疑狱集》《折狱龟鉴》《棠阴比事》。存目中最有名的有《洗冤录》。《管子补注》为明朝刘绩所撰，为注解《管子》的集大成之作。《邓析子》为战国时邓析所著，内容皆谈刑名法术。《商子》即《商君书》。《疑狱集》为五代时期和凝与其子合撰，《折狱龟鉴》为宋朝郑克所撰，《棠阴比事》为宋朝桂万荣所撰，三书内容皆是讲判案断狱之事。《洗冤录》为宋朝宋慈所撰，此书为全世界最早的法医学专著。

第四章

谋略的兵家

豪豬有兵家之利器虎狼猶懼之十九年春李里潰於傳薪堂

利刺在身必驚虎狼豺豹兵家之道當幻雷雨風雲

在诸子百家中，和法家关系最密切的就是兵家。兵家也是站在新兴贵族的立场，希望通过兼并战争完成天下的统一。在当时新兴的贵族中出了不少伟大的军事家，他们总结战争规律，探索军事理论。代表人物有孙武、孙膑、吴起、尉缭子、司马穰苴等，其中最著名的就是孙子。孙子是中国军事理论的奠基人。

孙子名武，是春秋末期齐国人，出生在一个军事世家，他在家庭熏陶下，从小就看了许多关于军事的书，研习了很多古代的兵法，也对自己祖上总结下来的战争经验进行研究。后来齐国发生内乱，孙子逃到了吴国，在吴国隐姓埋名生活了二十年。在这二十年间，他潜心研究古往今来的各种战争，进行了深刻的总结，写出了《孙子兵法》这部书。《孙子兵法》共十三篇。这部书总结了自古至孙子时代几乎所有战争的经验，可以说是兵家最重要的一部著作，也是兵家开先河的作品。

在孙子以前有一种旧的军事思想，就是打仗要合礼。怎样合礼呢？《左传》中记载了"君子不重伤，不禽二毛。古之为军也，不以阻隘也。寡人虽亡国之余，不鼓不成列"。意思就是说已经受了伤的敌人就不能再伤他，敌人中头发斑白的人不能俘虏，敌人处在不利的地形之下，不能攻打，敌人阵势还没摆好的时候，不能攻打。春秋时的宋襄公即以这套理论与楚国打仗。宋楚战于泓水，楚国军队渡江时，宋臣请求出击，宋襄公不同意。楚军渡河，没列好队伍，宋臣又请求出击，宋襄公仍不同意。等楚军布阵完毕再战，宋军大败，宋襄公也受箭伤。事后宋国一个臣子批评宋襄公简直不懂得战争，说凡对方军人皆敌人，都该杀。如果已受伤的敌人就不能再伤他，不如当初就不伤他；如果头发斑白的敌人就不俘虏，还不如投降。宋襄公的主张代表了儒家所捍卫的周朝旧贵族的军事主张。故儒家十三经的《春秋公羊传》对宋襄公大加褒赞，称其临大事而不忘大礼："虽文王之战不过此。"宋襄公臣子的主张代表了新兴贵族的军事主张。《孙子兵法》恰是这种主张的集中体现，只关心战争最终的胜负，并不管战争过程中合不合礼、仁不仁义。由此可知兵家也是儒家的反对派。

《孙子兵法》围绕获取战争胜利的问题进行探讨，认为战争规律可认识，战争胜负可预知。要预知战争胜负，则要了解取得胜利的条件。孙子将此条件归纳为"五事七计"。"五事"即天、地、道、将、法。"七计"即天地孰得、主孰有道、将孰有能、兵众孰强、士卒孰练、法令孰行、赏罚孰明。

"天"就是天时，战争双方要取得胜利，首先要看谁得了天时。比如鸦片战争时，英国人从海上登陆，到了广州三元里，三元里的人民没有武器，只有镰刀锄头却痛击英军，打了一场大胜仗。为什么三里元人民在如此落后的条件下，却能胜利呢？就是因为得了天时。当时英国士兵到了三元里，架起了火炮，突然天降大雨，火药都淋湿了，英国人的枪炮都哑火了。这时老百姓拿着锄头、镰刀，勇敢地冲上去，把英国人打得落花流水、大败而逃。

"地"就是地利。战争双方谁先占据了良好的地理位置，那么胜利的天平就倾向谁。蒙古攻打南宋的时候，成吉思汗的孙子蒙哥汗亲自率军攻打四川，攻到今天重庆合川钓鱼城，遇到了顽强的阻击，怎么都攻不下这个钓鱼城，为什么呢？因为它建在孤壁绝石之上，下有嘉陵江、渠江、涪江三江交汇，易守难攻，且南、北、西三面环水。蒙军围城两年都攻不下，最后蒙哥汗中炮受伤而死，随从的诸多将士也在攻城中战死，只好退回了北方。

"道"就是打仗的双方哪一方是正义的，哪一方是非正义的，就是正义的战争与非正义战争的区别。从古至今，按照我们中国人的看法，在战争中，正义的一方一定能够战胜非正义的一方，因为得道多助，失道寡助。抗战时期，日本人凭借着精良的武器很快就席卷了大半个中国，烧杀抢掠，无恶不作。可它是无道的，中国人民是有道的，虽然中国武器落后，但是坚持了十四年，最终还是把日本给打败了。在第二次世界大战中，德国、意大利、日本这三个国家侵占了大半个地球，气焰非常嚣张，但他们是无道的，最终还是失败了。正义的战争是人心所向，非正义的战争是逆人心而动。如果战争是非正义的，那么全世界所有正义的人都会反对，从全世界人民内心所发出的那种反对的力量，终归会使这场战争失败；如果这场战争是正义的，顺应民心，哪怕再艰难，最终也会取得胜利。毛主席写《论持久战》就是告诉我们，只要坚持抗战，最后的胜利一定是属于我们的，因为我们代表的是正义。

"将"就是将领。将领在一场战争中起着决定性的作用。什么样的将领就会带出什么样的军队。比如说汉武帝时，年轻的将军霍去病深入敌营，重创匈奴兵，使匈奴闻风丧胆。东汉的光武帝刘秀以八九千人战胜王莽的四十万大军，取得昆阳之战的胜利，最终建立东汉王朝。相反，将领不行就会导致战争的失败，如《三国演义》中蜀国的将领马谡因骄傲而失守街亭。

"法"就是法令。一支军队的法令执行得怎么样，是决定战争胜负的重要因素。如果一支军队纪律严明，信赏必罚，那么这支军队就会有集体的力量、团队的力量，整支军队也就会骁勇善战。相反，如果一支队伍松松垮垮，毫无纪律，一盘散沙，那么这支军队是绝对要吃败仗的。比如清朝入关前，全靠着八旗军，入关后，清朝对明朝的残余部队进行整编，建立了绿营军。这两支军队在清朝前期的战斗力都非常强。天下承平日久，到了道光、咸丰时期，这两支军队已经丧失了战斗力。当太平天国兴起的时候，清朝则无力抵抗，最终靠曾国藩建立的一支湘军才平定了太平天国的起义。湘军纪律严明，有一套完整的法令。曾国藩是读书人带兵，懂得法令对于一支军队的重要性，故制法完备，执法严格。

"天地孰得"就是战争的哪一方得了天时地利。"主孰有道"就是打仗的哪一方是正义的，哪一方是非正义的。"将孰有能"就是说作战双方的哪一个将领有能耐。"兵众孰多"就是说战争的哪一方士兵多。士兵多寡在一定程度上决定着战争的胜负，如一方军队只有五千人，另一方军队有五十万人，那么五千人的军队取胜的几率就小得多了。"士卒孰练"就是说作战双方的士兵是不是都经过了严格的训练。没有严格的训练，人再多也是一盘散沙，相反，如果经过了严格的训练，战斗力就会大大增强，常会以弱胜强。比如清末时，袁世凯操练了一支新军，人数并不是很多，但是却经过了严格的训练，战斗力是比较强的。民国时北洋军阀的诸首领像段祺瑞、冯国璋等都是袁世凯操练的新军的部下。"法令孰行"就是说作战双方哪一方的法令执行得好。"赏罚孰明"是说在军队中，治军必须赏罚分明，否则会导致军心不稳，像诸葛亮挥泪斩马谡就是赏罚分明的经典事例。

"五事七计"是孙子重要军事思想的体现，这个思想即战争不是孤立的而是跟社会中其他事物有密切联系的。孙子特别强调军事不能脱离政治，军事是政治的延续。用兵是为了解决政治问题，不是为了战争而战争。除非迫不得已需要用武力解决问题外，最好先通过政治外交来解决。故孙子说："凡用兵之法，全国为上，破国次之；全旅为上，破旅次之。""百战百胜，非善之善者也；不战而屈人之兵，善之善者也。"意思是最好的战略是粉碎敌人向我发动战争的意图；其次的战略是利用国际矛盾孤立敌人，使敌人不敢发动战争；再次的战略才是用兵作战；最次是攻城。这就叫"上兵伐谋"，"其次伐交"，"其次伐兵"，"其下攻城"。孙子还指出要取得战争的胜利，必须全面认识敌我双方的情况。孙子说："知己知彼，百战不殆；不知彼而知己，一胜一负；不知彼不知己，每战必殆。"意思是全面认识敌我双方的情况则能百战百胜；只知自己的情况不知敌方的情况则会胜一次败一次；既不知自己的情况，又不知敌方的情况，则每打一次就必然失败一次。知己知彼后来成了战争中的一个最重要的原则，也是《孙子兵法》中最有名的思想。

除了对客观条件的研究，孙子对战争中人的主观能动作用也作了研究。核心就是要通过人的主观能动性以争取战争的胜利。其方法就是："用兵之法，十则围之，五则攻之，倍则分之，敌则能战之，少则能逃之，不若则能避之。"意思就是要尽量集中自己的优势兵力，使自己化虚为实，同时调动敌人，分散敌人，使敌人化实为虚；然后以我之实，击敌之虚，以自己的优势兵力打击薄弱的敌人；如果自己兵力不能取得优势，就宁可逃避也不可决战。这就是在战争中主动创造条件以争取胜利。这些思想后来都被毛主席吸收运用到战争中。毛主席总结的"敌进我退，敌退我进，敌驻我扰，敌疲我打"的十六字方针就是对孙子讲的战争中人的主观能动性思想的活的运用。

孙子在总结战争经验的基础上提出只有消灭敌人才能保全自己，所以进攻是第一位的，防御是第二位的。孙子说："不可胜者守也，可胜者攻也。守则不足，攻则有余。"进攻防御都能保持主动，那就可"自保而全胜"。在总结取得战争胜利的原则的同时，孙子又指出，原则不是死的，原则必须根据具体情况灵活运用。孙子说"兵形象水"，"兵无常势，水无常形，能因敌变化而取胜，谓之神"。孙子还说："兵者，诡道也。故能而示之不能，用而示之不用，近而示之远，远而示之近；利而诱之，乱而取之，实而备之，强而避之，怒而挠之，卑而骄之，佚而劳之，亲而离之。攻其无备，出其不意。"就是说用兵之道是诡秘的，自己军队能战却要对敌人表现出不能战，自己军队可用却要对敌人表现出不可用，自己军队离敌人很近却要表现出离敌人很远，自己军队离敌人很远却要表现出离敌人很近；用利益去诱惑敌人，敌人乱了则乘机攻取；用兵的这些诡秘莫测都是为了麻痹敌人，然后攻其不备，出其不意。之所以要这样用兵，是因为孙子认为对敌人仁慈就是对自己残忍。宋襄公对楚军仁义，就是拿自己国家的存亡当儿戏。所以孙子说："兵者，国之大事，死生之地，存亡之道。"另外孙子还强调"主不可以怒而兴师"，就是说作为国家的领导者，绝对不能因为发怒就贸然兴师打仗；"将不可以愠而致战"，一个将领也绝对不可以因为自己愠怒生气就鲁莽地去打仗。比如说三国蜀主刘备，在关羽被杀以后，就意气用事，根本不管诸葛亮及其他将领的劝说，非要伐东吴为关羽报仇，结果被火烧连营，全军覆没，刘备也病死在白帝城。这就是怒而兴师所带来的后果。《孙子兵法》站在春秋时新兴贵族的立场，成功总结了战争的一般规律，既是一部优秀的兵书，又是一部出色的哲学著作，对中国文化影响深远。

在孙子以后，战国还有魏国吴起的《吴子兵法》，梁国尉缭子的《尉缭子兵法》，齐国司马穰苴的《司马法》等兵书。吴起相传受学于曾子，耳濡目染，颇受儒家陶养，故论兵法尚礼义、重节制。尉缭子生平不详，其书《尉缭子》的军事思想与《孙子兵法》颇相近，不过更重仁义，有"兵不攻无过之臣，不杀无罪之人""兵者所以诛暴乱，禁不义"的言论。《司马法》是夏商周三代军事思想、制度的汇编。后世专门研究兵家学说的学者并不多，即使有所研究，在理论上大都也没有超出《孙子兵法》研究的规模。而像宋代明代这样兵书出得比较多的时代往往也是边患比较严重的时代。

《四库全书》子部兵家类共收著作二十部，存目四十七部。其中最有名的有《握奇经》《六韬》《孙子》《吴子》《司马法》《尉缭子》《三略》《素书》《李卫公问对》《武经总要》《虎钤经》《武编》《练兵实纪》《纪效新书》。存目中最有名的是《美芹十论》。

《握奇经》又名《握机经》，旧题为黄帝时武臣风后所撰，实为后人依托之作。内容主要是根据诸葛亮八阵法推演为图，又附以文字解释。书名取握机制胜之义。《六韬》旧题为姜太公所撰，实亦后人依托之作。《六韬》即指文韬、武韬、虎韬、豹韬、龙韬、犬韬。此书内容主要是以阴阳神怪谈兵战。《三略》《素书》旧题皆为黄石公所撰，实亦后人依托之作。黄石公相传为秦时隐士，因汉初名臣张良遇于江苏下邳圯上，又称圯上老人。"圯"就是桥，"圯上"就是桥上。圯上老人授兵法与张良，告其读后必为王者师，并说十三年后将于济北再见他，而谷城山下的黄石就是他。十三年后张良果于其处得黄石，遂修祠供奉，死与黄石并葬。故后人称圯上老人为黄石公。《三略》内容主要是以老子思想讲兵法。《素书》实为宋朝大臣张商英所撰，其书以道、德、仁、义、礼五者谈兵法。《李卫公问对》原说是唐太宗与大臣李靖用兵问答的记录，实为宋朝人杂采贞观君臣遗事编写而成。内容主要谈兵家奇正、攻守、主客等问题。《六韬》《孙子》《吴子》《司马法》《尉缭子》《三略》《李卫公问对》在宋朝被称为"武经七书"，成为宋朝学武之人必读的古代兵书。《武经总要》为北宋大臣曾公亮、丁度等奉宋仁宗之命编成。内容是宋朝及宋朝以前兵法制度的总结。《四库全书》称"宋一代朝廷修讲武备之书，存者唯此编而已"。《虎钤经》为北宋进士许洞所撰，内容是以阴阳术数、奇门遁甲等讲兵法。《武编》为明朝著名古文家唐顺之所撰，内容是讲用兵之要，包罗广泛，凡军事所涉及的战略战术、行军布阵、兵器火药、粮草马备、军事掌故皆有论述。史称唐顺之为学无所不窥，故其著书能渊博翔实，而且他还亲自率兵抗击倭寇。《练兵实纪》《纪效新书》皆为明朝抗倭名将戚继光所撰。《练兵实纪》是戚继光为将练兵真实情况的纪录，内容分为练伍法、练胆气、练耳目、练手足、练营阵、练将六个部分。戚继光练兵有方，故其军队勇武善战，世称戚家军。《纪效新书》是戚继光在浙江沿海练兵备倭时所作，所记的练兵内容皆是从战争经验中总结而来，故名"纪效"，意思是所纪皆是有成效的。此书因要在军中士兵里通行，故语言多是大白话的口语。《美芹十论》为南宋抗金名将、著名爱国词人辛弃疾所撰。内容主要讲如何练兵自治，以收复被金人占领的北方失地。《孙子》《吴子》《司马法》《尉缭子》前已论及，兹不赘述。

第五章

拼凑的杂家

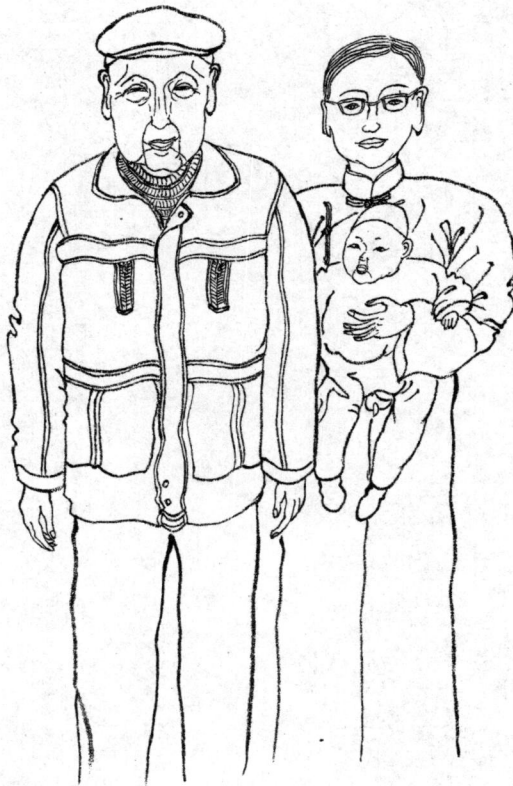

呂氏匯編集千氏
百家拼湊成一家
里書隱居御門著書
識術賢李永原先生
生書法尊刻於鄭近寺
廟端莊有古風喜讀書
教有訂報十三種之多故
古今中外多能講談坦自
謙自朝為雜家
共餘國七十九年紫騰滿
架時節先生夏壽高九十
有二與李里曾於蓉城
傳薪書院儉為汶畔
遠祝先生健康長壽歲
足期頤里定往賀之也

战国末期，出现了诸子百家中的最后一家——杂家。杂家的名称是西汉末年的大儒刘向、刘歆所创立的，其义就是杂家是把诸子百家的思想拼凑在一起而形成的一个学派。战国末年，天下的统一成为历史发展的大势，政治统一的要求在思想界也有所表现，那就是结束百家争鸣，杂家恰恰做了这个结束百家争鸣的工作。杂家的代表人物是吕不韦，吕不韦是战国末年的一个大商人，卫国人。在赵国经商时，偶遇被留在赵国作为人质的秦国公子异人，以为奇货可居，就到西秦游说秦孝文王夫人——华阳夫人，由此异人被立为太子，即后来的秦庄襄王。秦庄襄王即位，任吕不韦为相国，封文信侯。秦庄襄王死，即位的是后来的秦始皇，秦始皇尊吕不韦为"仲父"。吕不韦发动宫廷政变，想夺秦始皇的权，失败后被秦始皇贬蜀，自杀于途中。吕不韦在秦国当政时期，正是秦国将统一六国之时，但秦国地处西陲，向来缺少文化，被东方六国目为虎狼之国。吕不韦想为秦国的统一奠定文化基础，就效仿战国四公子，养了三千门客，并把他们组织起来，编了一部杂糅诸子百家思想的书，就是著名的《吕氏春秋》。

《吕氏春秋》分为八览、六论、十二纪，共一百六十篇，二十余万言。其内容是将儒、墨、道、法、名、农、阴阳各家的思想言论汇编在一起。十二纪内容最为重要，可视为《吕氏春秋》的内篇，八览、六论可视为外篇。十二纪以阴阳家的思想为框架，十二纪就相当于一年的十二个月，十二个月又分属春、夏、秋、冬四季。按阴阳家的说法，春天有生德，夏天有长德，秋天有收德，冬天有藏德。在编撰的时候，就将道家讲养生的理论，编在春季，以合春天的生德；将儒家讲礼乐教化的理论列在夏季，因为礼乐教化都是教人成长的，符合夏天的长德；将兵家、法家的理论列在秋季，因为法家讲权谋，兵家讲战争，都充满了杀气，以符合秋天的收杀之德；将儒家的厚葬与墨家的节葬理论调和在一起列在冬季，以合冬天的藏德，因为丧葬就像冬天的收藏一样。《吕氏春秋》就这样用阴阳家天人感应的框架，把各家各派的思想融合在了一起。除上述各家之外，《吕氏春秋》还杂收了天文、历数、音律、寓言等众多内容，可以说是战国末期的一部百科全书。

杂家的特点是将各家各派的思想拼凑在一起，并没有自己独立一贯的主张，故《吕氏春秋》中也有许多自相矛盾之处。不过杂家持论不苟，颇为公允，凡所取材皆各家中正之说，遇荒诞古怪枝蔓的言论一律不取，所以《四库全书》深为赞许。历史上一流的思想家都是从自然、社会、人生中提出问题，解决问题，因此他们的思想能自成体系。杂家则不然，他们不是在自然、社会、人生中发现问题，解决问题，而是希望在别人的思想体系中摘取精华，以拼凑成自己的体系。就好比一道拼盘菜，表面看是一道菜，仔细看花生还是花生，牛肉还是牛肉，猪耳朵还是猪耳朵，并不是把各样食材配合在一起加工烧成一道新菜。所以杂家终归是二流的思想家。冯友兰先生说一个时代第二流哲学家的出现标志着这个时代创造力的将尽，杂家的出现正是此花开尽更无花，象征着百家争鸣的结束。

以上所说的杂家，是春秋战国时诸子百家中的一家，而《四库全书》子部所列的杂家，不仅是战国时的杂家，而是历代各类内容庞杂、散漫难归某部某家的学说。其中有一部分要特别提到，那就是墨家、名家和纵横家。这三家在春秋战国时都是非常显赫的，但到了秦始皇统一中国后，逐渐消失成为绝学。正因其为绝学，所以《四库全书》子部没有单列这三家，而是将其列在杂家类中。但这三家在中国文化中意义重大，因此下面将其名为"实用的墨家""诡辩的名家""功利的纵横家"分别加以介绍。

实用的墨家

在春秋末期，儒家是显学，与儒家齐名的就是墨家。这一学派在当时影响很大，而且很多方面都是和儒家针锋相对的。墨家学派的代表人物是墨子，墨子姓墨名翟，鲁国人，是春秋末期继孔子而后的著名思想家。墨子有一套手工业生产技术，自己能制造器具，相传他的技术与当时鲁国著名工匠鲁班齐名。他还博通古书，到各地游说，车里常带很多书。他说"上无君上之事，下无耕农之难"，有时间就要多读书。这一点墨家和儒家是相同的。墨子将他的学生和信徒组织成一个团体，团体的首领叫巨子，墨子是第一个巨子。墨子的学生和信徒都必须听他的指挥。墨子的学生在政治上有了地位，如果不能推行墨家

為民何勤立身何儉兼愛並容節用並虛

楊善洲老人正其寫照

甚崇高人格每令里

咸動不己淚下不止

共蘇國之十九年

者百花飄香

之際李里

續以表

之深懷念

之切

的主张，就必须自行辞职。如果违背了墨家的主张，就会被斥退。学生有了俸禄必须将收入的一部分供墨家团体使用。墨子的学生和信徒被称为墨者。用今天的眼光看来，墨子实际是一个手工业工匠，墨子的团体大概就是按当时手工业行会的习惯组织而成的，墨子的学生就相当于手工业行会中的徒弟，巨子就相当于师傅。不过墨子是一个读书博学的手工业工匠，正由于墨子是有很高文化修养的工匠，所以墨子能将手工业者群体的思想主张表达出来。墨家的思想其实就是以手工业者为代表的城市平民思想的集中体现。

墨子的思想主要保存在《墨子》一书中。《墨子》共五十三篇，是墨子及墨子后学著作的总集，大致可分为四个方面的内容：一部分是记载墨子本人的活动，一部分是记载墨子的防御战术及守城兵器工具，一部分是墨子宣扬的主要思想，一部分是墨子后学的思想。墨家的思想分为前期和后期。前期即以墨子思想为主，后期则主要以墨子后学思想为主。墨子宣扬的思想有十个方面，分别是：兼爱、非攻、天志、明鬼、节用、节葬、非乐、非命、尚贤、尚同。墨子所创立的墨家学派成为儒家学派的第一个反对者。为什么墨家学派会成为儒家学派的反对者呢？这就要从它们的思想基础来分析。

诸子百家各家各派的思想都分别代表了当时社会中一部分人的观念和主张。墨家所代表的是城市平民，是为平民说话的。而儒家代表的是周朝没落贵族中的读书人，所以儒家是为贵族说话的。这是两大学派最根本的对立点。

儒家虽是没落贵族，但他们仍然一心要恢复西周时期的社会秩序，即周礼。而礼乐恰恰是贵族精神的体现。代表平民思想的墨家自然反对代表贵族思想的儒家。墨家对儒家的反对主要集中在几个方面：第一，墨家反对儒家的礼乐，认为礼乐讲排场，消耗财富，不符合平民节用的思想；第二，墨家反对儒家所重视的文学艺术，认为文学艺术只是贵族少数人享受的奢侈品，主张非乐；第三，墨家反对儒家的厚葬，提倡节葬。

作为手工业者代表的墨子，是非常重视发展物质生产的，也就是要追求富庶。"富"是物质财富的生产，"庶"是劳动力的生产。墨子主张增加物质财富的方法是增产和节约，增加劳动力的方法是早婚。所以墨子认为政治的首要任务是使物质财富增加，使劳动力增加。这集中反映了当时壮大起来的手工业者要求发展生产的强烈愿望。对物质生产的重视，也就是对利的重视，这又与轻视物质生产、轻视利益的儒家思想直接对立。由于墨家重视物质生产，所以墨家肯定人的劳动，并把道德与劳动联系在一起，把劳动看成是评价人道德行为的一个尺度，劳动是道德的，不劳动是不道德的。墨家把不劳而获称为"亏人自利"，认为"亏人自利"就是大不义。这是墨家非常可贵的思想，也是墨家对于中国文化的一大贡献。

要发展物质生产，就必须要有社会的安定。而春秋时代正是国与国之间战争、人与人之间争夺的混乱时代。针对这种社会现实，墨子提出了墨家最重要的思想——兼爱。兼爱就是使天下之人不分彼此地兼而爱之。《墨子·兼爱篇》讲："若使天下兼相爱，爱人若爱其身，犹有不孝者乎？视父兄与君若其身，恶施不孝？犹有不慈者乎？视弟子与臣若其身，恶施不慈？故不孝不慈亡有，犹有盗贼乎？故视人之室若其室，谁窃？视人身若其身，谁贼？故盗贼亡有，犹有大夫之相乱家、诸侯之相攻国者乎？视人家若其家，谁乱？视人国若其国，谁攻？故大夫之相乱家、诸侯之相攻国者亡有。若使天下兼相爱，国与国不相攻，家与家不相乱，盗贼无有，君臣父子皆能孝慈，若此则天下治。故圣人以治天下为事者，恶得不禁恶而劝爱？故天下兼相爱则治，交相恶则乱。故子墨子曰：'不可以不劝爱人者，此也。'"这段话的意思是假若天下人都能相亲相爱，爱别人就像爱自己，还能有不孝吗？看待父亲兄弟和君上像自己一样，怎么会做出不孝的事呢？看待弟弟、儿子与臣下像自己一样，怎么会做出不慈的事呢？不慈不孝都没有了，还有盗贼吗？看待别人的家像自己的家一样，谁会盗窃？看待别人就像自己一样，谁会害人？盗贼没有了，还有大夫互相侵扰家族、诸侯相互攻伐封国吗？看待别人的家族就像自己的家族，谁会侵犯？看待别人的封国就像自己的封国，谁会攻伐？大夫相互侵扰家族、诸侯相互讨伐封国都没有了，天下的人都相亲相爱，国家与国家不相互攻伐，家族与家族不相互侵扰，盗贼也没有了，君臣父子间也能孝敬慈爱，像这样天下就能治理了。圣人既然是以治理天下为职业的人，怎么能不禁止相互仇恨而鼓励相爱呢？天下的人们相亲相爱就会治理好，相互憎恶则会混乱。故而墨子不能不鼓励爱别人的道理就在此。墨子认为爱别人就像爱自己，人与人之间相互兼爱，不孝、不慈、盗窃、乱贼、战争、攻伐自然就没有了，天下自然就安宁了。墨子讲兼爱是需要具体行为来体现的，兼爱的具体行为就是相互帮助，有力的人出力帮助力弱的人，有钱的人出钱帮助没钱的人，有道的人教化无道的人，在这种相互帮助下，"老而无妻子者，有所侍养以终其寿；幼弱孤童无父母者，有所放依以长其身"。墨子将兼爱中的互助称为"兼相爱，交相利"，也就是说人们在兼相爱的同时，相互也就获得了好处。墨家讲的"交相利"是"兼相爱"的自然结果，并不是为了"交相利"去"兼相爱"。如果为了相互获得利益，而去兼爱，那就变成了功利主义。

墨家讲的"兼爱"与儒家讲的"仁爱"是不同的。儒家讲的"仁爱"是次第之爱，是由此及彼之爱，是"老吾老以及人之老，幼吾幼以及人之幼"之爱。因为我爱我的父母，把这种心推及别人的父母，由爱我的父母而去爱别人的父母，但是爱我的父母肯定爱得更多，爱别人的父母肯定就依次递减。同理，我由爱我的子女，而想到爱别人的子女，这就是次第之爱。儒家的爱是有差别的、有等级的，而这种爱也是更符合人性的。墨家提出的"兼爱"照理说比"仁爱"更宽大，使天下之人兼而爱之，根本不分差别，但在现实生活中却不太符合人性。墨家是严密的帮会组织，在这样的组织中，有一种重要的思想，即有福同享，有难同当。墨子把这种帮会中无差别的爱推广到天下就是"兼爱"。使天下所有的人都没有差别地相爱，爱我的父母和爱你的父母一样，爱我的子女和爱你的子女一样。

墨子从兼爱的原则出发，提出了墨家的第二个重要主张——非攻。所谓"非攻"，就是不要去攻打别的国家。春秋时期兼并战争频繁，给天下百姓带来了巨大的痛苦，墨子称为"贼虐万民"，所以墨子反对大国攻打小国、强国欺凌弱国的兼并战争。墨子主张"非攻"，但并不主张"非战"，"非战"就是不打仗。墨子反对攻打，却讲究防守，主张备兵自守。墨子还制造了很多守城器械，并用这些器械去为将要被攻打的宋国守城。在《墨子》中有这么个故事，是说楚国要去攻打宋国，有个人叫公输般，就是鲁班，是工匠的始祖，技术很高明，为楚国制造了很多武器，帮助楚国攻打宋国的城池。宋国就请墨子当他们的军事参谋来抵抗楚国的侵略。墨子就从宋国到了楚国，去游说楚王。他对楚王说："您有个叫公输般的人，听说有很多攻城的方法，现在我想和他较量一番。"楚王就把公输般请出来，让他和墨子较量一下。公输般用了九种方法来攻城，九次都被墨子击退，公输般已经黔驴技穷了。墨子对公输般说："你的九种攻城方法都已经被我击破，我现在还有几十种守城的办法没有用，所以即便你再发明几种攻城的办法，我都能战胜你。"公输般说："我还有一个办法可以打败你，但是我不好说。"墨子听完他的话就笑了，说："你的方法我知道。就是把我给杀了，这样你就可以打败宋国了。但是杀掉我有什么用呢？我们墨家是个组织，我还有三百多门生弟子都守在宋国，我的那些守城方法他们都掌握了，所以即便你把我杀了也没有用，宋国仍然能够抵御你们的进攻。"楚王一听，大为吃惊：墨家的人竟然这么厉害！为避免两败俱伤，楚王就停止了这场攻打宋国的战争。这个故事对我们当代的战争有着很大的启迪意义。现在的战争不需要士兵到战场去流血，其实就是各个国家的科学家的较量。把这些科学家集合在一起，看谁的技术更高明，那么他代表的国家或民族就赢了，根本不需要肉对肉，枪对枪，战争也不会爆发了。这也是《墨子》一书为我们提供的一个很好的避免流血的战争模式。

　　"兼爱""非攻"是一种思想的两个方面，这种思想就是反对暴力要求和平，"兼爱"是从内政方面谈的，"非攻"是从外交方面谈的，而其本质都是希望社会稳定，以满足以小手工业者为代表的城市平民要求发展物质生产的需要。

　　墨子为了推行"兼爱"的主张，又提出了"尚贤""尚同""天志""明鬼"等思想。"尚贤"即主张在政治中举用贤才。墨子说："夫尚贤者，政之本也。"认为治国的根本就在于尚贤使能。墨子主张举用贤才不避亲疏、贵贱、远近，打破贵族的等级制度。"尚贤"的目的则是举用贤才以推广"兼爱"的主张。"尚同"即主张天下应该有统一的标准，统一的思想。而这个统一的思想就是"兼爱"。国君则是统一思想的制定者与推行者。故墨子说："上之所是，必皆是之；上之所非，必皆非之。""天志"就是说天是有意志的，天的意志就是喜欢兼爱。"明鬼"就是说天地之间是有鬼的，鬼的意志与天的意志一样，喜欢兼爱，并实行赏罚的职责。人间凡是兼相爱的人就会得到赏赐，不兼相爱的人就会得到惩罚。墨子希望国君贤才来推行"兼爱"的主张，但又感到在混乱的春秋时代，国君贤才也未必靠得住，又进而提出"天志""明鬼"的说法，希望借助天意鬼神的力量来实施"兼爱"。

墨子虽有"天志""明鬼"的主张，但这些主张只是为了让兼爱学说得到有力的推行。实际上墨子是不相信天命的，因为墨子还有"非命"的思想。"非命"即主张个人的富贵、国家的治安都是由个人的努力决定的，而不是靠命运预先决定。

墨子增加财富的主张一方面是增产，一方面是节约。要增产则需要社会的安定，为了社会的安定，墨子提出了"兼爱""非攻""天志""明鬼"等思想。为了节约，墨子还提出"节用""节葬""非乐"等思想。"节用"是反对贵族铺张浪费的生活，盖极端奢侈的房子、穿极端奢侈的衣服、吃极端奢侈的饮食，认为这种生活又消耗财富，又减少人口。这种生活只是少部分人极端富有，而使百姓财用不足，以致饥寒冻饿而死，所以人口自然减少。"节用"的标准是满足基本的生活需要，除此以外的消耗都应该节约。"非乐"是反对贵族对音乐享受的追求，说得更广一点，就是反对追求文学艺术的享受。认为文学艺术只是贵族的奢侈品，这些奢侈品只能消耗财富，不能增加财富，贵族追求得越多，百姓生活得越苦，所以要反对。"节葬"是反对贵族的厚葬久丧之风。厚葬就是多埋陪葬品，久丧就是长久守孝。多埋陪葬品就是消耗财富，长久守孝限制了人的饮食起居，会使人身体衰弱，又限制男女交合，约束了人口的增长，使社会生产力停滞。

墨家的这些主张，恰恰与儒家相反。墨家只看到礼乐厚葬对财富的消耗，并没看到礼乐厚葬背后的教化意义。儒家重视礼乐文艺并不单是追求享受，而是看重礼乐文艺对人性情、人格潜移默化的陶养作用。儒家提倡厚葬的真正目的是为了教化活人，培养人的报恩返祖之心，对死去的人都能这么诚敬、厚道，那么对活着的人就应更加爱护、关心。对于久丧，《论语·阳货篇》中孔子说："子生三年，然后免于父母之怀。夫三年之丧，天下之通丧也。"意思是说，儿女出生的头三年都是父母亲抱在怀里的，小孩子出生后三年，都是在父母的养育下才长大的，那么父母亲去世了，要报答父母亲的三年抱养之恩，所以要守孝三年。这就是儒家所说的"慎终追远，民德归厚"，意思是说谨慎地对待亲人的死亡，追怀先祖，自然会使百姓民风淳厚。同时儒家提倡的礼乐厚葬是从它的文化意义来讲，和当时贵族追求的奢侈生活方式是有根本区别的。对于反对奢侈，儒家和墨家还是一致的。

墨家还探讨了关于真理标准的问题。墨子认为真理要符合三个标准，即所谓"三表"。《墨子》中讲："言必有三表。……有本之者，有原之者，有用之者。于何本之？上本之于古者圣王之事。于何原之？下原察百姓耳目之实。于何用之？发为刑政，观其中国家百姓人民之利。""有本"即指要根据过去的历史教训。"有原"则是考察现在群众的感观经验。感观经验即亲眼所见、亲耳所听、亲身所历。"有用"即考察实践中的效果。凡符合历史经验，又被人民亲自证实过、在实践中受过检验的则为真理。墨家是诸子百家中也是中国学术史上第一个讨论真理问题的。

墨子的思想主要就是这些。这也是墨家前期的思想。后期墨家则到了战国时代。后期墨家的代表作是《墨子》中的《经上》《经下》《经说上》《经说下》《大取》《小取》六篇文章。后期墨家抛弃了墨子"天志""明鬼"等神秘思想，明确提出"义"的内涵就是"利"的功利主义主张。另外还总结、丰富了生产技术经验，并将其上升到理论。后期墨家总结了许多力学、光学、几何学等科学知识和逻辑学知识，对古代自然科学和逻辑学的发展做出了很大贡献。

在春秋战国时期，墨家曾是和儒家并列的显学，为什么后来又成为绝学了呢？战国时期，儒家出了亚圣孟子，继承孔子的思想并发扬光大。孟子生活的时代正是墨家学说非常兴盛的时代，孟子义不容辞地站出来，代表儒家学派强烈地批判墨家的主张，说墨子"无父"。因为墨家讲兼爱，别人的父亲和我的父亲一样，这就是"无父"。父母都搞不清楚，则与禽兽无异。所以孟子说"无父无君是禽兽也"。曾经声名显赫的墨家学派，经过孟子有力的批判以后，受到了重创，再加上墨家是代表小生产者、城市平民利益的，既与代表周朝的旧贵族不合，又与代表诸侯的新贵族不合，就逐渐销声匿迹，成了绝学。一直到清代学者研究先秦诸子的时候，才把《墨子》从《道藏》中找出来重新研究。他们认为墨家的精神跟西方的基督精神比较相似。故而梁启超先生说："古今中外哲人中，同情心之厚，义务观念之强，牺牲精神之富，基督而外，墨子而已。"认为墨子的"兼爱"和基督的"博爱"有相似之处。

在诸侯国为了利益相互争夺、大国吞噬小国、社会混乱、贵族生活奢靡的春秋末年，墨子提出放下利益的兼爱非攻思想，肯定劳动，提倡节约的思想都是非常有价值的。而勤俭节约的思想更汇入了中华文化的洪流，成为中华民族的重要传统美德，深远地影响着中国的老百姓。对于当代崇尚奢华、追求享乐的世风，墨家提倡节俭的思想仍有其重要价值。

诡辩的名家

诸子百家中，名家比较特别。所以特别，就是因为名家所研究的主要是超乎形象世界以外的概念世界。概念就是名。如"杯子"就是所有杯子的名称。"杯子"这个名称里就含有所有杯子的共同特点。符合这个特点的才能叫"杯子"。那么在"杯子"这个名称下，就会有大大小小、高高矮矮等形状各异、质量不同的杯子。你只要说"杯子"，那么大杯子、小杯子、方杯子、圆杯子、瓷器杯子、竹子杯子等都可以拿过来。"杯子"是名，具体的杯子是实。到底这些各式各样的杯子和"杯子"这个名称之间有什么关系，这就是名家所研究的内容，即名和实之间的关系，这个问题接近于西方的逻辑学。所以清朝末年的时候，著名的大学者严复先生在翻译西方逻辑学的时候，就用了先秦名家的概念，将逻辑学翻译为名学。

诸子百家中为什么会出现名家一派呢？因为在春秋战国的大动荡中，许多社会事物都发生了巨大的变革，导致事物的名称和它所指的实际事物之间发生了矛盾。或旧的名称没变，但其所指的实际内容变了；或很多新出现的事物，旧的名称不足以来表达。比如《论语》中孔子说的："觚不觚，觚哉！觚哉！""觚"本是有棱角的酒器，到了春秋时候，觚变为圆形了，所以孔子说觚都没有棱角了还能叫觚吗？再比如"天子"在过去是天下最高统治者，到春秋战国时，周天子完全丧失了权力，统治范围仅洛阳周围一小块地方。这都是名与实的矛盾。当时很多学者思想家都想解决名实矛盾的问题，故出现了专门研究名实问题的名家。虽都是研究名实问题的，但其中也有不同主张。一类是主

名家所談白馬非馬

學理而論新生毋生

共餘國七十九年菊花

久開之時李里繪圖

张名是绝对不变的，凡是旧有的名都是对的，要用旧有的名来匡正约束新生的事物。主张这一派的就是要用名实之辩来为旧时代的合理性辩护。这一类的代表人物为公孙龙子。一类是主张名是可变的，有什么样的事物就有什么样的名，没有永恒不变的名，名应随事物的变化而变化。主张这一派的就是要用名实之辩来为新时代的新生事物争取合法性。这一类的代表人物是惠施。

名家的人原本都与法律有关，是靠阐释法律条文为人打官司辩护的，即如今之律师。名家的先驱叫邓析子，就是当时著名的讼师，讼师就是律师。其著作已经失传，今所见《邓析子》一书是伪书，《吕氏春秋》中有关于他的故事。《吕氏春秋》讲郑国一富人被水淹死，尸首被人捞去。当家人想赎回尸首，捞尸人要价太高。富人家找邓析出主意。邓析说不要急，他不卖给你，卖给谁啊？捞尸首的人也来找邓析出主意，邓析说不要急，他不找你买找谁买？由此可见邓析专门对法律条文咬文嚼字，在不同案件中随意做出不同的解释。《汉书·艺文志·诸子略》称名家是"苛察缴绕，使人不得反其意"。就是说名家的人专门爱玩弄名词，制造怪论。从表面上来说名家的人确实是如此。从名家的另一个故事也可看出名家的这个特点。《吕氏春秋》载，秦国与赵国相约"秦之所欲为，赵助之，赵之所欲为，秦助之"，后秦兵攻魏，赵想救魏，秦王很不高兴，派使者对赵王说，明明合约上写好"秦之所欲为，赵助之"，今天秦攻魏，你赵国却想救魏国，不是违反了合约吗？后来公孙龙子知道了这件事，就说也可以让赵王派使者到秦国告诉秦王，合约上说"赵之所欲为，秦助之"。今赵要救魏，秦却不助，也是违反合约。不过玩弄名词、制造怪论只是名家的手段，其目的还是要通过辩论的方式实现自己的政治主张。

那么我们来看一看名家中最主要的两派，惠施和公孙龙子是怎样通过辩论名实来阐明各自主张、立场的。

惠施，战国时宋国人，做过魏惠王的宰相，因学问大而闻名。惜其著作失传，只在《庄子》的《天下篇》中保存了一些关于惠施的资料。惠施是庄子的好朋友，虽然他们各自观点不同，但惠施却是庄子的知己，是真正懂得庄子的人，他们经常辩论，同时相互启发，相互补充。《庄子》的《徐无鬼篇》中庄子用了一个故事来形容他和惠施的关系：楚国有个人在鼻子上沾了点石灰，一个木匠拿了把斧头像风一样地砍去，恰好将其鼻子上的灰砍掉，鼻子却安然无恙。后来有人叫木匠表演，木匠说配合我表演的人死了，我不再表演了。庄子说惠施死后就没有能够和他说话的人了。《庄子》的《天下篇》中保存了惠施辩论的十个命题，依次是"至大无外，至小无内"，"无厚不可积也，其大千里"，"天与地卑，山与泽平"，"日方中方睨，物方生方死"，"大同与小同异，此之谓小同异；万物毕同毕异，此之谓大同异"，"南方无穷而有穷"，"今日适越而昔来"，"连环可解也"，"天下之中央，燕之北，越之南"，"泛爱万物，天地一体"。这些命题是什么意思呢？"至大无外，至小无内"是说至大就是最大，最大就是在它以外，再也没有其他东西比它大了；至小就是最小，最小就是在它以内，再也没有其他东西比它小了。但客观现实中并没有最大和最小的东西，最大最小只是一个抽象的概念，而现实中所有东西的大小都是相对的。比如手表和杯子放在一起，那么杯子就是最大，表就是最小；杯子和电视机放在一起，电视机就是最大，杯子就是最小。"无厚不可积也，其大千里"是说没有厚度的东西可有广度，没有体积的东西可有面积，而其面积可大至千里。就没有厚度来讲，是小；就面积千里来讲，是大。这是说同一物体的大小也是相对的。"天与地卑，山与泽平"是说向远处看，天与地是齐平的，海拔高的地方的湖泊与海拔低的地方的山一样高。说明事物的高低也是相对的。"日方中方睨，物方生方死"是说太阳升到中天就开始西斜了，一个东西刚出生同时也就开始死亡了。说明事物的盛衰生死也是相对的。"大同与小同异"，打个比方来说，人都是人，从人这个意义上来讲人都是相同的；人又是动物，从动物这个意义来讲又都是相同的。人这个意义上的相同叫"小同"，动物这个意义上的相同叫"大同"，这两个相同是有差异的，作为人的相同大于作为动物的相同，因为人都是动物，但动物不一定都是人。所以作为人的意义上的相同和作为动物意义上的相同是不同的，这就叫小同异。"万物毕同毕异"是说如果把万物都当成万有，站在万有的角度上，所有东西都是万有中的一有，所以万物都是相同的；但如果把每样东西看成一个个体，那每样东西都有自己的个性，那么万物也都是各不相同的。站在宏观的角度看，万物都是相同的；站在微观的角度看，万物都是不同的，这就叫大同异。这就说明事物的同异都是相对的。"合同异之辩"是名家的一个著名辩论。"南方无穷而有穷"，南方无穷是战国中期以前人们的地理知识，因为人们觉得东边有海，北边西边有沙漠，而南方好像无穷无尽。可是战国中期以后出现了四海的概念，认为中国四面都被大海所包围，既然四面都有海，那么南方也就有穷了。无穷就是无边，有穷就是有边。这是说无穷有穷都是相对的。"今日适越而昔来"这是说今昔都是相对的，今天所说的昔就是昨天所说的今，今天所说的今正是明天所说的昔。"连环可解也"是说连环本是不可解的，但它毁坏的时候也就可解了，这是说矛盾的解决和不可解决也是相对的。"天下之中央，燕之北，越之南"，当时人的地理知识所知中国是世界之中央，北方燕国以南、南方越国以北是中国的中央，也是天下的中央。这里说"燕之北，越之南"无非是说明中央与四周也是相对的。"泛爱万物，天地一体"是说万物都是有联系的，都在变动之中，一切差别都是相对的，有条件的，也都可以相互转化，所以万物一体，要泛爱万物。惠施的十个辩论的核心都是万物是相对的。既然万物是相对的，旧的事物就不是绝对不变的权威，新生事物在一定的条件下也可以取代旧的事物。惠施正是以此理论为春秋战国时的新兴诸侯说话，论证其取代周天子崛起的合理性。庄子的《齐物论》也是讲万物是相对的，但庄子是站在西周旧秩序的立场上，说明新兴诸侯虽崛起变得强大，但也是相对的，并非绝对不变。这正是惠施与庄子的不同。

公孙龙子，战国时赵国人，关于他的材料历史上保存很少，只知他是一个反战论者，主张偃兵，曾在赵国的平原君家当过门客。齐国的孟尝君、楚国的春申君、魏国的信陵君、赵国的平原君被称为战国四公子，以家养门客众多著称。公孙龙子的思想被后人编为《公孙龙子》一书。公孙龙子在当时是以诡辩而闻名的，他的主要辩题有"白马非马""离坚白"等。据说有一次公孙龙子骑着马出城，在城门口被一个士兵拦住，说："你不准走。"公孙龙子说："为什么呢？"士兵说："你没看见吗？城门口有个告示，上面写的是骑马者不得出门。"公孙龙子望着这个士兵，哈哈笑了两下，拍着马就走。士兵追上他说："你为什么不听从命令呢？"公孙龙子说："我骑的是白马，白马非马。"士兵被搞蒙了。"白马非马"的命题收在《公孙龙子》中，叫《白马论》。《白马论》从三个方面论证了白马非马：第一，白马和马的内涵不一样。马的内涵是一种动物，白的内涵是一种颜色，白马的内涵是一种颜色加一种动物，三者的内涵不同，所以白马非马。第二，白马和马的外延不一样。只要说马，就包括天下一切的马，不管黄的、黑的、白的。说白马，就只有白色的马。马的外延包括一切的马，不论其颜色的区别。白马的外延只包括白色的马，有颜色的区别。白马与马的外延不同，所以白马非马。第三，白马与马共相上不一样。马的共相是一切马的本质属性，是马之成其为马者。白马的共相是白马的本质属性，主要是马之为白色者。白马与马的共相不同，所以白马非马。"白马非马"这个辩论其实是讲一般和个别可以独立存在，马是一般，白马就是个别。《公孙龙子》中还有一篇叫《坚白论》，谈了"离坚白"的问题。"离坚白"是说有一块坚而白的石头，但人们不能同时感知这块坚而白的石头。用眼睛看只能感觉它是白石，但不能感觉它是坚石；用手摸只能感觉它是坚石，不能感觉它是白石。感觉白时不能感觉坚，感觉坚时不能感觉白，所以只有坚石、白石，没有坚白石。非但没有坚白石，而且白可无石而自白，坚可无石而自坚。也就是说，没有这块具体的石头，白色和坚硬同样存在，而且没有任何具体的事物，白色和坚硬还是同样存在。公孙龙子的这两个辩论都集中体现了他的核心主张，即一般可以脱离特殊而独立存在，一般可以不必包括个别，个别也可以不必列入一般。而事物的名称都是一般的，名称下的具体事物都是个别的，既然一般可以脱离个别而存在，那么名就可以脱离实际事物而独立存在，这样名就成了绝对而永恒的东西。由此推出凡是旧有的名都是绝对权威的，一切与旧有的名不合的新生事物都是不对的，而这正是公孙龙子"欲推是辩以正名实，而化天下"的主张，也就是要用西周社会旧有的名去约束、纠正春秋战国混乱的新生事物。

名家对于中国文化的贡献并不是它那些稀奇古怪的诡辩之术，而是它发现了一个超乎于形象世界以外的概念世界。概念世界是不可能通过感觉直接得到的，就像杯子的概念，不是通过看杯子就能得到，必须通过对众多杯子共性的抽象认识，才能够了解。所以对概念世界的认识，就大大提高了人抽象思维的能力，锻炼了人的理性思维能力。可惜名家学派没有继续发展下去，而成了绝学。

合縱連橫皆為利
封侯拜相俱成空
李罕繪於傳薪書院

功利的纵横家

战国末年，当天下兼并到了相当程度的时候，诸子百家中又出现了纵横家。纵横家的任务就是为天下的最后统一出谋划策。春秋以来，诸侯国互相兼并，小诸侯国逐渐被消灭。战国后期，就只剩下齐、楚、燕、赵、秦、魏、韩七个大国了，被称为"战国七雄"。这七个大诸侯国面临的共同问题就是谁来统一天下。因为秦国处在中国的西北部，被称为西秦，和东方六国呈横的走向；其他六国都在中国的东部，呈纵的走向，如齐国在今天山东一带，燕赵在今天河北一带，魏国在今天山西一带。有人提出联合东方六国去对付西方的秦国，这一派就被称为"合纵家"；有人提出秦国联合东方六国中的任何一个国家，各个击破其他国家，这一派就被称为"连横家"。

纵横家的代表人物是苏秦和张仪，除此以外还有苏秦的弟弟苏代、苏厉和公孙衍等人。苏秦是合纵家的代表，东周洛阳人，他从最底层开始奋斗，饱尝了世态的炎凉，没有权势时，父母兄嫂都瞧不起他，发达以后，全都来巴结他。最后苏秦成了东方六国的总宰相，联合东方六国来攻打秦国。但最后合纵失败，苏秦被车裂而死。也有说苏秦是燕国派到齐国的间谍，最后被识破而受车裂。张仪是连横家的代表，魏国人，曾为秦国丞相，终以连横之计使秦国攻破各国。《汉书·艺文志》载苏秦有《苏子》十篇，张仪有《张子》十篇，今皆失传。

东方六国里，实力比较强的是楚国和齐国，东方六国本来是要联合起来对付秦国的，但齐国和楚国的国君都很昏聩，而六国之间又有着不可避免的利益冲突和无法调和的矛盾，再加上秦国的离间，六个国家合纵的势头逐渐被削弱，最后功亏一篑，被秦国各个击破。在合纵连横的斗争中，张仪取得了最后的胜利。《史记·屈原贾生列传》里就讲到张仪带着重礼去见楚怀王，对楚怀王说秦国非常恨齐国，如果楚国能与齐国断绝关系，秦国愿意将六百里地送给楚国。楚怀王贪图秦地，相信了张仪的话，果然与齐国断交，派人到秦国收地。这时张仪却说和楚怀王约定的是六里地，从未说过六百里地。楚怀王知道后非常气愤，就派大军攻打秦国，结果惨败。张仪就这样三番五次去骗楚怀王，最后楚怀王被骗到秦国，客死异国，为天下笑。在张仪的离间之下，齐楚关系破例，秦国全力攻打楚国，终于灭了楚国。当楚国都城郢都被攻下时，屈原悲不自禁，自沉汨罗江。

相传苏秦和张仪都是鬼谷子的学生，鬼谷子可算是纵横家的始祖。不过鬼谷子是个很神秘的人物，史书对他的记载也是恍兮惚兮，说这个人不详其姓氏，传为陕西人，因居鬼谷，故号鬼谷子。我们现在说的"三十六计"，据说就是鬼谷子创造的。现今流传的《鬼谷子》一书，据考证，则是后人依托鬼谷子之名而著的。

纵横家都是一些谋臣策士，凭着三寸不烂之舌，到处去游说君主，不择手段，换取个人利益。史家有一部书叫《战国策》，集中地描写了纵横家的思想风貌。因其过多记载并肯定了纵横家们的尔虞我诈、互相倾轧，颇有离经叛道的思想，这部书在中国历史上向来受到儒家的非议。纵横家只是在特定的历史时期出现，当秦始皇统一中国以后，纵横家的学说就用不上了，因此也就销声匿迹。到了清朝末年，西方列强入侵中国，纵横家的学说又派上用场。李鸿章意识到，如果列强联合起来，那么大清就岌岌可危。他运用纵横家的策略，或者合纵，或者连横，离间列强，让列强们因各自利益相互牵制，以减少对中华的伤害。这也算是纵横家的思想在中华民族灾难时期的特殊贡献。

《四库全书》子部杂家里一共列了六类，分别是杂学、杂考、杂说、杂品、杂纂、杂编。共收著作一百九十部，存目共收著作六百六十五部。

六类中杂学类最重要。杂学是指有一定思想又不能列入其他各家的。战国时杂家的《吕氏春秋》就列在杂学类。墨家、名家、纵横家都列在杂学类。墨家的《墨子》、名家的《公孙龙子》、纵横家的《鬼谷子》等书都收在杂学类里。另外，思想游离在诸家之间不能划入哪一家的，也列在杂学类里，如春秋战国时的《鹖子》《尹文子》《慎子》《鹖冠子》《子华子》等。此五子的思想皆介于老庄名法之间，后世也有疑其为伪书的。杂学类所录后世名著还有西汉的《淮南子》、三国时的《人物志》、南北朝时的《颜氏家训》。《淮南子》为汉武帝的叔父淮南王刘安召集门客共同编著，其内容虽杂，但兼具各家学说，核心思想还是以道家为主。《人物志》为三国时魏国人刘劭所著，其内容是讲如何品鉴人物，而品鉴人物的思想标准，则是杂糅儒道名法阴阳诸家思想而形成的。《颜氏家训》是北朝北齐人颜之推所著，为古今家训之祖，是以家训形式写成的百科全书，内容涉及广泛。《四库全书》子部杂家杂学类共列著作二十二部，存目共收著作一百八十四部。

杂考是对于经史子集诸类著作的考证，《四库全书》子部杂家杂考类共收著作五十七部，存目共收著作四十六部。其中最著名的有东汉的《白虎通义》，宋朝的《困学纪闻》《容斋随笔》，明朝的《通雅》，清朝的《日知录》。《白虎通义》是东汉汉章帝召集诸儒于白虎观考订五经异同时的会议纪要，为史学家班固所撰录。《困学纪闻》为南宋大学者王应麟所著，王应麟是文天祥的老师，又是《三字经》的作者，《困学纪闻》的内容则是对经史子集的杂考。《容斋随笔》为南宋学者洪迈所撰，内容是对经史、诸子、医卜、星算的考订。《通雅》为明朝学者方以智所撰，内容是对名物、象数、训诂、音韵的考证。《日知录》为清朝大学者顾炎武所撰，书名取自《论语》中子夏所云"日知其所亡，月无忘其所能"。顾炎武积三十年之功写成此书，内容包括对于政治、科举、礼制、世风、经史、象数、兵士、文艺的考证。

杂说是兴之所至的随意记录，夹叙夹议，《四库全书》子部杂家杂说类共收著作八十六部，存目共收著作一百六十八部。其中最有名的有汉朝的《论衡》《风俗通义》，宋朝的《梦溪笔谈》《东坡志林》《老学庵笔记》《鹤林玉露》。《论衡》为东汉大学者王充所撰，内容多是对现实的批判。《风俗通义》为东汉学者应劭所撰，内容为辨正风俗之谬。《梦溪笔谈》为北宋大学者沈括所撰，沈括是中国古代伟大的科学家，"梦溪"为沈括晚年所居之地。其书内容是沈括一生对政治、外交、军事、科学、艺术深刻见解的记录，可谓宋朝的小百科全书。《东坡志林》为北宋大文学家苏轼所撰，乃苏轼平日随手札记而成。《老学庵笔记》为南宋大文学家陆游所撰，内容为陆游亲身经历的见闻轶事。《鹤林玉露》为南宋学者罗大经所撰，内容是杂记见闻，以批评时政为主。

杂品是对古代器物的记录考订，在一书中杂记诸多器物。《四库全书》子部杂家杂品类共收录著作十一部，存目共收著作二十六部。其中最著名的是《遵生八笺》，此书为明朝学者高濂所撰，内容是品题休闲养生，兼及药方、花卉、食品等。

　　杂纂是杂采众说，编为一书。《四库全书》子部杂家杂纂类共收著作十一部，存目共收著作一百九十六部。杂编是合刻诸书为一书。《四库全书》子部杂家杂编类共收著作三部，存目共收著作四十五部。这两类的著作没有什么特别有名的。

第六章

形象的小说家

山海紅樓非實事
悟空八戒有原型

共穌園女十九年春深
李里續於傳薪書院
贊化園里飼猴養豬
始知悟空八戒之不虛
夏嘆吳承恩之偉大
時又聞猴隔籠戲豬
豬受辱大嚎之聲
想吳承恩必有飼此
二者之經驗無疑也

今人都是把小说当文学来看待的，但在国学中小说属于子学。中国人自古都将小说家当诸子百家中的一家看待。《汉书·艺文志·诸子略》中就列了小说家，《四库全书》也将小说家列在子部。何以古人都将小说家列在诸子百家中呢？因为小说家表面讲了许多稀奇古怪的故事，但小说家并不是为讲故事而讲故事，而总是在故事背后寄托了许多对自然、社会、人生的深邃思考，使其具有丰富的思想内涵。小说家又不同于其他思想类的诸家，其他思想类的诸家如儒、道、墨、法、名、阴阳等，都是用抽象的理论讲道理，只有小说家是用形象的故事讲道理。也正由于小说家是用生动的故事、形象的人物来寄托道理，故而小说家更能吸引读者，更能抓住人心，在社会中的影响也更广泛。一般人让他选择读理论著作或小说，他肯定更愿意读小说。小说对于普通民众的影响，远远大于理论著作。其他思想类的诸家都是抽象地谈事物的共性，小说家是通过事物的个性来展现共性。其实共性都是从个性中归纳出来的，离开了个性就没有共性。而其他思想类的诸家一般都是只谈共性，很少谈个性。小说家必须展现个性，共性只能隐藏在个性之中。如果小说家也把事物共性直白地说出来，那就不成其为小说，也没有人看了。在理论著作中，共性是显；在小说中，个性是显。比如说对于仁爱的思想，孔子直接概括地说"仁者爱人"；小说家则必须塑造一个刘备的形象，通过刘备做的一件一件的事来展现仁者是爱人的。再比如说对于勇敢，孔子直接说"勇者不惧"；小说家就要塑造一个孙悟空，通过他大闹龙宫、大闹地府、大闹天宫来展现勇者是无所畏惧的。小说家在描绘千差万别的个性世界时，其实也就揭示了宇宙的本质。差异性就是宇宙的本质之一，大千世界没有一样东西是完全相同的。

小说家虽然创造了一个千奇百怪无所不包的形象世界，但这个形象世界的中心是人。在诸子百家中，对人性的丰富与深刻探讨得最透彻的就是小说家。其他思想类的诸家探讨的是"人应该是什么样子"，小说家探讨的是"人是什么样子"。探讨"人应该是什么样子"是研究理想中的人，探讨"人是什么样子"是研究现实中的人。理想中的人就是圣贤，圣贤就是除迷断惑、无忧无虑、高尚纯洁、闪现着理性光辉的人。现实中的人就是众生，众生就是欲望、情感、理智互相纠缠，快乐与痛苦、高尚与卑下、善良与邪恶、愚笨与狡猾、单纯与复杂并存的人。比如唐僧表面软弱无能的背后却是对理想百折不挠的刚毅；王熙凤聪明能干的背后却是心狠手辣；潘金莲淫荡无耻的背后却是无尽的辛酸与脆弱；周瑜才高学博的背后却是猜疑嫉妒；王三巧有对在外经商丈夫的一往情深，又有青春少妇不耐情欲冲动的出轨。思想类的诸家探讨人怎样做圣贤，小说家探讨在艰难残酷的现实世界中人怎样保存那一点点人性的善良与理想的光辉。社会是由人构成的，研究人自然离不开研究社会。思想类的诸家探讨的是"社会应该是什么样子"，小说家探讨的是"社会是什么样子"。探讨"社会应该是什么样子"就是探讨理想社会，探讨"社会是什么样子"就是探讨现实社会。不管是儒家讲的大同世界，道家讲的"鸡犬之声相闻，老死不相往来"的淳朴世界，还是佛家讲的极乐世界，都是理想中的社会。小说家所描绘的三国水浒、西游封神、金瓶红楼、儒林聊斋都是现实社会或现实社会的折射。理想社会是纯洁美好的，现实社会是残酷无奈的。思想类的诸家探讨怎样达到理想社会，小说家探讨怎样在现实社会中坚持理想。小说家深刻地揭示了理想与现实斗争的结果往往是理想的失败，但又热情地讴歌了具有理想主义光辉的人物，并用这种人物来唤起现实中的人对于真善美的向往和对于理想的追求。《山海经》里的夸父去追赶太阳，虽然道渴而死，但夸父逐日的精神却光芒万丈。刑天和天帝抗争，虽被天帝砍下了头颅，但他仍以双乳为目，以肚脐为口，拿着斧头盾牌继续与天帝斗争。炎帝的女儿在东海游玩被淹死，她化为一只鸟儿名叫精卫，天天以微弱的身躯衔着细小的木石，誓愿把东海填平。刑天、精卫在神话中都是失败者，但他们不折不挠追寻理想的精神却感人至深。《三国演义》里边代表正义的蜀国最终灭亡了，但蜀国里仁厚的刘备、忠勇的关羽、鞠躬尽瘁死而后已的诸葛亮都成了中国人心目中崇高的精神形象。《水浒传》里的梁山起义最终失败了，但许多梁山好汉的英雄形象却深深印刻在人们的心里。《西游记》里敢于砸碎一个旧世界的孙悟空，最终皈依了佛门，但孙悟空无所畏惧、要与一切黑暗势力斗争到底的光辉形象却鼓舞了一代又一代中国人。《红楼梦》里的灵魂人物——捍卫一切美丽的贾宝玉，最终在一切美丽被践踏蹂躏中幻灭，但他对于美丽化身的少女超功利的赞美、尊重、怜惜、爱护的至美性灵却深深地展现了人性的光华。小说家在展现理想与现实斗争结果的失败时是深刻的，在讴歌理想的光芒时是浪漫的。小说家的这些特点使其具有思想的丰富性与形式的独特性，而能成为诸子百家中的一家。

小说一词最早见于《庄子·外物篇》："饰小说以干县令，其于大达亦远矣。"意思是说修饰浅薄的言辞，以求得高高的美名，对于达到通晓大道的境界来说，距离是很远的。《汉书·艺文志·诸子略》讲，小说家是"街谈巷语，道听途说者之所造也"，可见小说家主要是起于民间的。小说家最早起于民间，后世又有许多文人学者参加到小说的创作中，所以小说家的作品往往有雅俗共赏的特色，在民间影响巨大。往往下层百姓所了解的历史、掌故、哲学思想都来源于小说。也正由于此，古人不太重视小说家，《汉书·艺文志·诸子略》称"诸子十家，其可观者九家而已"，言下之意小说家不及其他九家可观。《四库全书》子部小说类更是只收文言小说，不收白话小说。故而《三国演义》《水浒传》《西游记》《封神演义》《金瓶梅》等赫赫有名的小说都没有收进《四库全书》。

小说家起源于上古的神话，汉朝初年成书的《山海经》是上古神话集大成的著作，也是现存最早的小说家著作。《山海经》不知何人所撰，大概成于春秋战国到汉初的众小说家之手。西汉末年的大学者刘歆校点群书时才为其命名《山海经》。此书三万零八百二十五字，分十八章：《山经》五章，《海外经》四章，《海内经》五章，《大荒经》四章。《山经》分东南西北中五山，其篇幅占了全书的三分之二，内容描绘了诸山的地理、形貌、物产及众多山神的情状。《海外经》《海内经》《大荒经》也各分东南西北四篇，内容主要是大量的神话传说和许多奇异民族的风俗习惯。像夸父逐日、刑天断首、鲧禹治水、女娲补天、黄帝战蚩尤等神话，与贯胸国、羽民国、大人国、小人国、不死国、长臂国等奇异民族都记载在其中。《山海经》神奇的形象、丰富的内容、浪漫的色彩奠定了小说家的基础，成为中国古代小说的源头。汉代是小说家的奠基期，不过今人见到的题为汉人著的小说，如《神异经》《海内十洲记》《汉武故事》《汉武帝内传》《汉武洞冥记》《飞燕外传》等都是魏晋南北朝时人著的。

魏晋南北朝是小说家的成形期，出现了大量的笔记小说，笔记小说就是用笔记的形式随笔记录的小故事。此期的笔记小说分志人与志怪两类，志人小说最有名的是《世说新语》，志怪小说最有名的是《搜神记》。《世说新语》为南朝宋时人刘义庆所撰，内容主要是记载汉末至东晋士大夫的言谈轶事，集中反映了魏晋时人崇尚清谈、放诞、玄远的风流人格，是玄学思潮在当时人物身上的具体体现。书中故事短小精炼、意味深长，在小说中自成一体，对后世影响深远。《搜神记》为东晋时人干宝所撰，内容多记神灵怪异之事，保存了许多民间神话传说，是对《山海经》的继承与发展。除了《搜神记》《世说新语》外，魏晋南北朝还有些有名的小说集，如《西京杂记》《穆天子传》《拾遗记》《搜神后记》等。

　　唐朝是小说家的成熟期。鲁迅先生说，唐朝人是"有意为小说"。所谓"有意为小说"，就是唐人有了对小说的自觉，开始有意识地创作小说，在塑造人物的生动、描写情节的曲折、抒发感情的细腻上都达到了新的高度。唐朝出现了大量的传奇小说，传奇就是传述奇人奇事的意思。传奇之名最早见于晚唐小说家裴铏著的小说集《传奇》，后人始以传奇指代唐代流行的文言短篇小说。传奇小说的特点是以描写现实人生的故事为主。唐代传奇小说的发展分为三个阶段：第一个阶段是初唐，初唐小说基本是魏晋南北朝小说的延续，流传至今的只有《古镜记》《补江总白猿传》《游仙窟》三篇。《古镜记》讲一面神奇的古镜降服妖魔的故事。《补江总白猿传》讲白猿生子读书成名的故事。这两篇都还保存了魏晋南北朝志怪小说的风格。《游仙窟》写妓院生活，以人事描写为对象，完成了志怪小说向传奇小说的转变。第二阶段是中唐，中唐是传奇小说发展的顶峰，许多文人也参加创作，数量众多。流传至今的有四十多篇，传奇小说中最有名的《李娃传》《霍小玉传》《莺莺传》《长恨歌传》《南柯太守传》都出于此期。此期小说的内容多写男女爱情、官场斗争与安史之乱前后的历史变化。《李娃传》和《霍小玉传》都是写妓女的爱情故事，《李娃传》的作者白行简还是中唐大诗人白居易的弟弟。《莺莺传》是元代著名杂剧《西厢记》的前身，讲张生与崔莺莺的爱情故事，作者是中唐与白居易齐名的大诗人元稹。《长恨歌传》是根据白居易的《长恨歌》改编的小说，写唐明皇与杨贵妃的爱情故事，成为元代杂剧《梧桐雨》、清代戏剧《长生殿》的蓝本。《南柯太守传》写人生的无常、世间的穷达荣辱都不过是黄粱一梦。中唐的这些爱情小说开启了后世世情小说的先河。第三阶段是晚唐，晚唐是传奇小说的没落期，又回到志怪小说神异猎奇的老路，篇幅短小，情节简单，远不如中唐。不过出现了一些写侠客的传奇，为前期所未有。其中最有代表性的是《虬髯客传》《红线传》。《虬髯客传》写了隋末侠士虬髯客的行侠仗义、胸怀天下，最终把自己的资财留给还未称帝的唐太宗李世明，自己飘然海外的故事。《红线传》写了一位武艺高强、心怀家国的女侠红线的故事。晚唐的这些侠客传奇为后世的武侠小说奠定了基础。现存的唐代传奇小说大都保存在宋朝初年李昉编的小说总集《太平广记》中。《太平广记》五百卷，将宋以前的各种小说几乎收录殆尽，《四库全书》称其为小说家的渊海。唐代还有些有名的小说集如《酉阳杂俎》《杜阳杂编》等。

宋元时期是小说家的过渡期。此期出现了大量的话本小说，话本小说就是民间说书艺人所讲的白话小说。这些说书艺人说书讲故事时有底本，这些底本就是话本。由话本的形式保存的小说就是话本小说。话本小说上承唐代的传奇小说，下开明清的章回小说，所以说宋元为小说家的过渡期。话本小说主要分为讲历史故事、讲佛经故事、讲市井故事几类。讲史话本又叫平话，平话即以平常的口语讲述，不加弹唱。也就是只说不唱。讲史话本都是根据史书敷演而成，常结构散乱，人物性格模糊，情节前后矛盾，语言文白夹杂，成就不是很高，但对明清的历史演义小说影响深远。现存讲史话本最有名的有《大宋宣和遗事》《三国志平话》《武王伐纣平话》。《大宋宣和遗事》成为明代章回小说《水浒传》的雏形，《三国志平话》成为明代章回小说《三国演义》的雏形，《武王伐纣平话》成为明代章回小说《封神演义》的雏形。讲佛经故事的话本小说最有名的，宋朝有《大唐三藏取经诗话》，元朝有《西游记平话》，此二书直接构成了明代章回小说《西游记》的雏形。讲市井故事的话本小说最受欢迎，成就也最高，分为爱情与公案小说两类：爱情小说最有名的有《碾玉观音》《快嘴李翠莲记》，公案小说最有名的有《错斩崔宁》。《碾玉观音》写咸安郡王府家的养娘璩秀秀，爱上了碾玉匠崔宁，二人趁王府失火，逃出安家立业，被人告发，秀秀被抓回处死，变鬼也要和崔宁在一起的故事。《快嘴李翠莲记》写了一个泼辣勇敢，争取独立人格，敢于向旧秩序挑战的下层女子李翠莲的故事。《错斩崔宁》通过写崔宁被昏官错斩，反映市井民众要求公平正义的愿望。讲市井故事的话本，多被收在明代的短篇小说集《喻世明言》《警世通言》《醒世恒言》

中。宋元话本小说都是民间说书艺人创作的，具有口语化的清新活泼、通俗明快，开创了文言小说以外的广阔天地。宋元虽以白话的话本小说为主，但文言小说仍在继续发展。其中有名的有《涑水记闻》《挥麈录》《桯史》等。

　　明清是小说家的兴盛期。此期出现了大量的章回小说，章回小说由话本小说演变而来。章回小说的特点是分章叙事，分回标目，每回结构相对完整，情节自成段落，但全书合起来又是一个整体。长篇章回小说的出现标志着中国古代小说创作达到顶峰。明代章回小说最著名的有《三国演义》《水浒传》《西游记》《金瓶梅》《封神演义》。清代章回小说最著名的有《红楼梦》《儒林外史》《镜花缘》《官场现形记》《二十年目睹之怪现状》《老残游记》《孽海花》等。《三国演义》为明朝罗贯中所撰，全书一百二十回，约七十五万字。小说写了从东汉末年黄巾军起义到三国归晋九十七年间的历史故事，展现了魏、蜀、吴三国之间的政治军事斗争。明清的历史演义小说很多，但《三国演义》是其中最杰出的。《水浒传》为明朝施耐庵所撰，有七十回本、一百回本、一百二十回本，通行的是一百二十回本，约一百万字，写北宋末年以宋江为首的一百零八位好汉的农民起义，是长篇侠义小说的典范。《西游记》为明朝吴承恩所撰，全书共一百回，约八十二万字，写唐僧师徒历经八十一难往西天取经的故事，是长篇神魔小说的典范。《金瓶梅》为明朝兰陵笑笑生所撰，共一百回，写恶霸商人西门庆家族的荒淫故事，题目因小说中的三位女性潘金莲、李瓶儿、庞春梅而得名。《金瓶梅》是明代市井小说的巨著，也是我国第一部文人独创的长篇小说，对《红楼梦》的出现产生了深远的影响。《封神演义》为明朝许仲琳所撰，共一百回，内容是以武王伐纣为中心敷演出的神魔故事。《儒林外史》为清朝吴敬梓所撰，共五十五回，三十多万字。小说围绕功名富贵写了一大批形形色色的儒林人物，是中国讽刺小说的开山之作。鲁迅先生说：“中国历来作讽刺小说者，再没有比他更好的了。”《镜花缘》为清朝李汝珍所撰，共一百回，写唐朝秀才唐敖游历海外的见闻及唐闺臣等一百个才女的故事。《官场现形记》《二十年目睹之怪现状》《老残游记》《孽海花》为清末四大谴责小说。《官场现形记》六十回，为李宝嘉所撰。《二十年目睹之怪现状》一百零八回，为吴趼人所撰。两书都是写清末官场的黑暗腐败，媚外求荣。《老残游记》为刘鹗所撰，二十回，通过一位江湖医生老残的游历见闻，写了庚子前后清末的社会现实。此书文笔尤为优美，鲁迅先生称其"叙景状物，时有可观"。《孽海花》为曾朴所撰，共三十回，以状元金雯青与妓女傅彩云的故事为线索，写了清末从同治年间到甲午海战期间政治的腐败和洋人的侵凌。

《红楼梦》为乾隆年间曹雪芹所撰，通行本共一百二十回。全书以贾宝玉和金陵十二钗的命运为中心，写了贾府由盛而衰的过程，深刻展现了人性中的至情至性、至善至美与功利世俗的永恒矛盾。《红楼梦》塑造了上至王侯将相下至平民百姓形形色色、有血有肉、有名有姓四百多号人物，既细腻刻画了这些人物的悲欢离合、微妙心理，又透彻揭示了导致人物性格命运的社会历史原因，可以说是一部研究人学的巨著。《红楼梦》包罗万象，内容涉及儒家经学、历史考据、道佛诸子、医学养生、天文地理、术数命相、诗词歌赋、书法绘画、音乐棋艺、烹调服饰、节气习俗、园林建筑、花鸟山石、官制礼节等诸多内容，可以说是中国古代文化的集大成之作。《红楼梦》既是长篇章回小说的最高成就，又是中国古代小说家的最高成就。《山海经》是小说家的源头，《红楼梦》是小说家的集大成之作，《山海经》与《红楼梦》一前一后，交相辉映，堪称小说家的双璧。

明代除了章回体的白话长篇小说，还有白话短篇小说，其中最有名的就是"三言二拍"。"三言"为《喻世明言》《警世通言》《醒世恒言》，是冯梦龙所撰。"二拍"为《初刻拍案惊奇》《二刻拍案惊奇》，为凌濛初所撰。"三言二拍"基本都是写市井中各种人的悲欢离合。明清文言小说中成就最高的是清人蒲松龄所撰的《聊斋志异》，此书多以狐仙女鬼来抒写爱情，抨击科举，批判现实。《聊斋志异》是古代文言小说的最高峰。除此以外，文言小说比较著名的还有清朝纪晓岚的《阅微草堂笔记》。此书强调小说的纪实传统，轻视小说的艺术虚构，内容多是批判人情世态，说理颇为透彻。

《四库全书》子部小说类，共列小说一百二十三部，存目共列一百九十六部。分小说为杂事、异闻、琐语三类。杂事类里颇著名的有《西京杂记》《世说新语》《涑水记闻》《归田录》《挥麈录》《桯史》《辍耕录》。异闻类里颇有名的有

《山海经》《穆天子传》《拾遗记》《搜神记》《搜神后记》《太平广记》《夷坚志》。琐语类颇有名的有《博物志》《酉阳杂俎》《杜阳杂编》。

　　《西京杂记》为东晋学者葛洪所撰，内容是记载西汉帝王将相及文人士大夫的轶事掌故，像王昭君与毛延寿、卓文君与司马相如的故事都出于此书。《涑水记闻》为宋朝史学家司马光所撰，内容是记载北宋太祖到神宗朝的传闻。《归田录》为宋朝大学者欧阳修所撰，内容多记朝廷轶事及士大夫的谈笑之言。《挥麈录》为南宋人王明清所撰，内容是以爱国之情记载宋代的政治掌故。"麈"音 zhǔ，表示用鹿尾毛做的拂尘。《桯史》为南宋名将岳飞的孙子岳珂所撰，内容记载宋代士大夫的遗闻轶事。"桯"音 tīng，表示床前的小桌，《桯史》就是在床前小桌上随手记录的历史。《辍耕录》为元朝人陶宗仪所撰，内容记载元朝的典章、文物、掌故。《穆天子传》不知何人所撰，相传为晋朝人从战国时人的墓中盗出，内容记载西周周穆王乘八骏马，西登昆仑山会见西王母的故事。《拾遗记》为东晋人王嘉所撰，内容记载从上古伏羲氏到东晋各朝的异闻。《搜神后记》题名东晋陶渊明所撰，实为伪托，内容也如《搜神记》多记神怪。《夷坚志》为南宋学者洪迈所撰，内容多记神仙鬼怪之事。《博物志》为晋朝人张华所撰，记载山川地理、历史人物、奇花异草、飞禽走兽、神仙方术等众多内容。《酉阳杂俎》为唐朝学者段成式所撰，记山川怪异、神仙佛道、灾祥灵验等诸多内容，与《博物志》相似。《杜阳杂编》为唐朝人苏鹗所撰，内容记唐朝周边国家的奇技宝物，而所记国名都是虚构。《世说新语》《山海经》《太平广记》前已谈到，不再赘述。

第七章

超越的佛家

悲心原自性童趣見天真

吾兒七鱗惟與小獸嬉戲童真天
趣一派禪和孩童初到人間渾沌
無知佛法所云無分別心儒家所
謂仁者渾然與萬物同體
孩童本自具足不學而能
禪宗所言明心見性
無非拾回兒童之本心
人之長大則不斷由渾
沌世界墮落於差別世界
而乙七十九年春李里繪

　　《四库全书》子部列释家类，释家就是佛家，可见中国人是把佛家当诸子百家中的一家看待的。众所周知佛家是外来的文化，为什么外来的文化会成了诸子百家中的一家呢？因为佛家自从传入中国，就被中国文化吸收融合改造，最终成为中国文化不可分割的组成部分，而且佛家也有自己的思想体系，如同道家、法家一样，所以中国人也把佛家看成儒家六经以外建立自己思想体系的一个学派。对佛家的吸收融合改造正体现了中国文化的开放性和包容性。

　　佛家产生于印度。佛家为什么产生于印度呢？因为印度位于赤道附近，非常炎热，一年四季都是酷暑。按照春生、夏长、秋收、冬藏的规律，春夏两季人体都处于阳气释放的状态。一年四季都是夏天，人一年四季就都处于阳气释放的状态。人处于阳气释放的状态下新陈代谢就很快，一年四季都释放阳气，人就成熟得早，当然也就死得早。我们中国人讲"八十光阴瞬间过，人生如同梦一道"，活了八十岁都还觉得人生像梦一般就过了。古印度人寿命短，人生的味道都没活出来就死了，肯定是不甘心的，故而印度的学问都是围绕生死问题展开的。印度是盛产宗教的国家，在佛教产生以前，印度就有九十六种宗教。这九十六种宗教基本也是围绕解决生死而来。后来佛家集九十六种宗教之大成，集中探讨和解决了超越生死的问题。

　　佛家的创始人是释迦牟尼，他所生的时代相当于中国的春秋末期。"释迦"是印度的种族之名，"牟尼"是智者的意思，"释迦牟尼"指的就是释迦族的智者。释迦牟尼是古印度北部迦毗罗卫国的王子，出生七天后，母亲去世，由姨妈抚养。七岁求学，文武双全。渐长，一回随父亲到田间，见农夫赤身犁田，牛被鞭打，牛犁过后，虫从地出，鸟又飞来，争食虫子，释迦牟尼感众生互相吞食，心生忧伤。其父恐他出家，就为他娶了美貌的皇后，又召来众多宫女前后围绕，极尽人间之乐，释迦牟尼也毫不动心。

　　青年时代释迦牟尼曾出了四次城门。第一次出东门，见一白发老者拄杖蹒跚，感到老至如电，我岂能独免。第二次出南门，又见病人干瘦萎黄，坐立不便。第三次出西门，见哭丧送死。此时释迦牟尼的妻子生产，他又见生产的痛苦。释迦牟尼感到人生的生老病死皆是苦。第四次出北门见到一出家人，便生出家之志。二十九岁时释迦牟尼出家修道，入深山修苦行六年，身体消瘦，犹如枯木，未能解脱，悟到苦行不能成道。最后释迦牟尼于菩提树下静坐四十八日，悟得宇宙真谛而成佛，时年三十五岁。释迦牟尼成佛以后，讲经说法，普度众生，相传他说法四十五年，谈经三百余会，八十岁圆寂。

　　释迦牟尼在世的时候，是根据众生的根器应机说法，水平低就浅说，水平高就深说，但都没有写成文字。释迦牟尼在世，人们就听释迦牟尼说，释迦牟尼不在了，人们又听什么呢？于是弟子们决定把释迦牟尼生前讲的法全部用文字记载下来。弟子们在灵山上两次结集，凡是佛所讲的法结集下来就成为佛家的经书。佛家的书有三类：经、律、论。"经"就是释迦牟尼所讲的法，如《金刚经》《圆觉经》《心经》等。"律"就是释迦牟尼佛所制定的戒律，如比丘戒、比丘尼戒、菩萨戒等。"论"就是释迦牟尼的弟子们研究释迦牟尼所讲的法而写的论文，如《摄大乘论》《百法明门论》《俱舍论》等。佛家把经、律、论称为"三藏"，精通三藏的法师就叫"三藏法师"。唐僧被称为"唐三藏"，就是这个道理。"藏"音 zàng，指花篮，佛家的人认为经、律、论都像鲜花一样，要用花篮来装，故称"三藏"。

　　释迦牟尼圆寂以后，由于弟子们对佛法的认识不同，所以形成了不同的派别。最初，佛的大弟子迦叶召佛弟子中年高德劭者五百人结集佛经，这一部分人则分化为上座部，没有参加结集的数千人则分化为大众部。后来，上座部又分化为十部，大众部又分化为八部，这就是印度早期的部派佛教。

　　佛的弟子中以迦叶、阿难最有名。迦叶主张以戒为师，注重僧侣的持戒修行。阿难注重对佛经义理的研究，强调佛法的精神。迦叶和阿难开启了小乘佛教和大乘佛教。小乘佛教追求自我解脱，大乘佛教追求普度众生；小乘佛教修行的目标是成为罗汉，大乘佛教修行的目标是成为菩萨。罗汉是自己觉悟解脱的人，菩萨是自己觉悟解脱了，还要使他人觉悟解脱的人。释迦牟尼圆寂以后，佛法在印度流传了一千五百年。第一个五百年就是小乘佛教兴盛，大乘佛教潜隐，被称为"小行大隐"时期。这个时期的佛教主要传到了东南亚一带，就是现在东南亚的小乘佛教。第二个五百年，大乘佛教兴起，小乘佛教处于从属地位，被称为"大主小从"时期。这个时期的佛教主要传到了中国，又由中国传到了日本、朝鲜、越南。中国佛教的主体是大乘佛教。第三个五百年，密宗兴盛，大乘、小乘皆处于依附地位，被称为"密主显从"时期。密宗主要讲咒语神通，很有神秘色彩，故称密教。大乘、小乘佛教的教理都明白清楚，故统称显教。这个时期的佛教主要传到了中国的西藏，就是现在的藏传佛教。

佛教在印度传了三个五百年以后，大约在中国的明朝时期，伊斯兰教国家入侵印度，密教最后一所寺院超戒寺被烧毁，标志着佛教在印度绝迹。以后佛教主要在东南亚、中国等地兴盛，现在的印度人奉行的基本是印度教，不是佛教。

佛教是什么时候传入中国的呢？对于这个问题，学术界有很多争论，但一般认为是在东汉第二个皇帝汉明帝时传入中国的。据说，汉明帝做了一个梦，梦到西方金光闪闪，出了一个圣人。第二天清晨，汉明帝起床，就对他的博士傅毅说：我梦到了一个金光闪闪的圣人。傅毅说您所梦到的圣人就是印度的释迦牟尼。汉明帝非常高兴，就派大臣蔡愔到印度去取经。蔡愔到印度取回了佛像、经典。这些佛像、经典是用两匹白马驮回来的，汉明帝为了纪念白马驮经的功劳，就在东汉都城洛阳修建了中国第一所佛教寺院白马寺。白马寺的出现标志着佛教正式传入中国。当时和蔡愔一起来中国的还有两位高僧，一个叫迦叶摩腾，一个叫竺法兰，这是最早来到中国传法的高僧。迦叶摩腾、竺法兰在白马寺译出了中国第一部佛经《四十二章经》。

佛教虽在东汉时就传入了中国，但在很长一段时间内中国人都不知道佛法到底是说些什么，从东汉到魏晋这个阶段，虽然也出现了一些寺院，但寺院里只有一些西域来的高僧。西域是指今天的青海、新疆一带。古印度的疆域很大，包括现在的尼泊尔、阿富汗等国。西域毗邻古印度，深受佛教影响，因此出了很多高僧。

佛教传入中国以后，经过了三个阶段，分别是格义阶段、教门阶段、宗门阶段。

格义阶段大概是从东汉到南北朝时期。格义就是连类翻译，所谓"连类翻译"就是用中国人能够了解的中国哲学术语去翻译佛经。这样中国人才明白佛学是说什么。格义阶段最有代表性的人物是南北朝时伟大的翻译家鸠摩罗什。鸠摩罗什的父亲是印度人，母亲是西域龟兹国的公主，他七岁从母出家，往返于中印之间，精通梵文、中亚文和汉文，才华出众。后被五胡十六国的后秦迎到长安，在长安草堂寺翻译经书。鸠摩罗什一生共翻译了七十四部佛典，现在我们最熟悉、对中国文化影响很大的几部佛经，如《金刚经》《维摩诘经》《阿弥陀经》《妙法莲华经》，都是鸠摩罗什翻译的。鸠摩罗什的翻译主要是连类翻译。有了对佛经的连类翻译，才有了更多中国人对佛学的了解，佛家也才在中国兴盛起来。

教门阶段大概是从南北朝到初唐时期。教门就是佛家的不同寺院用不同的佛经来教人，并逐渐形成不同的宗派，一宗就有一宗的教义，就叫教门。从南北朝到唐初，佛家在中国一共形成了八个宗派，分别是净土宗、禅宗、三论宗、唯识宗、天台宗、华严宗、律宗、密宗。八个宗派所讲的都是佛法，只不过各有侧重，各有不同的修行方法。这八宗当中影响最大的是净土宗和禅宗。净土宗依奉三经一论，三经分别是《无量寿经》《观无量寿经》《阿弥陀经》，一论是《往生论》。净土宗修行很简单，只要专注地念阿弥陀佛，就可以往生净土，不识字的人都可以修行，所以在下层社会影响广泛。禅宗主要依奉《楞伽经》《金刚经》《大乘起信论》等，讲明心见性，在士大夫中影响深远，王维、白居易、苏东坡等文人学士都是喜好禅宗的。到现在为止，汉传佛教的寺院基本都是禅净双修。三论宗是以《中论》《十二门论》《百法明门论》三论立宗，故名三论宗。三论宗也就是空宗，讲万法皆空。三论宗所依附的经典除三论外，主要还有《大品般若经》《大方广佛华严经》《妙法莲华经》《心经》《金刚经》等。三论宗对中国的禅宗影响巨大，禅宗的六祖慧能大师就是听到《金刚经》的"应无所住而生其心"开悟，而完成了佛学的中国化的。唯识宗依奉六经十一论，六经分别是《大方广佛华严经》《解深密经》《如来出现功德庄严经》《阿毗达摩经》《楞严经》《厚严经》，十一论分别是《瑜伽师第论》《显扬圣教论》《大乘庄严论》《集量论》《摄大神论》《十地经论》《分别瑜伽论》《辨中边论》《二十唯识论》《观所缘缘论》《阿毗达摩杂集论》。六经中以《解深密经》为主，十一论中以《瑜伽师第论》为主。唯识宗讲万法唯识，是谈佛家义理最深奥的一宗，也可以说是佛家的烦琐哲学，唐玄奘法师就是专门研究唯识宗的。由于唯识宗复杂的思维方式与中国文化简易的思维方式大不相同，即使有玄奘法师这样的高僧弘扬，也没有能够流传下去，到了玄奘法师的徒孙慧沼法师以后就逐渐销声匿迹了，直到清末中国人又从日本学回来，在民国时又兴盛起来。天台宗主要依奉《妙法莲华经》《涅槃经》《大智度论》等，讲实相止观。华严宗主要依奉《大方广佛华严经》，讲圆融无碍。天台宗、华严宗都受中国文化影响颇深，反过来又影响宋明的道学。律宗主要依奉四律五论，四律分别是《四分律》《五分律》《十诵律》《摩诃僧祇律》，五论分别是《毗尼母论》《摩德勒伽论》《善见律毗婆沙论》《萨婆多论》《明了论》。四律五论中最重要的是《四分律》。律宗是专门研究佛家戒律的。密宗主要依奉《大日经》《金刚顶经》《苏悉地经》《菩提心论》《释摩诃衍论》等。密宗讲即身成佛，灌顶持咒，主要在西藏盛行。所谓即身成佛就是在这一世就能成佛，所以西藏有许多活佛。

宗门阶段大概是从初唐以后直到清末。宗门阶段也就是佛教中国化的完成阶段。宗门就是禅宗之门，初唐以后禅宗从八大宗里脱颖而出，并且一统天下，其他宗派或销声匿迹，或隐而不彰。禅几乎成了佛家的代名词，寺院都多称禅院，僧人都多称禅师，修行都多称参禅。禅宗正是佛学中国化的集中体现。禅宗自称是教外别传，相传释迦牟尼在灵山会上拈花，弟子迦叶就会心微笑，释迦牟尼没有用言语的教化，弟子就明白了老师的心意，以心传心，心心相印，这就叫教外别传。这种以心传心所形成的宗派就叫禅宗，禅宗在印度传了二十八传，传到达摩祖师。达摩祖师从海上东渡来到中国，从广州登陆。这时是中国的南北朝时代，南朝正是梁武帝统治时期。梁武帝笃信佛法，曾三次出家为僧，达摩祖师前往朝见梁武帝，梁武帝问达摩祖师他修了那么多寺院，做了那么多善事，能有多少功德。达摩祖师一听其学佛还在为了修功德，可见并不懂佛法，就舍梁武帝北上，渡黄河到了嵩山少林寺，在少林寺面壁十年，创立了中国的禅宗。达摩祖师将衣钵传给了二祖慧可，慧可传给三祖僧璨，僧璨传给四祖道信，道信传给五祖弘忍，弘忍传给六祖慧能。慧能所处的时代正是唐朝武则天时代。五祖在选接班人时，命弟子作偈，"偈"就是佛家的诗。大弟子神秀写了一首"身是菩提树，心如明镜台。时时勤拂拭，勿使惹尘埃"。原为烧火僧的慧能见了神秀的偈语，也和了一首"菩提本无树，明镜亦非台。本来无一物，何处惹尘埃"，五祖即把衣钵传给了慧能。神秀虽未得到衣钵，但五祖圆寂以后，他到了湖北玉泉寺，门人四集，形成了禅宗的北宗。慧能虽为正传，但主要活动于广东一带，成为禅宗的南宗。而佛学的中国化正是在慧能大师手中完成的。慧能在广东韶关讲法，门人将其言行集为《六祖坛经》。《六祖坛经》是唯一由中国僧人撰写而称为"经"的著作。神秀开启的北宗不久就湮灭，慧能开启的南宗大盛。慧能的弟子以南岳怀让禅师最为有名，怀让禅师又传给四川的马祖道一禅师，马祖道一又传给百丈怀海禅师。至此而后禅宗又分为五家，分别是临济宗、沩仰宗、曹洞宗、云门宗、法眼宗。到了宋代，临济宗下又分出杨岐、黄龙两派，此两派加上前面的五家被称为禅宗的"五家七宗"。

禅宗家派的分别主要是各派祖师接引、教导弟子的风格不同。沩仰宗是五家中最早成立的一宗，此宗因开创者灵祐禅师和弟子慧寂禅师分别住湖南沩山和江西仰山而得名，教化风格是师徒如父子，圆融平和。临济宗因开创者义玄禅师住河北临济禅院而得名，教化风格迅猛峻烈，喜棒打喝斥。曹洞宗因开创者本寂禅师、良价禅师是曹山人和洞山人而得名，教化风格稳顺绵密，谆谆不倦。云门宗因开创者文偃禅师居广东韶关云门寺而得名，教化风格孤危险峻，简洁明快。法眼宗因开创者文益禅师谥号"大法眼禅师"而得名，教化风格是于平凡中见神奇，此宗是五家中最后成立的一家。临济宗下的黄龙派因开创者慧南禅师常住江西黄龙山而得名，教化风格喜设问令弟子自悟。杨岐派因开创者方慧禅师住江西杨岐山而得名，教化风格灵活自如，无所拘束。沩仰宗、法眼宗宋初以后逐渐消失，云门宗南宋以后也衰微不传，唯临济宗、曹洞宗盛传至今。

另外，再谈谈藏传佛教在中国的流传。唐朝时，西藏的吐蕃王朝迎请印度的高僧莲花生大士到西藏，莲花生大士与西藏当地的苯教斗争，并建立了西藏第一所剃度僧人的寺院桑耶寺，使佛教较大规模在西藏传播。苯教是西藏的原始宗教，又称黑教，注重跳神、祭祀、占卜等。佛教兴起以后，苯教才渐渐衰落。宋代以后，藏传佛教逐步形成几个教派，最有影响的有宁玛派、噶当派、萨迦派、噶举派等。宁玛派自称是从莲花生大士一脉传下，因僧人头戴红帽，又称红教，其组织涣散，教法不一，重视密宗，轻视显宗，可以娶妻生子。噶当派重视显宗，但也不排斥密宗，主张显密互相补充，后来演变为格鲁派。萨迦派因其寺庙的围墙上都绘有象征文殊、观音、金刚手菩萨的红白黑三色花条，又称花教。花教在元代大盛，其第五祖八思巴被元世祖忽必烈封为国师，还奉命创制了八思巴蒙古文。元朝灭亡，花教衰落，后被噶举派取代。噶举派重视密法修习，师徒都是口耳相传，因头戴白色僧帽又称白教，这一派曾对西藏政治有重大影响。

到明朝初年，西藏出了一个伟大的高僧，叫宗喀巴，他对藏传佛教做了全面的改革，在噶当派的基础上创立了格鲁派。格鲁派主张显密兼修，先显后密，并规定僧侣无论学显学密，都要严守戒律，独身不娶。格鲁派的僧人因头戴黄帽，又称黄教。宗喀巴大师佛学造诣精深，他著了一部重要的佛书，叫《菩提道次第广论》，专门讲佛学修行的次第。"菩提"就是觉悟的意思，"道"就是方法，"次第"就是先后，"菩提道次第"就是修行达到觉悟方法的先后。宗喀巴大师有很多弟子，大弟子称达赖，二弟子称班禅，三弟子称哲布尊丹巴。由于宗喀巴大师在西藏的崇高威望，他圆寂以后，他的三大弟子也有极高威望，达赖遂成为前藏的政教领袖，班禅成为后藏的政教领袖，哲布尊丹巴则到了内蒙古。西藏分为前藏和后藏，前藏以拉萨为中心，后藏以日喀则为中心，达赖常住拉萨的布达拉宫，班禅常住日喀则的扎什伦布寺。

佛家经典浩如烟海，皓首也难尽读，那么佛家的核心精神是什么呢？归纳起来，可以用三句话来概括。如果把这三句话弄明白了，佛法的真谛基本也就搞清楚了。这三句话是什么呢？第一句叫作"诸法实相"，第二句叫"般若无知"，第三句叫"涅槃无名"。

什么叫"诸法实相"？佛家把一切的物质和精神都称为"法"。桌椅板凳、柴米油盐、喜怒哀乐、思想语言都可以称为法。"诸法"就是指一切精神与物质的总和。"实相"就是真相、本质。"诸法实相"就是指一切事物的本质。那么，佛家认为一切事物的本质是什么呢？是"缘起性空"。首先看一看什么叫"缘起"："缘"就是因缘，"起"就是产生，"缘起"就是指因缘和合而产生。"因缘"就是条件，"因"就是内因，"缘"就是外因，"因缘和合"就是内因外因的组合。在佛家看来，一切事物的产生都是因缘和合的结果，因缘一分散，事物就不复存在。比如，一颗树种要发芽，内因就是这颗树种是活的，外因就是泥土适合，阳光水分充足，季节恰当，等等。这些条件都完美地组合在一起了，树种就发芽了；缺其中任何一个条件，树种都不可能发芽，即使发了芽也会死。树种是如此，人也是如此，万事万物都是如此。"缘起"是佛家对万事万物产生的解释。再看看什么叫"性空"？"性"是指事物的性质。"空"不是没有，用佛家的话来讲空就是无常。"无常"就是指一切事物没有一个固定不变的常态，一切事物每时每刻都处在不停的变化中。用马克思主义哲学的话来讲空就是变化。"性空"就是指万事万物的本性无时无刻不在变化中。佛家有一部核心的经典叫《心经》，只有二百六十个字。这部经把佛家的一些基本道理都集中讲了，其中最有名的"色即是空，空即是色"，就是对万物本质的阐释。"色即是空，空即是色"这两句话大家都颇为熟悉，但它到底是什么意思呢？我们首先应知道什么是"色"？"色"并不是指美色，佛家里讲的色就是指的物质，一切的物质都叫作色。"空"，上面讲了就是无常变化。"色即是空"，是指一切事物的性质都是无常变化的。"空即是色"，是指一切事物变化的空性都不可能离开具体事物而存在。打个比方来说：一个20来岁年轻美貌的女郎，她能永远年轻美貌吗？不可能。退回去五年十年，她可能还是个黄毛丫头，退回去二十年，她还是个婴儿。过个十多二十年，她必定是徐娘半老，过个四五十年，她也一定是满脸皱纹的老太太。其实每个人都是这样，从一个受精卵，变成一个胚胎，然后经历婴儿、童年、少年、青年、中年、暮年直到死亡。人的肉体每时每刻都在新陈代谢，人的思想也每时每刻都在变化，所以每个人每时每刻都在变化当中。其他物体也一样，拿一张木桌来说，它最开始只是一颗树种，落在大地之上，经过风吹雨打，变成一棵小树苗，再长成一棵大树，遇到木匠把它砍下来作为木材，做成桌子。天长日久，桌子腐朽了，烂了，最后当成柴被烧掉了，灰飞烟灭。一切事物都是因缘和合所生，一切事物都有生住异灭、成住坏空，一切事物都在无常变幻中，这就是诸法实相，这就是事物的本质。生住异灭，就是事物的出生、存在、变化、毁灭。成住坏空也是相近的意思。

　　认识到万事万物的本质是缘起性空的人就觉悟了。觉悟的人，觉悟的高下有不同，自我觉悟的人叫罗汉，自己觉悟了还要使他人觉悟的人就叫菩萨，不仅使他人觉悟还要使一切众生如猪狗牛羊、苍蝇蚊子都觉悟的人就叫佛。没有认识到万事万物的本质是缘起性空的，就叫无明。无明的众生由于认识不到万事万物的本质是缘起则生，缘尽则灭，无常变化，虚幻不实，就会对万事万物产生出贪、嗔、痴、慢、疑的执着。比如你看到一个美女，不知美女也是变化的，最终也是一堆骷髅，就心动了，想得到她，这就产生出贪心。可是这个女子很美，你想得到她，他也想得到她，就产生了争执。如果最后他得到了这个女子，你可能会憎恨这个人，憎恨之心就叫嗔心。每天都生活在这种想得到、得不到、仇恨别人中，就叫痴心。得到的人又骄傲自满，不可一世，傲慢自是，这就叫慢心。得到的人除了傲慢以外，还总担心自己得到的东西会失去，就患得患失，疑神疑鬼，这就叫疑心。贪、嗔、痴、慢、疑就是佛家讲的地狱五条根。觉悟到万事万物的缘起性空，就叫看破，不再执着于万事万物，就叫放下。认识到诸法实相就能看破放下，也就觉悟了。

　　什么叫"般若无知"呢？"般若"（bōrě）是从一个梵文词语直接音译过来的。在翻译印度佛经的时候，有五种词汇是不准翻译的，这五种词汇是：此方无，依古训，含多义，尊贵，秘密。"此方无"是说中国没有与之相对应的词；"依古训"是说印度古代怎么说的就怎么说；"含多义"是说某词在佛经中有多种意思；"尊贵"就是佛家中尊称的词语，如罗汉、菩萨等；"秘密"就是佛家中具有神秘意义的词语，如咒语等。般若这个词就属于"此方无"，佛家认为中国找不到与之相对应的词语。般若就是指最高智慧，般若所指的智慧并不是一般意义所说的那种聪明智慧，一般意义的智慧是对事物的辨识、区别、认知；般若的智慧是无知之智。什么是无知之智呢？就是照而不染的智慧。所谓"照而不染"，就是说般若智慧像镜子一样，能把大千世界的万事万物照得清清楚楚、明明白白，但镜子本身却不受所照对象的任何影响。一般意义的智慧虽也能辨识外物，但往往会受外物的牵引而引起主观情绪的变化。般若智慧则既能洞悉外物的本质，又丝毫不被外物所动。佛家的修行则是需要达到这种般若智慧。只有具备了般若智慧，才能认识诸法实相。

　　什么叫"涅槃无名"呢？"涅槃"是具有般若智慧的人所达到的精神境界。"涅槃"也是一个梵文的词语，属于"此方无"。涅槃是一种精神境界，是不可以用语言描述的，只有证悟到涅槃境界的人才能体会这种境界的状态，所以叫"涅槃无名"。"无名"就是不可名状的意思。但人们又必须对涅槃有所了解，所以姑且说涅槃就是寂灭。按佛家说一切事物都在生灭当中，有生就有灭，有灭还有生，生生灭灭，永无止境。而寂灭就是在长寂中的灭，长寂中的灭就是灭了永远不会再生，不生不灭，达到一种永恒的状态。也可以说涅槃就是永恒。《心经》中讲"不生不灭，不垢不净，不增不减"，其实就揭示了涅槃的状态。一切事物只要有生，就一定会有死，要想不死，除非不生；一切事物只要干净了，就一定会脏，要想不脏，就不要干净；一切事物只要增加了，就一定会减少，要想不减少，除非不增加。"不生不灭，不垢不净，不增不减"就是永恒。达到涅槃就超越生死，出离轮回，也就成佛了，所以涅槃是佛家的最高追求。

"诸法实相""般若无知""涅槃无名"是全部佛法的核心，也是佛家的各宗各派都要讨论的问题，只是各家说法不同而已。

明白了佛法的核心精神，再看一看中国化了的佛法，它的核心精神又是什么？慧能大师以后的禅宗是佛学中国化的集中体现，这时期的禅宗是在对教门时期其他各宗派教义的批判上形成的。其他各宗派的修行都有自己严格的形式，禅宗则要打倒一切形式。禅宗的祖师可以喝佛骂祖，可以把佛像砍了当柴烧，可以把佛经撕来擦屁股。这是禅宗对佛教迷信和佛教经典权威的否定，禅宗基本上不要任何经典作为根据。禅宗的师父和弟子之间都讲以心传心，师徒多单独接触。禅门中的人把禅师说的话记录下来，叫作"语录"，这样没有接触到禅师的人，也可了解禅师的思想。禅宗虽然打倒了对佛经的崇拜，却代之以对祖师语录的崇拜。禅宗祖师的思想及教弟子开悟的当头棒喝等行为，都记载在禅宗语录里。不过语录都是大白话，比佛经翻译的古奥文字通俗易懂，这也是禅宗广泛流行的原因之一。禅宗语录的形式后来被宋代的道学家继承，道学家有很多语录，如二程夫子的语录、朱熹的语录等。

禅宗认为佛学的最高真谛是不可说的，说出来都是第二义、第三义，佛家把最高真谛称为第一义。禅宗是用不道之道的方法来描述佛法的真谛，所谓"不道之道"就是不说之说。不说之说又怎么说呢？就是用否定的方法说。用否定的方法说就是说一个事物不是什么，当明白了一个事物不是什么的时候，也就逐渐明白了它是什么。所以很多禅门的弟子去问师父什么是佛法真谛时，禅师们总是反过来问弟子觉得是什么，弟子回答一个，禅师否定一个，最后否定到弟子无话可说，当弟子们领悟到佛法的真谛是不可回答时，他们对佛法的真谛也就明白了许多。

禅宗对于佛法真谛的表述是"不道之道"，禅宗的修行则是"不修之修"。什么叫"不修之修"呢？教门时期的各宗派修行都有一定的形式，就连禅宗的"禅"字在印度话里也是指的一种修行的形式。"禅"字的本意是静虑，静虑就是凝神静坐，也就是参禅打坐。但后来禅宗对参禅打坐这种修行方式也是反对的，认为日常生活的吃喝拉撒、衣食住行、担柴打水无不是在修行。禅宗认为有专门修行的形式，都是有心而为，一有心就会引起果报。佛家把一切语言、行为包括心理活动都称为业，人说话、做事、所思所想都叫造业。业一产生就会有它的后果，不管是多么遥远的将来。业叫因，业的报应叫果，业报就是因果。佛家讲人今生的状态来自前生造的业，今生造的业又报在来世，来世的业又报在来世的来世，以至无穷。这一连串的因果报应就是生死轮回。修行的目的就是要超越生死轮回，如果修行一有心，修行本身也会造业，禅宗的修行就是要让做事不产生任何结果，要让做事不产生任何结果，就要做事的时候不起心动念。人的一切语言行为都来自心的支配，只要心不动，说话做事都没有造业。只要不造新业，待前世所造的业消除净尽后，就可以超越生死，达到涅槃。无心做事就是自然地做事，自然地生活，所以禅宗的修行就不需要任何特殊形式。都是普通的生活，那么修行的人和不修行的人有什么区别呢？区别就在于做事的时候心动与不动。普通的人只要一做事就会伴随心理活动，比如一穿衣服，他就会想这衣服好不好看，是新的是旧的，是不是名牌，等等。一吃饭他就会想这顿饭好不好吃，哪样合胃口，哪样不合胃口，吃饭的氛围好不好，吃了多少钱，等等。修行的人同样是吃穿，但吃穿的时候就不会有任何心念。禅宗讲的不修之修，就是做任何事情都不起心动念，做任何事都不起心动念，表面看你并没有做什么特别的修行行为，其实就是在修行了。

禅宗认为修行无论多久，都只是成佛的准备工作，要成佛还必须经过一次飞跃，这个飞跃就是顿悟。其实修行就是量变的过程，顿悟就是质变的过程。

顿悟是一种什么样的状态呢？顿悟是突然之间豁然开朗明白的状态。禅师们爱用"如桶底子脱"作比喻，就像桶的底子从桶中一下落出来，桶底子从桶中一下落出来就什么都空了。顿悟不是一个个具体问题得到解决，而是突然之间明白一切的问题都不是问题。本来无一物，又何处惹尘埃呢？所以禅门弟子在修行中遇到问题去请教祖师时，祖师常常答非所问，你问东，他说西，你问这个问题怎么解决，他说芹菜三毛钱一斤，席子烂了要补。实际上禅师们就是要弟子明白一切的问题都不再是问题。如果弟子们到了顿悟的边缘，祖师的这种启发就很能帮助弟子完成顿悟的飞跃。祖师们用棒打喝斥等方法，都是为了达到这种效果。

顿悟以后的人，与普通人并没有什么形式上的改变。若以为顿悟以后的人有怎样的不同，禅宗叫作骑驴觅驴。"骑驴觅驴"就是指在现象以外觅本质，在生死轮回以外觅涅槃。其实本质就在现象之中，涅槃就在生死轮回里。悟了的人和普通人所做的事都是一样的，只是他们做事的境界全然不同，正如禅宗的人常说的："终日吃饭，未曾嚼着一粒米；终日穿衣，未曾挂着一缕丝。"也如禅宗祖师说的"直向那边会了，却来这边行履"，"只异旧时人，不异旧时行履处"。"直向那边会了"就是证悟了佛法，"却来这边行履"就是证悟了佛法以后还是做的人间的事。这其实就是以出世的心做入世的事，"直向那边会了"就是有了出世的心，"却来这边行履"就是做入世的事。"只异旧时人"是说顿悟以后境界已与过去全然不同。"不异旧时行履处"是说境界虽然变了，所做的事却没有变。履就是鞋子，行履就是落脚，落脚处就是做事的地方。这便是禅宗的"不得之得"。"不得"是顿悟之后并没得到什么东西，"不得之得"就是虽没得到什么不同的东西却得到了不同的境界。修行时是无心做事，顿悟以后还是无心做事，只是修行时需要努力达到无心做事，顿悟以后是无须努力已是无心做事了。

"不道之道"是禅宗对"诸法实相"的回答，"不修之修"是禅宗对"般若无知"的回答，"不得之得"是禅宗对"涅槃无名"的回答。禅宗回答的问题还是佛学的根本问题，但禅宗回答的方式已经是中国化的方式。所谓"中国化"就是禅宗吸收了道家的思想，用了道家无为而为的精神。另外禅宗也吸收了儒家关注现实人生、不语怪力乱神、反对教条迷信、反对形式主义的思想。禅宗否定了佛家原来的烦琐哲学，简便易行，直指人心。这些都是禅宗对佛学中国化做出的巨大贡献。

印度佛教和中国化了的佛教根本的不同在于：印度佛教是以涅槃为其核心追求，中国化了的佛教则是以慈悲为其核心追求。所以佛教在印度普遍是以释迦牟尼为崇拜对象，在中国则普遍以观世音菩萨为崇拜对象，因为观世音菩萨就是大慈大悲、救苦救难的化身。佛教能够在中国生根发芽，延绵不绝，很重要的原因就是佛教普度众生的慈悲精神，与儒家仁者爱人的仁爱精神很契合。只不过仁爱主要是针对人而言的，慈悲不光是针对人而言，而是更广泛地对一切有生命的众生而言，这正是佛教最可宝贵的精神。而佛教传到中国更被中国文化强调了它的慈悲精神。禅宗顿悟以后，还是要求在现实人间做普度众生的事。所以佛教在中国最终形成了关怀现实人生的人间佛教。人间佛教的中心就是人成即佛成，人成即佛成就是成人就是成佛，成人就是完成人格，提高人的精神境界，而这正是儒家的追求。只不过佛家讲成人的途径就是要慈悲。人成即佛成的人间佛教正是佛教精神与儒家精神最完美的结合，而佛学的中国化正是佛教与儒家、道家精神的融合。

《四库全书》子部释家类所收的著作都是中国人的佛学著作，共有十三部，存目共有十二部。其中最著名的有《弘明集》《广弘明集》《法苑珠林》《开元释教录》《宋高僧传》《五灯会元》等。

《弘明集》是南北朝时梁朝僧人僧祐所撰，内容是东汉末到梁朝佛学论文的汇编。《广弘明集》是唐朝僧人道宣所撰，内容是南北朝到唐朝佛学论文的汇编，可以说是《弘明集》的续编。《法苑珠林》是唐朝僧人道世所撰，内容是对佛教常识的介绍。《开元释教录》为唐朝僧人智昇所撰，内容是佛家译经目录。《宋高僧传》为宋朝僧人赞宁所撰，内容是从唐高宗到宋朝的高僧传记。另有梁朝僧人慧皎的《高僧传》、唐朝僧人道宣的《续高僧传》、明朝僧人如惺的《明高僧传》，此三书与《宋高僧传》合称"四朝高僧传"。但此三书《四库全书》并未收录。《五灯会元》是宋朝僧人普济所编。"五灯"是指禅宗的五部书：一是法眼宗僧人道原撰的《景德传灯录》，二是临济宗李遵勖撰的《天圣广灯录》，三是云门宗僧人惟白撰的《建中靖国续灯录》，四是临济宗僧人悟明撰的《联灯会要》，五是云门宗僧人正受撰的《嘉泰普灯录》。普济在五书的基础上删繁就简，合五为一。内容主要是禅宗历代祖师的传承、故事、语录，可以说是一部禅宗的史书。"灯"是灯火相续、薪火相传的意思，"传灯"就是指禅宗的传承。

第八章

神圣的天算家

測考星辰以製曆法
推衍象數而成算章
書經免典曰行之四方以
測日影和定二分二至圖
中人是教之子
共蘇國七十九年
昔分日李星
繪此大眾子
學猶圖
然畢

天算家是天文家和算法家的合称。《四库全书》讲："惟算术、天文相为表里。""算书虽不言天文者，其法亦通于天文。二者恒相出入，盖流别而源同。"故《四库全书》子部将天文算法合为一家。古代的天文家和算学家也往往是集于一身，被称为天算家或历算家。为什么算术和天文相表里，"流别而源同"呢？因为古人研究天文的主要目的之一是制定历法，而要制定历法就必须计算天文，所以天文和算学是紧密相关的。梁启超先生说中国古代的科学以"天文算学"最为发达。

中国的天文学是全世界最早、最发达、最持久的。中国天文学所以发达的原因有三：一是因为中国是全世界最早进入农耕文明的国家之一，农业耕种的关键是要掌握季节时令，季节时令的掌握必须依靠对天文的观测；二是因为中国文化讲究天人感应，认为人间政治的得失，必定在天象中有所反映，观测天象就可以把握天意，调整人间政治；三是中国文化讲继天立极，所谓"继天立极"就是指继承天道的规律，建立人间的法则，要把握天道的规律，也离不开对于天文的认识。这三个原因使得中国人非常重视天文，将天文看得异常神圣，产生了大量的天文家。古代天文家要负责观测天象，如果观测不准就有贬官杀头的危险。比如出现日食，皇帝就要穿素服，不能去正殿，文武百官要举行救助太阳的仪式。天文家不能及时预报日食，就会造成社会混乱。《尚书》中载：夏朝时负责观测天象的天文家羲和因为醉酒，没能预报日食，结果被杀掉。

古代天文家的主要研究对象是太阳、月亮和金、木、水、火、土五大行星，天文家将太阳、月亮和金、木、水、火、土五大行星合称为七政或七曜。金星古称明星又名太白，所以《西游记》里有太白金星。金星早晨见于东方，叫启明星，黄昏见于西方，叫长庚星，所以《诗经》里有"东有启明，西有长庚"。木星古称岁星，因古人以木星纪年，故名。水星古名辰星。火星古名荧惑，又叫灾星。古人认为火星运行位置所对应的人间区域必定遭灾。土星古名镇星或填星。天文家为了掌握七政的运行方位，又对天空中相对稳定的恒星作了研究，将黄道附近的恒星划分为二十八个恒星区，称为二十八宿。星和星宿有区别，星是一颗一颗的，星宿是一组一组的星构成的。黄道是太阳周年所运行的轨道。二十八星宿分列在天空的东、南、西、北四方，东方七组星宿叫角、亢、氏、房、心、尾、箕；南方的七组星宿叫井、鬼、柳、星、张、翼、轸；西方七组星宿叫奎、娄、胃、昴、毕、觜、参；北方七组星宿叫斗、牛、女、虚、危、室、壁。二十八星宿的设定是天文学的一大进步，它在古人授时观象，制定历法，测定七政、彗星、流星位置中都发挥了极其重要的作用。天文家将东南西北七组星宿各自连成的形状称为四象，也就是每一组星宿连起来像一种动物的图案。东方七宿像龙，东方属木，木主青色，故称青龙；西方七宿像虎，西方属金，金主白色，故称白虎；南方七宿像鸟，南方属火，火主红色，红色又叫朱色，故称朱雀；北方七宿像一条蛇缠绕着一只乌龟，北方属水，水主黑色，黑色又叫玄色，故称玄武。

在二十八宿之外，天文家还以北极星为标准，将黄河流域上空的恒星分为三个天区，叫作三垣，即紫微垣、太微垣、天市垣。紫微垣是三垣的中央，相传紫微垣的中央有紫微宫，是天帝居住的地方，所以中国古代皇宫的修建都要对照天上的紫微宫。北京的故宫原名紫禁城，紫禁城就是比照天上的紫微宫来命名的。在紫微垣的附近有一组很重要的星，叫北斗星。北斗星是由天枢、天璇、天玑、天权、玉衡、开阳、摇光七组星组成，因这七组星连起来像舀酒的斗的形状，故名。天枢、天璇、天玑、天权组成斗身，玉衡、开阳、摇光组成斗柄。天文家非常重视北斗星，以北斗星斗柄的指向来辨别季节，斗柄指东天下皆春，斗柄指南天下皆夏，斗柄指西天下皆秋，斗柄指北天下皆冬。

天文家为了说明一年四季太阳所在的位置及节气的变化，又在黄道附近的天空中由西向东将二十八宿划分为十二次。十二次分别是星纪、玄枵、娵訾、降娄、大梁、实沈、鹑首、鹑火、鹑尾、寿星、大火、析木。十二次与二十八宿的划分是星纪统摄斗、牛、女三星宿；玄枵统摄女、虚、危三星宿；娵訾统摄危、室、壁、奎四星宿；降娄统摄奎、娄、胃三星宿；大梁统摄胃、昴、毕三星宿；实沈统摄毕、觜、参、井四星宿；鹑首统摄井、鬼、柳三星宿；鹑火统摄柳、星、张三星宿；鹑尾统摄张、翼、轸三星宿；寿星统摄轸、角、亢、氐四星宿；大火统摄氐、房、心、尾四星宿；析木统摄尾、箕、斗三星宿。木星在十二次上由西向东绕天一周为十二年，每年行经一个星次，天文家就以木星运行到某一次来纪年，如木星运行到星纪就叫"岁在星纪"，如木星运行到大火就叫"岁在大火"。天文家还将天上的十二次和地上的诸侯国相配，以天象来观测所配诸侯国的吉凶。十二次与诸侯国的相配为：星纪配吴越；玄枵配齐国；娵訾配卫国；降娄配鲁国；大梁配赵国；实沈配晋国；鹑首配秦国；鹑火配东周；鹑尾配楚国；寿星配郑国；大火配宋国；析木配燕国。另外，十二次还可以和外国的十二宫相配：星纪配摩羯宫；玄枵配宝瓶宫；娵訾配双鱼宫；降娄配白羊宫；大梁配金牛宫；实沈配双子宫；鹑首配巨蟹宫；鹑火配狮子宫；鹑尾配室女宫；寿星配天秤宫；大火配天蝎宫；析木配人马宫。

古代天文家在探索天文奥秘时，提出了许多关于宇宙结构的学说，其中最著名的有：盖天说、浑天说、宣夜说。盖天说产生于商末周初，是最早的宇宙学说，认为天是圆的地是方的，天是个圆形的盖子覆盖着大地，天地之间由八根擎天柱支撑。盖天说也叫天圆地方说。浑天说产生于战国时期，成熟于汉代，认为天是一个圆球，地位于圆球的中间，天不停地旋转运动，日月星辰也附在圆球上不停地运动。浑天说最大的贡献是提出了地球是球形的观点。宣夜说也是产生于战国，正式形成于汉代，认为宇宙是无限的，构成宇宙的物质就是气，气上升可以为日月星辰，下降可以为山川草木。宣夜说最大的贡献是打破了宇宙是固体天球的概念。三种学说中影响最大的是盖天说，传统中国老百姓都认为天圆地方，在生活的很多方面都体现着天圆地方的观念。比如中国人在大方桌上放圆碗就是要表达天圆地方的观念。筷子一头圆一头方也是天圆地方观念的体现。

中国历代天文家对天象做了全世界最丰富、最完整、持续时间最长的观测记录。西方哲学家伏尔泰曾高度赞扬说：全世界各民族中只有中华民族持续不断地记录下日食，我们的天文科学家在验证他们的记录后，惊奇地发现几乎所有的记录都真实可信。我国历代古籍共记录日食一千六百余次，月食一千一百余次，彗星一千余次，流星四千九百余次，流星雨四百余次，陨石三百余次，太阳黑子两百七十余次。这样的记录在全世界也是无与伦比的。

前面讲了研究天文的主要目的是制定历法，所以中国古代的历法也是非常发达的，历代官方都设有专门的天文机构和专职的天文人员负责观测天象和制定历法。从古到今共出现了百余种历法，从春秋末年到太平天国前后就有一百零二种历法。官方正式颁行的有五十余种，其中最有名的有四种：一是西汉天文家落下闳等人制定的《太初历》，一是南北朝天算家祖冲之制定的《大明历》，一是唐朝僧人一行制定的《大衍历》，一是元朝天文家郭守敬制定的《授时历》。《太初历》是中国古代有史记载的第一部历法。历法在古代是政权的象征，唯有统治者可以制定颁行历法，历法所颁行的范围就是统治者权力所到的范围，所以古代观测天文制定历法是非常神圣的。

历法按制定的方式可以分为：阴历、阳历、阴阳合历。阴历就是以月亮绕地球公转的周期作为计算基础而制定的历法。阳历是以地球绕太阳公转的周期作为计算基础而制定的历法。阴阳合历是根据太阳、地球、月亮的运行周期而制定的历法。我国古代大多数历法以及至今仍在使用的农历都是阴阳合历。阴阳合历的具体体现就是合用天干地支来表示年月日时。古代天文家以昼夜交替为一日，以月亮阴晴圆缺一圈为一月，以庄稼成熟的周期为一年。庄稼成熟的周期只有十个月，天文家就用甲、乙、丙、丁、戊、己、庚、辛、壬、癸来表示这十个月，但地球绕太阳公转一圈是十二个月，天文家就用子、丑、寅、卯、辰、巳、午、未、申、酉、戌、亥来表示这十二个月，又将十天干与十二地支配合起来纪年月日。干支纪日用得最早，夏商时期就已出现干支纪日法。干支纪月出现于西汉初期，干支纪年出现于东汉时期。十天干与十二地支相配如甲子、乙丑、丙寅、丁卯等，要配合六十次才能配完一圈，又回到甲子，故称六十甲子。古人用干支来表示人出生的年月日时，如丙申年、甲子月、壬卯日、丁酉时。干支纪时法在中医、术数中运用广泛。天文家以每月的第一天为朔日，月中那天为望日，月末那天为晦日。一天又分为十二个时辰，一个时辰两个小时，并以十二地支来表示。晚上十一点至一点为子时；一点至三点为丑时，以此类推。古人还将鼠、牛、虎、兔、龙、蛇、马、羊、猴、鸡、狗、猪十二种动物和十二地支相配，称为十二生肖。"肖"就是像的意思，"生肖"就是说人生来像一种动物。

天文家根据季节更替与气候变化的规律制定出对农事耕作有相当重要指导作用的二十四节气，二十四节气是一部反映太阳对地球产生影响的天文气象历法。二十四节气是以一年内太阳在黄道上的不同位置划分的，分列在十二个月中。正月有立春、雨水；二月有惊蛰、春分；三月有清明、谷雨；四月有立夏、小满；五月有芒种、夏至；六月有小暑、大暑；七月有立秋、处暑；八月有白露、秋分；九月有寒露、霜降；十月有立冬、小雪；十一月有大雪、冬至；十二月有小寒、大寒。每个月的第一个节气叫节气，第二个节气叫中气。二十四节气中天文家最早掌握的是春分、秋分、夏至、冬至，称为二分二至。春分、秋分两天是白天和黑夜一样长。冬至是一年中白天最短、黑夜最长的一天。夏至是一年中白天最长、黑夜最短的一天。《书经》中将春分称为日中，秋分称为宵中，将夏至称为日永，冬至称为日短。二十四节气在春秋战国时就已出现，到西汉天文家落下闳制定《太初历》时，就正式将二十四节气列入历法，一直沿用至今，深刻地影响着中国人的生活。

天文家起源甚早，《书经》第一篇《尧典》记载尧帝的主要功绩之一就是安排专门的官员去东南西北从事天象观测、制定历法，以指导百姓的生活，即所谓"历象日月星辰，敬授人时"。春秋战国是天文家的奠基期，此期已出现了对二十八星宿的认识、岁星纪年法、阴阳合历的干支历法、盖天说的宇宙论和专门的天文专著。战国时魏国天文家石申著有《天文》八卷，齐国天文家甘德著有《天文星占》八卷，二书合称《甘石星经》。此书为全世界第一部天文学专著，其中有全世界最早的恒星表。另外《春秋》《左传》中还有大量关于天象的记录，其中记录日食三十七次，且有全世界最早对哈雷彗星的记录。相传从黄帝到春秋时共有六种历法，分别是《黄帝历》《颛顼历》《夏历》《殷历》《周历》《鲁历》，称"古六历"。这六种历法都有了春夏秋冬的区别，故而又称四分历，惜皆不传。另外夏商周三代的历法据说有岁首不同的说法，说夏朝以正月为岁首，商朝以十二月为岁首，周朝以十一月为岁首。正月为岁首叫建寅，十二月为岁首叫建丑，十一月为岁首叫建子，建寅、建丑、建子称为"三正"。"三正"就是三个朝代以哪一月为正月的意思。按十二地支纪月，子月是十一月，丑月是十二月，寅月是一月。三朝各以一月表示岁首，只是为区别自己与前朝不同而已。三月之中毕竟以一月为岁首最方便，故孔子说"行夏之时"，就是历法要用夏朝的，因为夏朝以一月为岁首，最能和农时耕作相配。

秦汉是天文家的形成期，此期建立了富有中国特色的天文学体系。第一，确立了全国使用统一历法的制度。秦朝颁用《颛顼历》，沿用到汉武帝时，又颁行了《太初历》。《太初历》是我国现存最早有完整文字记载的历法，也是后世传统历法的蓝本。第二，出现了二十四节气的完整记录，见于《淮南子·天文训》。第三，产生了测量天体位置的天文学仪器浑天仪。浑天仪为西汉天文家落下闳发明，东汉天文家张衡将其进一步制作精密完善，并提出了浑天说的宇宙论。第四，特殊天象的观测记录提高，有了全世界最早的太阳黑子记录，对日食更有了初亏、复圆、亏复方位时间的详细记录。第五，确立了天文学在正史中的特殊地位。司马迁的《史记》中有专门的《天官书》《历书》，《汉书》中有《天文志》《律历志》《五行志》。《五行志》是专记奇异天象和自然界灾变祥瑞的。《天文志》《律历志》《五行志》被称为"天学三志"，从此成为历代官修史书的固定部分，常居各志之首，可见天文家的神圣地位。

魏晋南北朝是天文家的发展期，此期虽长期战乱，但天文学仍在发展。出现了几位极有成就的天文家。一位是后秦的姜岌，他提出了测定太阳坐标的新方法：月蚀冲法。此法成为两千年间天文家测定太阳坐标方法中最精确的一种。一是北朝后梁国的太史令赵歍，他首次提出了超出十九年七闰的新闰周。一是北齐的张子信，他以私人身份在海岛上从事天文观测研究三十余年，这在明朝以前是绝无仅有的。一位是晋朝的陈卓，他总结古代星系研究，形成了统一的中国恒星系统，此系统沿用千余年。一是东晋的虞喜，他发现了岁差。一是祖冲之、祖暅父子，他们将岁差引入历法，制定了有名的《大明历》。

隋唐是天文家的繁荣期，此期中西方文化交流频繁，对天文学的繁荣起了极大的作用。隋朝刘焯制定了《皇极历》，此为当时最好的历法。唐代成就最高的天文家是李淳风和僧一行。李淳风是《隋书》天文三志的编写者。他新制浑天仪，将浑天仪发展到了结构繁杂的顶峰。制定了《麟德历》，简化了历法的计算过程，对后世天文历算影响甚大。他还著有《乙巳占》，为中国星占学中流传至今最重要的专著之一。僧一行是密宗的高僧，他的贡献有三：一是开元年间主持了大规模的南北天文测量，进行了历史上最早的子午线实测；二是编撰了《大衍历》，成为中国历史上四大历法之一，其规整的结构成为后代历法的典范；三是制造了一批精密的天文仪器。另外还有一批印度天文家在唐朝天文机构为官，其中最有名的是瞿昙氏，一家四代皆为重要天文官员。瞿昙悉达奉命编撰了《开元占经》一百二十卷，此书是传世最完备最宏大的中国星占学著作，其中还保存了珍贵的古印度天文学史料。

宋元是天文家的鼎盛期，此期天文学达到了中国古代天文学的最高峰。北宋天文学最大的成就是进行了七次恒星实测和建造了大型天文仪器，由皇家主持建造的大型天文仪器数量和质量都超过前代。天文家苏颂编写的《新仪象法要》，就是对新天文仪器的说明。沈括也是北宋著名的天文家，其名著《梦溪笔谈》中有颇多关于天文的记录。《梦溪笔谈》因所记内容甚杂，故《四库全书》将其列在子部杂家类里。元朝建立后将金、宋两朝的天文家都集于都城大都，在天文家郭守敬的主持下制造天文仪器、观测天象、编制历法，五年之间成绩斐然，将中国古代天文学推到了最高峰。元朝进行了空前规模的天文观测活动，在全国二十七个地点设立了观测所，使得天文数据的精确度大为提高。在此基础上，郭守敬编写了中国古代最好的历法《授时历》，此历法一直沿用了三百六十年，中国历史上频繁改历的现象从此结束。

明清是天文家的衰落期，明朝基本没有什么可说的天文大事，明末西洋天文学传入中国，天文家徐光启用西洋天文理论编成了《崇祯历书》。清代天文学也基本是沿袭明末向西洋学习的道路。康熙皇帝精通天文历算，并让西方传教士制新历。清代天文家比较有成就的有王锡阐、梅文鼎。王锡阐开始比较研究中西历法之长短同异。梅文鼎则为古今中西历法之集大成者，他毕生致力于天文历算研究，汇通中西而有所发展，著历算书八十余种，汇编为《勿庵历算全书》。

对天文的计算产生出算学。中国古代算学也达到了世界一流的水平。世界数学的发展，在西方以古希腊数学为代表，在东方以中国古代数学为代表。古希腊数学重逻辑演绎，形成公理化特色；中国古代数学重计算，形成算法化特色。中国古代数学的核心就是算数，算数之术，故名算术。算术之学，即为算学。

中国算学起源甚早，在商朝的甲骨上就有从一到十的完整数字，而且有百、千、万的大数名，最大的数有三万。周朝的金文上有了最简单的计算。春秋战国时九九乘法表已成了普遍通用的常识。到了汉代出现了中国古代最伟大的数学经典著作《九章算术》。该书是对先秦算术的归纳总结，以计算为中心，列出二百四十六个应用题，分为方田、粟米、衰分、少广、商功、均输、盈不足、方程、勾股九章。方田主要讲土地的计算；粟米主要讲谷米的换算；衰分主要讲分配问题的计算；少广主要讲给长方形面积求边长的问题；商功主要讲开渠作堤、堆粮筑城等工程的计算；均输主要讲赋税、徭役的计算方法；盈不足主要讲盈亏问题的计算方法；方程主要讲方程的演算方法；勾股主要讲直角三角形的理论。《九章算术》包含了分数运算、一般比率算法、组合比率算法、开方算法四大算法系统和面积公式系统、体积公式系统两大求积公式系统。四大算法系统和两大求积公式系统构成了《九章算术》的理论体系，由此奠定了中国算学领先世界千余年的基础。《九章算术》也标志着中国算学框架的建立。此后，中国算学著作基本就是两种方式：一种是为《九章算术》作注，一种是按《九章算术》的样式编纂新的算学著作。除《九章算术》外，汉代还出了一部重要的算学著作叫《周髀算经》。该书主要是以勾股定理进行天文计算，盖天说就出于此书。"周"的本义是圆周，"髀"的本义就是股骨，"周髀"就是指在一块圆周地上立一根八尺的标杆，作为股，股影则为勾，有了勾长、股长就能算出弦长，运用圆周内勾股形成的角度，就可以做种种天文测量。

　　魏晋南北朝出了一位伟大的数学家刘徽，他为《九章算术》作注，丰富完善了《九章算术》的理论体系。另有大数学家祖冲之父子将圆周率精确到小数点后第七位，对圆周率的计算作出了巨大贡献。唐代朝廷设算学博士执教算学馆，并在科举中特开明算科。著名天算家李淳风注释了自古以来的十部算经，分别是《九章算术》《周髀算经》《孙子算经》《五曹算经》《海岛算经》《张丘建算经》《夏侯阳算经》《五经算术》《缀术》《缉古算经》，统称为《算经十书》。十书中除了《九章算术》《周髀算经》是汉朝的著作，《缉古算经》是唐初算学家王孝通所著外，其余七部皆是魏晋南北朝的著作。《孙子算经》《五曹算经》皆不知为何人所著，《张丘建算经》《夏侯阳算经》虽知为张丘建、夏侯阳所撰，但也不知此二人为何时代人。《海岛算经》为晋朝算学家刘徽所撰，《五经算术》为北周算学家甄鸾所撰。甄鸾成就颇高，我们今天看到的《周髀算经》就是经甄鸾整理过的，他还注解了大量的算经。《缀术》为祖冲之、祖暅父子所撰。《算经十书》的整理与注释促进了中国古代数学的发展，保存了数学史料。

宋元时期中国的算学发展到了高峰。北宋时出了著名数学家贾宪，著有《黄帝九章算经细草》，标志着传统算学在代数方面的飞跃。其首创的开方作法——贾宪三角，比欧洲早六百年。到了南宋金元时期出现了算学四大家秦九韶、李治、杨辉、朱世杰。秦九韶、杨辉是南宋人。秦九韶著有《数学九章》，在高次方程数值解法和一次同余式组解法方面都取得了世界领先的成就，被数学史界誉为"秦九韶程序"和"中国剩余定理"。杨辉著有《详解九章算法》《日用算法》等。《详解九章算法》突破了《九章算术》千余年的分类格局，提出了"因法推类"的新法。李治、朱世杰是金元人。李治著有《测圆海镜》《益古演段》等书，在天元术上有巨大成就。"天元术"即半符号代数，以符号引进方程表示未知数，早于欧洲三百多年，在世界数学史上占有重要地位。天元术也是宋元算学的突出成就。朱世杰著有《算学启蒙》《四元玉鉴》等书。《算学启蒙》是一部很好的启蒙算书。《四元玉鉴》创立了"四元术"，即高次方程组的解法。这本书在多元高次方程组解法与高阶等差级数方面都领先世界三百多年。宋元算学的发展高峰与宋朝官方重视数学教育有极大关系。

元明以来珠算出现并普及，以筹算为基础的传统算学却走向低谷。筹算即以算筹摆成数字计算，算筹是用竹木制成的小棒。明朝算学较沉寂，有名的算学家只有吴敬、程大位两人。吴敬著有《九章算法比类大全》，第一次提到算盘。程大位著有《算法统宗》，此书可以说是珠算学集大成的一部著作，问世以来，风行宇内，无数次翻印直到民国，成为中国算学史上流传最广的算书，并远播日本、朝鲜、东南亚各国。由此也奠定了程大位珠算宗师的地位。

明末清初由于大量传教士涌入而带来西洋数学，也由于康熙皇帝对于天文历法算学的浓厚兴趣，算学一时兴盛。明末有大天算家徐光启翻译古希腊欧几里德的《几何原本》，有李之藻编著的介绍欧洲笔算的《同文算指》，由康熙皇帝御制的全面介绍中西方数学的巨著《御制数理精蕴》，里面包含三角、集合、代数及古算等各种知识。这时还出了一位集中西方数学大成的大数学家梅文鼎，他被清朝人称为"历算第一名家""国朝算学第一人"。随着乾嘉考据学派的兴起，许多大学者也开始发掘整理古代算学著作。像大经学家戴震、焦循、阮元，史学家钱大昕，文学家孔广森等都在古算学方面取得了辉煌成就。阮元还主持编写了一部著名的《畴人传》，记载历代天文、算学人才的事迹，成为中国第一部自然科学家史略的专著。晚清出了两位大算学家，一位叫李善兰，一位叫华衡芳，他们翻译介绍了大量西洋数学著作。李善兰在二次平方根、三角函数的研究方面都有突出成就，而且还开启了中国人微积分学独立研究的先河。华衡芳则全面介绍了西方的代数学、三角学、微积分学、概率论。同治元年清廷开设第一所新式学校，内设天文算学馆，李善兰任总教习，从此中国传统算学逐渐融入世界数学发展的潮流之中。

《四库全书》子部天算类共列天文类著作三十一部、算法类著作二十五部，存目列天文类著作二十三部、算法类著作四部。天文类著名的有《周髀算经》《新仪象法要》《六经天文编》《古今律历考》《乾坤体义》《新法算书》《御定历象考成》《晓庵新法》《天步真原》《天学会通》《勿庵历算全书》。算学类著名的有《九章算术》《孙子算经》《海岛算经》《五曹算经》《张丘建算经》《夏侯阳算经》《五经算术》《缉古算经》《数学九章》《测圆海镜》《益古演段》《同文算指》《几何原本》《御制数理精蕴》。存目中著名的有《步天歌》《算法统宗》。

《六经天文编》为宋代大儒王应麟所撰，内容是汇编《诗经》《书经》《易经》《周礼》《礼记》《春秋》六经中关于天文的部分，以明六经亦为天文之源。《古今律历考》为明末天文家邢云璐所撰，内容是考订历代历法。《乾坤体义》为明末传教士利玛窦所撰，利玛窦兼通中西文字，著书皆用汉语。此书内容上卷谈天象，下卷谈算术。《新法算书》为明末天算家徐光启等与传教士同撰，此书是以西洋方法修成的新历法。《御定历象考成》乃康熙皇帝命诸臣撰述，内容是考订西洋天文历法。《晓庵新法》为清朝天文家王锡阐所撰，内容是会通中西天文学。《天步真原》《天学会通》皆为清朝天文家薛凤祚所撰。《天步真原》是对西洋天文著作的翻译，《天学会通》是对《天步真原》所谈西洋天文学方法的进一步发挥。《步天歌》不知为何人所作，疑为唐朝人撰，内容皆以七字一句，谈古代天文常识，对于普及天文作用甚大。其余诸书，前已谈到，兹不赘述。

第九章

灵奇的医家

樟寶鹿茸上乘藥
大忌湛枝真太醫

共龢國六十九年春李里膺於傳薪堂

医家是诸子百家中最能集中体现国学妙用的一家。医家有体有用，体就是医家的指导思想，用就是医家的治病救人。医家的指导思想就是以国学天人合一、综合联系、阴阳平衡、五行生克的主体思想为基础。而医家济世救人，药到病除，起死回生的灵奇效果，正体现了国学思想的精妙。

医家作为先秦诸子百家中的一家，也有它自己的思想政治主张。医家讲上医治国、中医治人、下医治病。所以我们中国人常说：不为良相，就为良医。把良相、良医配合在一起说，就说明它们之间是有内在联系的。这个内在联系是什么呢？《黄帝内经·四气调神大论篇》讲："圣人治未病，不治已病；治未乱，不治已乱。"意思是治病和治国都重在预防，治病的预防是养生，治国的预防是教化。养生的核心是养心，心情平和了身体才能健康。教化的核心也是教心，心正了人才能正，人正了国才能正，国正了天下才能太平。所以医家的根本是要治心。人心有治，上才可以治国，下才可以治病。而治病、治心、治国的方法都是一样的——将其调到和谐。什么和谐？阴阳和谐。人体阴阳和谐则百病不生，人心阴阳和谐则安详快乐，国家阴阳和谐则百姓安居乐业。这便是医家的思想主张。

医家从医术来讲可以分为四个部分——医理、诊断、方剂、中药，合称理法方药。

一、医理

医理又分阴阳五行、藏象气血、经络穴位、病因病机、预防养生五部分。

阴阳五行是医家的理论基础，医家以阴阳五行来阐明人体的生理功能和病理变化。至于阴阳五行的具体内容和与人体生理的关系，在前面讲阴阳家时已谈到，这里就不再详谈。

藏象气血是研究人体五脏六腑的生理功能、病理变化和人体的物质基础气和血的运动变化。"藏"是指藏于人体内的内脏，"象"是指人体内脏表现于外的生理病理现象。医家把人体的内脏分为：脏、腑、奇恒之腑三类。脏又分心、肝、脾、肺、肾五脏；腑又分胆、胃、小肠、大肠、膀胱、三焦六腑；奇恒之腑又分脑、髓、骨、脉、胆、女子胞六腑。五脏的共同生理特点是化生贮藏精气，六腑的共同特点是受盛转化水谷，奇恒之腑是指不与水谷接触、相对秘密的器官。五脏六腑又是相表里的，心与小肠相表里，肺与大肠相表里，脾与胃相表里，肝与胆相表里，肾与膀胱相表里。五脏属阴为里，六腑属阳为表。

心为五脏之首，心的功能是主血脉和神志。开窍于舌，在体为脉，在液为汗，在华为面，在情为喜。肺的功能是主气的呼吸、升降、治节和人体水道的疏通。开窍于鼻，在体为皮，在液为涕，在华为毛，在情为忧。脾的功能是主水谷的运化、升清和血液的统摄。开窍于口，在体为肉，在液为涎，在华为唇，在情为思。肝的主要功能是主气血情志的疏泄和藏血、藏魂。开窍于目，在体为筋，在液为泪，在华为爪，在情为怒。肾的主要功能是主生长、发育、生殖、纳气和调津液。开窍于耳和二阴，在体为骨，在液为唾，在华为发，在情为恐。

胆为六腑之首，胆的主要功能是贮存和排泄胆汁，胆汁直接有助于食物的消化。又因胆不和食物直接接触，故又隶属于奇恒之腑。胃的主要功能是受纳与腐熟水谷。小肠的功能主要是将胃中消化过的食物进一步消化，吸收精华将残渣输送给大肠。大肠的功能主要是吸收小肠送来残渣的水分，形成粪便排出体外。膀胱的功能主要是贮尿和排尿。三焦指上焦、中焦、下焦，上焦指人体胸腔以上的心肺部分，中焦指人体胸腔到肚脐之间的脾胃部分，下焦指人体肚脐以下的肝肾部分，三焦的主要功能是通行元气和水道。

奇恒之腑中最重要的是脑和女子胞。脑主要掌管人的视、听、嗅、语言、记忆。脑的功能又是五脏六腑的共同作用形成的。女子胞就是子宫，女子胞的主要功能是发生月经和孕育胎儿。

气、血、津液是脏腑经络等器官进行生理活动的物质基础。气是不断运动着的具有很强活力的精微物质。血就是血液。津液是机体一切正常水液的总称。气有推动温煦等作用，属阳。水和津液有濡养滋润等作用，属阴。气、血、津液和人体从食物中摄取的营养物质合称精气。

气来源于父母的先天精气，饮食中的水谷之气，自然中的清气，通过肺脾肾三者的综合作用，将三者结合而生成。气有推动、温煦、防御、固摄、气化五个作用。气的运动分为升、降、出、入四种形式。气的种类分为元气、宗气、营气、卫气。元气是人体最根本的气，是人体的生命原动力，来源于肾中的精气。宗气是集于胸中之气，又称气海，人的语言、声音、呼吸等都与宗气的强弱有关。营气是与血共行于脉中之气。卫气是运行于脉外之气，预防外邪入侵人体。营气、卫气相表里，营为阴，卫为阳。

血由营气和津液组成，营气和津液都来源于脾胃消化吸收的水谷之精。脾胃是气血生化之源。血具有营养和滋润全身的功能，血在脉管中运动不息，流布全身。脉有阻碍血液溢出的功能，称为血府。津液和血液一样是维持和构成人体生命活动的基本物质，如眼泪、鼻涕、口水、汗液、尿液、肠液、胃液、精液等。津较清稀，液较稠厚。津液来源于饮食，又需脾胃运化而生成。气、血、津液三者相互作用。气能生血、行血、摄血、生津、行津、摄津，气虚者血津皆弱。血又为气的载体，血虚者气必衰。津又为血的组成部分，二者皆来源于水谷之精，故又称津血同源。

经络学说是研究人体生理功能、病理变化及脏腑关系的学说。经络是运行全身气血、联络脏腑肢节、沟通上下内外的通路。经络是经脉和络脉的总称，经脉是主干，络脉是分支。"经"是路径之意，"络"是网络之意。经络内连脏腑，外连筋肉皮肤。经脉分为正经、奇经两类。正经由手足三阴三阳组成，合称十二经脉，是气血运行的主要通道。手三阳为阳明大肠经、少阳三焦经、太阳小肠经；足三阳为阳明胃经、少阳胆经、太阳膀胱经；手三阴为太阴肺经、厥阴心包经、少阴心经；足三阴为太阴脾经、厥阴肝经、少阴肾经。奇经有八条，分别是督脉、任脉、冲脉、带脉、阴跷脉、阳跷脉、阴维脉、阳维脉。督脉就是人体背部正中的一根经脉，它总督一身之阳经，被称为阳脉之海。任脉就是人体正面正中的一根经脉，它总任一身之阴经，被称为阴脉之海。任脉跟女子妊娠有关。冲脉上至头，下至足，贯穿全身，为气血要冲，能调节十二经气血，被称为血海，跟女子月经有极大关系。带脉围腰一周，犹如束带，能约束纵行诸脉。阴跷脉、阳跷脉掌管眼睛开合与下肢的运动，"跷"当轻健跷捷讲。阴维脉、阳维脉是维系诸阴络、诸阳络的。

十二经脉和内脏有直接关系，奇经八脉统率、联络、调节十二经脉。络脉是经脉的分支，有别络、浮络、孙络之分。十二经脉与任脉、督脉各有一支分络，加上脾之大络合为十五别络，别络的主要功能是加强经脉和体表的联系。浮络是浮现在人体表的络脉。孙络是最细小的络脉。经络在人体各有循行的路径。

病因即导致人生病的原因，主要有六淫、疠气、七情、饮食、劳逸、外伤等。六淫即风、寒、暑、湿、燥、火六种邪气，风、寒、暑、湿、燥、火本是自然界正常的气候变化，"淫"当过多浸淫讲，六淫指六气过多而对人体造成伤害。疠气是具有强烈传染性的病邪。七情致病就是喜、怒、忧、思、悲、恐、惊七种情绪变化给人体造成的伤害。饮食致病是由于饥饱失常、饮食不洁、偏食所导致的疾病。劳逸致病是体力、脑力、房事过度劳累或过度安逸所造成的疾病。外伤是枪弹、金刃、烧伤、冻疮、虫兽抓咬所导致的疾病。病机是疾病发生、发展、变化的机理，总括起来不外邪正盛衰、阴阳失调、气血失常、经络脏腑功能紊乱等。

预防养生是研究通过各种养生方法以达到防止疾病的作用。养生主要是提高人体的正气以祛除病邪，所谓"正气内存，邪不可干"。养生的方法主要有调摄精神、加强锻炼、饮食起居有规律等。

二、诊断

诊断又分诊法、辨证两部分。诊法是诊察疾病的基本方法，分望、闻、问、切四法。望诊就是望病人的神色、形态、五官、舌相、大小便及女子的月经、白带等，以了解病情。闻诊是听病人的声音，嗅病人的气味，以辨知病情。问诊是问病人的病状、病史以分析病情。切诊是摸病人的脉象或摸人体的其他部位，以测知病情。摸脉摸人体的手腕处，靠近手掌处叫寸脉，依次而下为关脉、尺脉。左手从寸脉到尺脉分别代表心、肝、肾，右手从寸脉到尺脉依次是肺、脾、肾。古人将四诊法用得精妙的医家分为四等，分别是神、圣、工、巧。望而知之谓之神，闻而知之谓之圣，问而知之谓之工，切而知之谓之巧，故而医家有神医、圣医、工医、巧医四等。不过一般诊病还是要将望闻问切四者结合起来，全面分析，不要以一诊孤立判断。

辨证是辨别病因、病位、病情、病势等情况，为治疗提供依据。"证"就是疾病的证据，"辨证"就是要找出疾病的证据。疾病的现象千差万别、光怪陆离，辨证就是要通过疾病的现象全面认识疾病的本质，抓出主要矛盾。辨证的方法，有八纲辨证、病因辨证、气血津液辨证、脏腑辨证、经络辨证、六经辨证、卫气营血和三焦辨证等。八纲辨证是将四诊收集的材料用阴阳、表里、虚实、寒热八纲加以归纳分析。阴阳是区分疾病类别的总纲，表里是辨别疾病的位置，虚实是分别邪证的盛衰，寒热是辨别疾病的性质。八纲辨证是一切辨证的灵魂，气血津液辨证是寒热虚实辨证的具体深入。脏腑、经络、六经、卫气营血和三焦辨证是八纲辨证表里定位的进一步深入。

三、方剂

方剂分为治法、方剂构成、方剂变化、剂型四部分。方剂是以治法为依据，选择恰当药物组成的方药。医家治病叫开方，"方"就是指的方药。为什么要叫"方"呢？"方"就是指的方位，疾病的存在必定要占有一定的方位，一个方位必定有克它的方位，开方就是要用药物组成一个能够克制疾病方位的方位。比如病在肝，肝属木，木属东方，那么病就在东方。能克木的是金，金属西方，要治肝病，则必须开出属西方的方药。治法是开方的理论依据，辨证以后就要施治，施治的方法就叫治法。治法有八种，分别是汗、吐、下、和、清、温、补、消。"汗"是让病人出汗，是解除体表邪气的方法。如恶寒发热、头痛项强等证，就可用汗法。"吐"是让病人呕吐，是解除胃上部病邪的方法。如食物中毒、暴食塞胃等证，就可用吐法。"下"是让病人拉肚子，是排除体内实邪的方法。如便秘、腹水等证，就可用下法。"和"是让病人身体得到调和，主要用于寒热虚实互见的病证。"清"是清热，是治疗里热证的方法，如高热神昏、热病发斑等证，就可用清法。"温"是治疗里寒证的方法，如阳虚畏寒、四肢冰冷等证，就可用温法。"补"是补益人体阴阳气血不足的方法，如贫血、产后或病后虚弱等情况，就可用补法。"消"是直接消除病邪的方法，如活血、利水、化痰、驱虫等情况，就可用消法。

方剂是药物构成，但不等于药物的简单拼加。组成方剂的药物之间有一定的配伍关系，如相辅相成、相反相成等。将药物组成方剂有三个目的：一是提高疗效，二是抑制副作用，三是减低药物毒性。医家是按君臣佐使的原则选药立方的。君药是针对主要病证进行治疗的药物；臣药是协助君药治疗主要病证，或治兼证的药物；佐药或协助君臣药加强治疗作用，或减轻君臣药的峻烈之性；使药是调和诸药和将诸药引达病位的药物。

方剂的变化是指对构成方剂的药物在君药不变的情况下，根据病证进行加减。加减有药物味数的加减，有每味药物用量的加减。有些病证还可以将不同的方剂合在一起运用。

剂型是根据病情的需要将方剂制成大小形状各异的制剂。《黄帝内经》中就讲了汤剂、丸剂、散剂、膏剂、酒剂、丹剂等不同类型。

四、中药

中药又分为采收炮制、性能用法、药物分类三部分。中药主要由植物、动物、矿物构成。植物根据根、茎、叶、花、果实等入药的不同，采收季节也各有差异。炮制又叫炮炙，是在药物入药前进行加工处理，炮制的作用可以减轻药物的副作用，改变药物的性能，增强药物的疗效，使药物纯净，便于储存等。炮制的方法有修制、水制、火制、水火共制、发酵、发芽等。修制就是切制、粉碎、去渣、去灰等；水制主要有浸、泡、漂、淋等；火制有炒、炙、锻、煨等，"炙"是加液体拌炒，"锻"是直接用火烧，"煨"是在火灰中加热；水火共制主要有煮、蒸、淬等，"淬"就是将药物煅烧后迅速投入水中。

药物的性能有性、味、有毒、无毒、归经、升降、沉浮等。药有寒、热、温、凉四性，寒凉属一大类，温热属一大类，凉次于寒，温次于热。有辛、甘、酸、苦、咸五味。辛味药有发散、化湿、开窍、行血、行气等作用，如薄荷、藿香、白蔻、麝香、红花、木香等。甘味药有补益、和中、缓急等作用，如党参、杜仲、甘草、大枣、熟地黄等。酸味药有收敛、固涩等作用，如山茱萸、五味子、乌梅等。苦味药有泻、燥、坚阴等作用，燥指燥化水湿，坚阴指泻火成阴，如大黄、栀子、杏仁、苍术、黄连、黄柏、知母等。咸有软坚散结、润下等作用，如昆布、瓦楞子、芒硝等。每种药皆是有性有味，关系密切。如紫苏味辛性温，辛能发散，温能祛寒，故紫苏有发散风寒的作用。有毒的药作用强、显效快，宜于攻邪，无毒的药作用平和，宜于调补。药物毒性的大小是确定剂量和用药久暂的重要依据。归经是药物对人体部位的选择性，不同的药物作用于人体不同的部位。如桔梗、杏仁归肺经，能止咳平喘；朱砂、酸枣仁归心经，能够安神定志。升降沉浮是药物的趋向。升是药性上行，降是药性下行，沉是药性向里，浮是药性走表。一般具有升阳发表、祛风散寒、开窍涌吐作用的药都是上行走表的；一般具有清热泻下、安神息风、收敛固涩作用的药，都是下行向里的。

中药的用法主要包括配伍、用药禁忌、剂量、服用法等。

配伍即药物相配的原则。《神农本草经》将配伍归纳为七个方面，称为七情。分别是单行、相须、相使、相畏、相杀、相恶、相反。"单行"是病情较轻时选择一种针对性强的药物来治疗。"相须""相使"都是药性相近的药物配合使用，能增强疗效。"相畏""相杀"都是一种药物配合另一种药物，能减轻或消除另一种药物的毒性或副作用。"相恶"是两种药物合用，会互相牵制降低或丧失药性。"相反"是两种药物合用会产生毒性或副作用。

用药禁忌主要有配伍禁忌、妊娠禁忌、服药时的饮食禁忌。配伍禁忌就是前面说到的相反、相恶的药不能在一起配合使用。古人将其概括为十八反、十九畏。十八反是甘草反甘遂、大戟、芫花、海藻；乌头反贝母、瓜蒌、半夏、白蔹、白芨；藜芦反人参、沙参、丹参、玄参、细辛、芍药。十九畏是硫黄畏朴硝，水银畏砒霜，狼毒畏密陀僧，巴豆畏牵牛，丁香畏郁金，川乌、草乌畏犀角，牙硝畏三棱，官桂畏赤石脂，人参畏五灵脂。妊娠禁忌是妇女怀孕时严禁用的药，主要有峻泻、破血、破气、辛热、发散、毒性较强等类药。服药时的饮食禁忌是服药时不宜吃的食品，如生冷、辛辣、油腻、荤腥、茶酒等。

剂量主要指每味药的用量。剂量的多少主要根据药物本身的特点、处方的需要、病人的具体情况确定。

服用法是指服药的方法。服法得当能充分发挥药物疗效。一般来说，汤剂宜温服，发散风寒的药宜热服，热病宜凉服，吐泻病人宜小量频服，滋补药宜饭前服，一般药宜饭后服，驱虫药、泻下药宜空腹服，安神药宜睡前服。服药都应在饭前、饭后一小时左右。服药通常一日三次，病重者可四小时一次，昼夜不停。

药物根据不同的作用可以分为解表药、清热药、温里药、开窍药、安神药、利水药、行气药、消食药、泻下药、化湿药、化痰药、止血药、活血药、收涩药、补益药、驱虫药、止吐药、平肝药、祛风药、外用药等。医家必须精通理法方药，并能纯熟运用，才能药到病除，济世救人。

医家治病除了内服方药外，还有针灸、刮痧、按摩等外治疗法。针灸、刮痧、按摩都是通过对人体经络穴位的刺激，达到治病的目的。"针"是用针扎人体穴位，"灸"是用火熏人体穴位，"刮痧"是用刮板刮人体穴位。针灸是点上刺激，刮痧是面上刺激。针灸、刮痧、按摩在抢救或治疗急性病时有奇特的疗效。针灸、刮痧、按摩也是医家对于人类的伟大贡献。

医家起源甚早，相传炎帝尝百草就发现了中药，黄帝和大臣岐伯探讨治病养生之道，建立了中医的理论体系。到战国时出现的《黄帝内经》《神农本草经》集上古、夏商周三代中医中药学之大成，标志着中医理论体系和中药学体系的成熟。扁鹊著有《难经》，代表了这个时期医家的最高成就。《难经》是以问答体写成的医书，共列八十一个医学问题。汉代医学有巨大的发展，西汉文帝时出现了一代名医淳于意，此人因做过汉朝齐国的太仓长故又称仓公。中国古代有名的故事缇萦救父讲的就是淳于缇萦救他的父亲淳于意。东汉末年出现了一代医圣张仲景。张仲景所著的《伤寒杂病论》将中医理论推到了中国古代医家的最高峰。三国时又出现了一位大医家华佗，他发明了"麻药"麻沸散和外科手术的技术，惜被曹操所杀，医术未能留传。晋朝出了王叔和、皇甫谧两位有名的医家，王叔和著了一本第一次全面总结脉学的著作《脉经》，皇甫谧著了一本系统总结针灸学理论方法的著作《针灸甲乙经》。另外，前面讲道家时提到的晋朝和梁朝的两位著名道士葛洪、陶弘景，各著了一本有名的医书。葛洪著了一本专讲方药的《肘后备急方》，陶弘景著了一本注解《神农本草经》的《本草经集注》。隋朝出了一位大医家巢元方，他著了一本专门研究疾病病因病状的《诸病源候论》。唐朝出现了全世界最早的机构完备的医院和医学校"太医署"，太医署有内科、外科、儿科、耳目口齿科、针灸科等分科，学生也要经过严格的考试录取。代表唐代医家最高成就的是唐初的孙思邈，相传他活了一百二十多岁。孙思邈非常注重医家的医德，著了一篇对后世影响深远、专讲医家德行的《太医精诚》。另外他还汇编了两部药方专书《千金药方》《千金翼方》，对妇科、儿科的研究贡献甚大。唐代有名的医家还有初唐的王焘和中唐的王冰。王焘著有兼及医理医方、内容宏富的《外台秘要》，王冰注释了《黄帝内经·素问》。唐朝还编了全世界第一部国家药典《唐新本草》。

宋代医学是全世界最发达最完备的，国家设有太医院和药局，太医院分科比唐代更细，招收医学生达300人之多。宋代医家最突出的成绩：一是北宋医家王惟一总结历代针灸经验，铸造铜人，按人身体标明穴道，并著《铜人腧穴针灸图经》一书，至今仍是针灸医疗的主要依据；二是南宋医家陈言将人得病的原因归纳为气候变化、情绪刺激、饮食饥饱三条，并著《三因极一病源论粹》；三是南宋医家宋慈将医学原理运用到刑法检验上，著了全世界最早的一部法医学著作《洗冤录》。

金元两代医家有独特的发展，医学分科更为精细完整，特别是出现了新的医学理论，形成此期医家的四大流派，分别是"寒凉派""攻下派""补土派""滋阴派"。寒凉派认为人体致病的根源是邪火旺盛，治病当抑邪火，补肾水，用寒凉药。代表人物是金朝的刘完素，著有《素问玄机原病式》《素问病机气宜保命集》等书。攻下派认为治病以去邪为主，着重用汗、吐、下三法。代表人物是金朝的张从正，著有《儒门事亲》等书。补土派认为脾为万物之母，脾胃一伤，元气不能补充，万病皆由此生，主张治病以补脾胃为主。代表人物是金朝的李杲，著有《脾胃论》等书。滋阴派认为人体是阳常有余，阴常不足，治病多以滋阴降火为主。代表人物是元朝的朱震亨，著有《格致余论》《局方发挥》等书。刘、张、李、朱四人被称为"金元四大家"，对后世影响甚大。《四库全书》称"医之门户分于金元"即是指此。

明清是医家的繁荣期，在中医中药方面都出现了一些总结性的著作，还形成了独立的温病学体系。明朝出现了最伟大的中药学家李时珍，李时珍编了一部集中药学之大成的著作《本草纲目》。《本草纲目》分十六部、六十二类，共收药物一千八百九十二种，是《神农本草经》所收药物的八倍，并附药方一万一千零九十六个。对所载药物基本都标明名称、产地、形态、性味、功用、炮制方法等，对药物学的发展做出了重大的贡献。明朝还编了一部我国现存最大的医方书《普济方》。清朝官修了一部集各家学说为一体、简明扼要的中医手册《医宗金鉴》，流传甚广。明朝有名的医家还有张景岳，著有研究《黄帝内经》的专著《类经》，此书是对《黄帝内经》的分类重编，并提出了"医易同源"的新见。明清由于瘟疫流行，所以形成了专门研究温病的温病学派。温病是多种外感急性热病的总称，包括传染性和非传染性两类，主要以传染性为主。明朝温病学的代表人物是吴又可，著有《瘟疫论》，为温病学派的形成奠定了基础。清代前期出现了温病四大家：叶天士、薛生白、吴鞠通、王孟英。清代温病学派的开创人是叶天士，著有《温热论》，在温病四大家里面成就最高。薛生白著《湿热条辨》，是医学史中对湿热病专篇论述的第一人。吴鞠通创立三焦辨证的理论，著《温病条辨》，使温病学说系统化，影响巨大。王孟英著《温热经纬》《霍乱论》。《温热经纬》是温病学论述的汇编，又是温病诊治的参考书；《霍乱论》是研究霍乱病因、预防、治疗的专书。除温病学派以外，清代中期还兴起了扶阳派，扶阳派认为人生百病皆是由于阳气不足引起，治病以扶阳为主。此派因喜用生姜、桂枝、附片等热性药，又称火神派。扶阳派的创始人是乾隆年间的大儒刘止堂，后由其弟子郑钦安、再传弟子卢铸之将扶阳派的理论技艺发展成熟。郑钦安著有《医理真传》《医法圆通》《伤寒恒论》等书，总结了扶阳派的理论与方法，影响深远。卢铸之的孙子卢崇汉至今仍是医家扶阳派的泰斗。清代中期还出了一位将毕生精力用于整理医学古籍、推广中医学的著名医家陈修园，著有《医学三字经》《医学实在易》《医学从众录》《伤寒论浅注》等书，将医学理论简易化、扼要化、普及化，欲使人人皆能为良医，对中医的普及产生了巨大而深远的影响。

　　医家有三部著作最为重要，为古今学医者必读。三书分别是《皇帝内经》《伤寒论》《神农本草经》。《黄帝内经》非出一时一人之手，为战国到秦汉时众多医家搜集、整理、综合、编写而成。《四库全书总目提要》讲："其书云出上古，固未必然，然亦必周、秦间人传述旧闻，著之竹帛。"此书是以黄帝与大臣岐伯一问一答医学问题的形式写成的。《黄帝内经》分《素问》《灵枢》两部分。《素问》《灵枢》原书各八十一篇，共一百六十二篇。后多有残缺，今虽仍有一百六十二篇之名，但其中一些篇目是后人伪托之作。"素问"的意思是根本问答，"素"当根本讲，"问"当问答讲，也就是对医家问题的根本问答。此书论述了阴阳五行、脏腑、经络、病因、病机、病证、诊法、治疗原则等众多医家根本问题。"灵枢"的意思是神灵之枢要，"灵"当神异讲，"枢"当关键讲，"灵枢"也就是指治病最神异的关键。其书内容除《素问》中讲到的以外，还重点介绍了经络腧穴、针具、刺法等内容。《黄帝内经》总结了秦汉以前的医学成就，是我国现存最早的一部医学总集。它奠定了医家整体联系、辨证施治的理论基础，历代医家无不受到《黄帝内经》的深远影响。《伤寒论》为东汉医圣张仲景所著。张仲景名机，河南人，曾为官长沙太守。《汉书》无传，故对其生平所知甚少。在《伤寒杂病论》的序中张仲景自称家族本有两百余人，不到十年间就有十分之七的人得伤寒死去，因此发奋钻研医学，刻苦攻读医术，又结合自己长期的医疗经验，最终写成《伤寒杂病论》一书。《伤寒杂病论》成书不久，便于战乱中散失，后经晋朝名医王叔和收集整理，将其内容编为两书，即今流传的《伤寒论》和《金匮要略》。《伤寒论》共十卷，内容是以太阳、少阳、阳明、太阴、少阴、厥阴六经论伤寒。伤寒是一切外感疾病的总称。《伤寒论》也就是把外感发热病在发展过程中各个阶段所呈现的综合症状，作为辨证论治的纲领，以三阳病多属于热证、实证，三阴病多属于寒证、虚证，并在此基础上提出对证疗法。《金匮要略》共六卷，主要以脏腑辨证论述内科杂病。《伤寒杂病论》概括了医家望、闻、问、切四诊，阴阳、表里、寒热、虚实八纲，汗、下、吐、和、清、温、补、消八法，共收方剂二百六十九个，使用药物二百一十四种，被称为医方之祖。《伤寒杂病论》是我国第一部理法方药齐全、理论联系实际的重要医书。其临床指导意义超过了《黄帝内经》，对后世医家的影响更是不可言说。《神农本草经》是我国最早的一部药书，它集东汉以前药物学之大成。此书也如《黄帝内经》，非一时一人所著，乃汉代众医家编撰而成。此书共载药物三百六十五种，其中植物药二百五十二种，动物药六十七种，矿物药四十六种。所有药物分上、中、下三品，上品多为补养之药，共一百二十种；中品多为治病之药，共一百二十种；下品多为毒性较强的攻下之药，共一百二十五种。《神农本草经》总结了君臣佐使、四气五味、配伍七情等重要药学理论，为中药学的发展奠定了坚实的基础。书中所载药物皆为常用药，是医家所必习，一般疾病的治疗大都不出这些药物。《神农本草经》原书唐朝初年已失传，今天流传的本子是后人从宋代的《证类本草》、明代的《本草纲目》中辑出的。

《四库全书》子部医家类，共收医书九十七部，存目九十四部，附录六部。附录所载皆是医马、医牛的兽医书。医书中著名的有《黄帝内经》《难经本义》《针灸甲乙经》《伤寒论》《肘后备急方》《诸病源候论》《千金要方》《外台秘要》《铜人针灸经》《苏沈良方》《证类本草》《妇人大全良方》《太医局程文》《三因极一病源论粹》《素问玄机原病式》《素问病机气宜保命集》《儒门事亲》《脾胃论》《格致余论》《局方发挥》《普济方》《本草纲目》《奇经八脉考》《濒湖脉学》《神农本草经疏》《类经》《景岳全书》《瘟疫论》《医宗金鉴》《医学源流论》等。《苏沈良方》为北宋的文学家苏轼和科学家沈括共同撰成，内容为药方汇编。《证类本草》为宋医家唐慎微所撰，此书收录宋以前诸家药方与经史百家中有关药物。《妇人大全良方》为明朝陈自明所撰，此书讲调经、妊娠、坐月、难产、胎教、妇科疾病等众多妇科问题，为后世妇产诸书之源。《太医局程文》为宋代医学考试试题汇编。宋代考试试题分为六类：墨义、脉义、大义、论方、假令、运气。墨义考对医书的记忆，脉义考摸脉，大义考医学理论，论方考方剂，假令考季节与治病的关系，运气考人体与自然的感应之理。《奇经八脉考》《濒湖脉学》为明朝李时珍所撰，《奇经八脉考》讲经络，《濒湖脉学》讲脉学理论，因李时珍号濒湖，故名。《神农本草经疏》为明朝缪希雍撰，是对《神农本草经》的注解。《景岳全书》是明朝张景岳医书的总集。《医学源流论》为清朝徐大椿所撰，内容是对医学理论的研究。其余诸书前已提到，兹不赘述。

第十章

神秘的术数家

一陰一陽謂之道五味五氣曰以名

共餘圖七十九年兆瀚櫻開時節李里繪於傳薪樓此二人原型為書院

金牌主待潘波李靖莎措里筆拙不能寫其風神於萬一慚愧不可名狀

诸子百家中最有神秘色彩，并且影响至大的一家就是术数家。这里的"术"是指方法，"数"是指数字，"术数"的意思是宇宙的奥秘通过数的方法求得。术数家讲：物生有象，象生有数，数数推衍可穷宇宙之造化。意思就是事物产生都有形象，有形象就有数字，比如有树就有树的样子，就有一棵树、两棵树、三棵树，数当中包含着宇宙的奥秘，掌握了观数的方法就获得了宇宙的奥秘。而术数家的核心思想是阴阳学说。阴阳学说又来自春秋时期的阴阳家。阴阳学说既是一种哲学思想，又成为后世中国科学的基础。阴阳家来源于上古的巫师与方士。巫师和方士都是讲自然与人类的关系的。阴阳家继承发展了他们的事业，希望以自己的方式对宇宙自然做出合理的解释，并将解释所得的规律用于人生社会。道家的老子讲宇宙自然是有规律的，他将这些规律统称为"道"。至于这些规律是什么，老子没明说。阴阳家则解释说这些规律就是阴阳五行，天地间的一切事物都在受着阴阳五行的支配。

阴阳家的代表人物是战国末期的齐国人邹衍，邹衍又被称为邹子，在当时很受各诸侯国国君的礼敬，其思想也有相当大的影响。《史记》讲邹衍著书十余万言，但今皆不传。

从文字学的角度来看"阴""阳"这两字的内涵。繁体字"陽"的左边偏旁是"阝（阜）"，"阜"就表示高山的意思，右上边是个"日"字，下边几撇表示太阳所发出的光。"阳"就是指太阳发出的光首先照到高山之上，因为越是突出的地方，越早受到阳光的照射。繁体字"陰"的左边偏旁也是"阝（阜）"，表示高山，右上边是个"今天"的"今"字，下边是个"云"字。阴就是指今天有云，云把太阳光给遮住了，高山上就没有了阳光。凡是太阳光照得到的地方，就称为"阳"；凡是太阳光照不到的地方，就称为"阴"。

阴阳家认为宇宙万物是阴阳二气交感的产物。《易经》里有一卦叫泰卦，泰卦的卦象是䷊，上卦是表阴的坤卦，下卦是表阳的乾卦，意思是天上的阳气下降，地上的阴气上升，阴阳二气交合，则万物生生不息，天下泰平。故孔子解释说"天地交而万物通也"。天地间阴阳二气交合生出万物，人间男女交合则诞生新的生命，这就是阴阳家试图对宇宙产生做出的解释。

《书经》的《洪范篇》讲周武王得天下以后，去向商朝遗臣商纣王的叔叔箕子请教治国之术。箕子就告诉他，大禹治水以后，河洛出图，图里就蕴含着九筹之道。"筹"就是计谋，"九筹"就是九种治理天下的方法。在这九筹之中，箕子认为最重要的就是五行。五行即金、木、水、火、土五种元素，而这五种元素又是相生相克的。如何相生相克呢？金熔化就生出水，水可以生出草木，木点燃即为火，大火过后万物被烧焦了，就是灰土，土里面又蕴含着金属。这就是金生水、水生木、木生火、火生土、土生金、金又生水的五行相生之道。同时金属能刻进木头里，木能牢牢抓住泥土，土又能挡住水，水又能灭火，火又能熔化金属。这就是金克木、木克土、土克水、水克火、火克金的五行相克之道。

阴阳家认为宇宙万物的结构是由金、木、水、火、土五种物质所构成，五种物质又相生相克、互相影响、互相制约。五行的"行"指行动变化，也就是五种物质不是固定不变的，而是一直在运动变化的。阴阳家就从阴阳的角度解释了宇宙的起源，从五行的角度解释了宇宙的结构。这就是中国古代科学的基础。阴阳家认为阴阳五行各有其德，阳的德行是生养万物，阴的德行是肃杀万物。一切温热的、向上的、运动的、明亮的、向外的事物都属阳，一切寒冷的、向下的、静止的、阴暗的、向内的事物都属阴。

五行之德是：木有生德，火有长德，土有化德，金有收德，水有藏德，归纳起来就是生、长、化、收、藏五德。木有生德，春天是万物生发的季节，阴阳家把木配在春天；东方离太阳最近，又把木配在东方。火有长德，万物在夏天生长得最茂盛，所以把火配在夏季；南方离赤道近就热，火又配在南方。土有化德，化生万物；夏秋之交是土气最盛的时候，这个时候，阳光的照射、雨水的下降、土气的升腾都是最强的，所以把土配在夏秋之交；而中国的中央是黄土高原，又将土配在中央。金有收德，万物在秋天是收获的时候，所以把金配在秋天；太阳在西方落下，金又配在西方。水有藏德，到了冬天万物闭藏，所以水配在冬天；北方又是最寒冷的地方，水又配在北方。这样一来，春、夏、秋、冬四季，东、南、西、北、中五方全部和五行配合起来了。五行又和各季的颜色相配，春天的木配的是青色，夏天的火配的是红色，中央的土配的是黄色，西方的金配的是白色，北方的水配的是黑色，这就是我们中国人说的五色。

五行还和五音相配，木配角音，火配徵音，土配宫音，金配商音，水配羽音，宫商角徵羽五音就相当于今天唱的哆唻咪嗦啦。五行还和五味、五气、五岳、家庭、虫兽、天干地支等相配。木配酸味，火配苦味，土配甜味，金配辣味，水配咸味，酸甜苦辣咸就是五味。木配风，火配暑，土配湿，金配燥，水配寒，风暑湿热燥就是五气。木配东岳泰山，火配南岳衡山，土配中岳嵩山，金配西岳华山，水配北岳恒山，泰衡嵩华恒便是中国的五岳。泰山属木，在东方，阳气最足。自古帝王都在泰山祭天。华山属金，有肃杀之气，故而自古为比武论剑之地。家庭中兄长配木，父亲配火，祖父母配土，弟兄配金，母亲配水。虫兽是毛虫配木，羽虫配火，裸虫配土，介虫配金，鳞虫配水。毛虫即长毛的动物，如豺狼虎豹之类。羽虫即长翅会飞的动物。裸虫即无毛的动物，比如人。介虫即长壳的动物，比如乌龟之类。鳞虫即长鳞甲的动物，如鱼之类。十天干是甲乙配木，丙丁配火，戊己配土，庚辛配金，壬癸配水。十二地支是寅卯配木，巳午配火，申酉配金，亥子配水，辰戌丑未配土。五行还和人间仁义礼智信五种常德相配。木有生发之德，故与仁爱之德相配；火有灿烂之美，故与有形式之美的礼相配；土有忠厚之德，故与诚信之德配；金有刚毅之德，故与勇义之德配；水有通透之德，故与智慧之德配。

　　这就是阴阳家建立的一个广阔的宇宙模式。它将自然、社会、人生、人体的方方面面联系起来，构成一个完整的体系。这个体系又是相互影响相互制约的，其中任何一部分出了问题都会牵连到其他部分。自然界的现象要影响人间的安危，同时人间的治乱也会影响自然界的灾祥。人间有序，自然界就风调雨顺；人间无序，自然界就灾害不断。人生、人体也无不受到自然界的影响，所以阴阳家主张人要与自然社会合拍。春天就考虑穿青色的衣服，不要无故毁伤草木；夏天就要穿红色的衣服，并让人体的阳气释放出来；秋天就要穿白色的衣服，减少各种活动；冬天则要穿黑色的衣服，情绪保持平和，生活尽量安定。可以说阴阳家将天人感应、天人合一的思想发挥到了极致。而这种思想直接影响到中国文化重整体、重全面、重综合的思想模式。

　　战国时代，阴阳五行家的学说，想解决什么问题呢？诸子百家探讨的核心问题都是要建序，即建立一个社会的秩序。阴阳家认为社会的有序无序也跟阴阳五行有关。邹衍讲历史各朝的更替也必须符合五行生克的原则。历史上每一个朝代的建立必定要遵循五行之德的一种德。黄帝为什么叫黄帝，因为他是以土德王，占了土德，土的颜色是黄色，所以被称为黄帝。新的朝代总是克了旧的朝代才建立起来的，邹衍讲克黄帝的是夏朝，因为夏朝以木德王，木能克土，木配青色，故夏朝服饰器物尚青色。克夏朝的是商朝，因为商朝以金德王，金克木，金配白色，故商朝崇尚白色，青铜器也兴盛。克商朝的是周朝，因为周朝以火德王，火能克金，火主礼，故而周朝礼仪发达，孔子也说"郁郁乎文哉，吾从周"。

周朝之后，历史继续向前发展，到了春秋战国时期，在众多的诸侯国中，看哪一个国家能够统一天下，就看哪一国合了克火的水德。后来秦国统一天下，就认为自己是克周朝而来，以水德王。水配黑色，因此秦尚黑色，秦朝的朝服都是黑色的。汉朝建立以后，很多人都在争论一个问题：汉朝到底是继秦朝而来还是承继周朝？因为有些人觉得秦朝很快就亡了，不能算一朝，汉朝仍是继周朝而来，以水德王。后来汉武帝下令，说汉朝还是继秦朝而来，秦朝以水德王，土克水，故汉朝以土德王。土配黄色，汉朝崇尚黄色。汉朝又将被以木德王的朝代所克。

这就是阴阳家讲的五德终始说，一切历史的演变都是这五德循环的产物。这种学说在古代影响非常大，历朝历代的皇帝颁布的圣旨中都有这么一句话："奉天承运，皇帝诏曰。"意思是说，"奉天命为人间之王，承五行之运"。后来汉朝的大儒董仲舒就吸收了阴阳家的理论来改造儒家学说，形成了"三纲五常"的理论。"三纲"即君为臣纲、父为子纲、夫为妻纲。"纲"即纲领。国君是臣子的纲领，父亲是儿子的纲领，丈夫是妻子的纲领。"三纲"的理论基础从哪里来？即从阴阳家的学说来。董仲舒说：天地无非是阴阳二气，阳气主生，就是天地之正气；阴气主杀，就是天地之邪气。邪不胜正，邪气都要服从正气，阴气就要服从阳气。万物都有阴阳，那么在人与人的关系中，国君属阳，臣子属阴；父亲属阳，儿子属阴；丈夫属阳，妻子属阴。所以臣子要服从国君，儿子要服从父亲，妻子要服从丈夫。"五常"即人所应有的五种常德：仁、义、礼、智、信。这五种常德即金、木、水、火、土五行的德行。阴阳家与儒家结合形成的三纲五常思想，在维系中国传统社会几千年的长治久安中起了极其重要的作用。至于"君要臣死臣不得不死，父要子亡子不得不亡"，则是统治者为了维护自己的统治及其利益附着在三纲五常之上的，并非儒家圣贤的思想，这里需要指出来区别对待，不能一概而论。

阴阳家的学说对后世中国科学影响至大。中医、术数、建筑、军事无不受其支持。拿中医为例，整个中医的理论基础就是阴阳五行学说。中医讲人的五脏六腑都是和五行相配的。人的心是属火的，人的肝是属木的，人的脾是属土的，人的肺是属金的，人的肾是属水的。心肝脾肺肾就是五脏。六腑是小肠、大肠、胆、胃、膀胱、三焦。小肠属火，与心相表里；大肠属金，与肺相表里；胆属木，与肝相表里；胃属土，与脾相表里；膀胱属水，与肾相表里。三焦是上焦、中焦、下焦三个部位，上焦是胸腔以上，中焦是胸腔到肚脐，下焦是肚脐以下。和五行相配的脏腑在人体里也是相生相克，人体的任何一个器官生病了都会影响到其他的器官。比如说肝脏生病了，肝是藏魂的地方，就会影响人的睡眠。肝气平和的人，情绪就温和，睡眠就安稳，相反如果肝风妄动，人的睡眠就不好，就会失眠，惊悸，不容易入睡，等等。但是如果医生只从肝上去治病，也解决不了根本的问题。因为肾水才能生肝木，肝脏有病，必须要从肾上来论治。肾水充足了，肝木得到滋养，肝风就不妄动了，睡眠质量也就有保证了。这就是中医强调的联系的理论。中医有一个重要的精神，就是整体观。人体的所有器官都是相互关联的，这和西医的头痛医头、脚痛医脚截然不同。

五脏六腑还与人体的五官相联系，人的肝就开口于眼睛，人的肺就开口于鼻子，人的肾就开口于耳朵，人的心就开口于舌头，人的脾就开口于嘴唇。通过五官就能判定一个人五脏的情况。肝是人体的解毒机构，一个人情绪上的烦恼痛苦，就像毒素一样都会郁结在肝上，要靠肝去排解。那么肝脏的毒从哪里排出来呢？从眼泪中排出来。我们在哭泣的时候，就是在排毒，排肝脏的毒。但是男人不大爱哭，女人喜欢哭，所以据医学考察，在患癌症的病人中，男性要远远多于女性。现在男女平等了，男性也应该时不时哭一下，以起到排毒的作用。中医辨证的望闻问切四法以及开方都是以阴阳五行为依据。掌握了阴阳五行学说，再学中医就有基础了。

传统建筑中阴阳家的思想也随处可见。故宫中外有乾清宫，内有坤宁宫，乾清宫与坤宁宫的中间是交泰殿。乾清宫是皇帝住的地方，坤宁宫是皇后住的地方，交泰殿则是皇帝举办婚礼的地方。乾为阳，坤为阴，阴阳交合则为泰。可以说将阴阳家的学说搞清楚了，就打开了中国古代科学殿堂的大门。

阴阳家影响既大，其神秘性又为大多数人所热衷，故研究阴阳家学说的代有其人。秦汉以后就把研究阴阳家学说及相关风水、命相、占卜学说的统称为术数家。所以《四库全书》子部列的是术数家，而不是阴阳家。不过术数家的核心还是阴阳五行学说，《四库全书》讲"术数之兴，多在秦汉以后。要其旨，不出乎阴阳五行、生克治化，实皆《易》之支流，傅以杂说耳"。

《四库全书》子部术数类共分了数学、占候、相宅相墓、占卜、命书相书、阴阳五行六类。数学是最典型的以数目探究宇宙奥秘的学问，故《四库全书》称"物生有象，象生有数，乘除推阐，物究造化之源者，是为数学"。不过这个数学和《四库全书》子部天算类所讲的数学是不同的，天算类里的数学是一般意义上的数学，这里的数学是神秘数学。占候是观测天象以预测灾祥的学问。相宅相墓就是研究住宅坟墓吉凶的风水学，又称堪舆学。占卜就是通过易术来预测吉凶的学问。命书相书就是算命看相的学问。阴阳五行是以阴阳五行学说统摄前五家加以研究的学问。这六家中《四库全书》称"唯数学一家，为《易》外别传，不切事而犹近理，其余皆百伪一真"。所谓"《易》外别传"，是因为《易经》中本有象数之学，数学是对《易经》中数理的发展，而且也有一定的道理，不过这种发展已和《易经》的大义相去甚远，所以数学终归是术数的范畴，而不属于易学的范畴。至于占卜也是同理，虽是《易经》的发展运用，也与《易经》大义相去天壤。真正阐发《易经》大义的著作，《四库全书》都收在经部内。

术数在民间最兴盛的就是风水、命相两家。风水研究人的居住环境和自然之间的关系，其核心就是要避风聚水。避风就能免灾，风水家讲"避风如避剑""两头受风，必定遭凶"。中医里讲人受风就要生病，那么人的居室受风也就不好，所以传统民居都讲究屋后要有山，有山则既能避风又有依靠。聚水就有生机，水是流动的，流动就有生机，所以传统民居都讲究屋前要有水，有水则这个家庭必有发展。风水学又分阴宅和阳宅，阴宅就是死人的墓地，阳宅就是活人的住所。阴宅位置的好坏与后人的兴衰有关，阳宅位置的好坏与本人的兴衰有关。对阳宅阴宅位置的研究，就是相宅相墓的内容。命相学是命学、相学的合称。命学就是算命，相学就是看相。算命主要是根据人的生辰八字来推算一个人的命运轨迹，也就是一般民间所说的算八字。八字就是人出生的年月日时，中国古代是用天干地支来纪年月日时的，如甲子年、乙丑月、丙寅日、丁卯时，甲子、乙丑、丙寅、丁卯刚好是八个字，这就是人的八字。人出生的年月日时称为四柱，每一柱两个字，就叫四柱八字。而十天干与十二地支都分别和五行相配，所以八字当中就有了五行的生克制化，根据这个生克制化的规律就可以推算出一个人的命运。看相就是看人的相貌，通过相貌的规律判断人的命运。相又分骨相、面相、手相等。骨相主要是通过人骨头的软硬、大小、长短、形状来判断人的命运。面相主要是通过人面部各部位的长相来判断人的命运。手相主要是通过人手纹的粗细、长短、分布、走向来判断人的命运。

风水学是对于人的居住位置与环境规律的总结，命相学是对人的命运规律的总结，而全部术数学也是古人对于整个宇宙规律的探索，不管探索得正确与否，都体现了我们古人希望总结探索人生宇宙奥秘的积极态度。而其探索的结果很多还是极有价值和意义的，它也从侧面反映出中国古人的智慧。不过术数家研究的目的主要还是为了趋吉避凶。但为了趋吉避凶去趋吉避凶，是很难真正趋吉避凶的。只有真正体悟了宇宙之道，用宇宙之道去指引自己的现实人生，才能真正地趋吉避凶。而趋吉避凶的本质还是功利的，真正的圣贤为了天下苍生，哪怕是牺牲自己也在所不惜，又哪里在乎什么趋吉避凶呢？所以孔子的弟子子夏说："虽小道，必有可观者焉。致远恐泥，是以君子不为也。"也就是说像术数这些小道，其中还是很有可观的，但一般人走进去就很容易走火入魔，故而君子不会去迷信这些小道。当今一部分人对术数趋之若鹜，不是好好地去做人做事，而是把希望都寄托在侥幸的算命看卦上，舍本逐末，值得反思注意。

《四库全书》子部术数类共收著作五十部，存目共收著作一百四十六部。

其中数学类十六部，占候类两部，相宅相墓类八部，占卜类五部，命书相书类十四部，阴阳五行类五部。数学类著名的有《太玄经》《潜虚》《皇极经世》《洪范皇极内篇》。占候类有《灵台秘苑》《开元占经》。相宅相墓类著名的有《宅经》《葬书》《发微论》。占卜类著名的有《灵棋经》《易林》《京氏易传》。命书相书类著名的有《李虚中命书》《徐氏珞琭子赋注》《三命通会》。阴阳五行类著名的有《御定星历考原》《钦定协纪辨方书》。

《太玄经》为西汉大儒扬雄仿照《周易》所撰，《潜虚》为北宋大学者司马光仿照《太玄经》所撰，两书都是以不同的占卜形式阐述宇宙之道。《皇极经世》为北宋大学者邵雍所撰，此书是邵雍臆测的包括天地人历史的总历史。《洪范皇极内篇》为南宋大学者蔡沈所撰，蔡沈是朱熹的弟子。此书以河图洛书阐发《尚书·洪范篇》。《灵台秘苑》为北周学者庾季才所撰，《开元占经》为唐朝印度籍天文家瞿昙悉达所撰，两书虽皆讲占天之术，但保存了许多古代天文资料，甚有价值。《宅经》托名黄帝所撰，不知所出时代，以阴阳八卦方位讲住宅吉凶。《葬书》托名晋朝大学者郭璞所撰，是讲埋葬、墓地的专书。《宅经》《葬书》奠定了后世风水学的基础。《发微论》为南宋学者蔡沈的父亲蔡元定所撰，专讲相地原则。《灵棋经》托名西汉学者东方朔所撰，《易林》为西汉易学家焦延寿所撰，《京氏易传》为西汉易学家京房所撰。此三书皆是发展丰富《周易》以为占卜之用。《李虚中命书》旧题为鬼谷子所撰，唐朝术数家李虚中注，实为宋人以李虚中书托鬼谷子名。李虚中为命相学之祖，此书以人的出生年月日配合干支推算人的命运。《徐氏珞琭子赋注》为宋朝术数家徐子平撰，专讲以八字推算人的吉凶祸福。《三命通会》为明朝术数家万育吾所撰，为明朝命相学集大成之作，明以后术数家几乎家有此书。《御定星历考原》为清朝康熙皇帝御定，《钦定协纪辨方书》为清朝乾隆皇帝御定，两书皆是以阴阳五行统摄数学、命相、占卜、占候、禁忌等的集大成之作。

第十一章

均平的农家

農業乃吾華柱石
鄉村是人類桃源

農耕文明示為人類

大明之歸宿人類諸
文明莫有憬於農耕
者農耕文明人類貨然
天然和諧人類獨斯
安定和睦創造之財富
天然為泉人類之貪欲豆
俊人窯模毅享人心淳
善親情溫暖所謂溫
情脈脈之田園牧歌
圖中所會為蜀中全
堂涯口鎮天臺村鄉鱼
爺爺曹么婆一家農
民至今仍遇淡漠之生活
衣食住行皆自然樸實

中国是一个农业国，是世界上最早进入农耕文明的国家之一。在农业文明的时代，我们国家取得了伟大的成就，而且在我们国家中农民人口最多。先秦诸子百家中唯一为农民说话的、表达农民心声的就是农家，因而农家的意义重大。

农家的思想主要保存在《孟子》《吕氏春秋》等书中。《孟子·滕文公上》讲到了农家的代表人物许行和陈相的一些情况。他们组成一个团体，穿着粗衣麻布、草鞋，戴着斗笠，以耕地、织席、打草鞋为生。他们把炎帝神农氏奉为思想的代表，自称行"神农之言"或"神农之教"。神农氏为古代三皇中的第二皇。三皇是太昊伏羲氏、炎帝神农氏、黄帝轩辕氏。神农相传是中国古代农业的开创者，故农家以其为思想之代表。

农家的思想主要是讲天下如果人人都进行耕作劳动的话，那么人人就都有粮吃、有衣穿。有十个人耕作，就有十份收获。如果有一个人不耕作，那么就缺一份收获，有两个人不耕作，就缺两份收获。所以农家坚决反对不劳而获。他们认为人人都应该参加劳动，每个人都要进行社会生产。十个人创造十份财富，才能平均分给十个人。如果有两个人做官去了，他们没有直接参加生产劳动，那么八个人种的粮食就要十个人分，这是农家坚决反对的。农家主张天子与百姓并耕，叫"身亲耕，妻亲织"。许行批评滕国的国君有仓廪府库是"厉民而以自养"。"厉民而以自养"即剥削百姓而满足自己。冯友兰先生说这六个字正说出了剥削阶级的本质。

农家主张每个人都要参加劳动，多劳多得，少劳少得，不劳不得。每个人都应该享受自己的劳动果实，也只能享受自己的劳动果实。劳动果实有余则归己，不足也自己负责，叫"有余不足，各归其身"。这样人人都会积极生产，天下也就"衣食饶溢，奸邪不生"，这就是农家追求的均平。均平正是农民追求的无贫富差别、无剥削的理想社会。

农家讲的均平和儒家讲的太平又有什么区别呢？太平是指每个人都各安其分、各尽其责。做老师的安于教师的本分，竭尽全力地教书育人；做农民的安于农民的本分，竭尽全力地生产劳作。每个人都尽职尽责，不做不符合自己身份的事，这就是太平社会。如果当老师的老想着跑去炒股，当农民的老想着当工人，当医生的老想着当官，按照儒家的观点来看，这种社会就会混乱。而农家的均平就是平均主义，大家一样要富都富，要穷都穷，不要有贫富的差异。农家的思想在社会中的影响不及儒道法墨等大，所以司马谈的《论六家要旨》中未列农家。但农家对后世农民起义的影响颇大，历代农民起义的根本追求几乎都是"均贫富"。北宋初期四川王小波、李顺领导的农民起义更直接打出"吾疾贫富不均，今为汝均之"的口号，明末的李自成也提出"均田免赋"的口号。

但是农家的学说并没有得到很好的发展，许行、陈相之后，农家学派就渐渐消失，也没有人再继续研究农家的思想。后世的农家，主要是对农业生产经验技术及相关内容的研究。故《四库全书》子部农家类所录的著作全是历朝历代研究农业生产技术的作品。

国学大师钱穆先生讲，人类文明的进程可分为游牧文明、农耕文明、商业文明三个阶段。中国的农耕文明，起源最早，时间最长，成就最辉煌。相传上古先民男子在打猎过程中发现有些动物是可以驯服家养的，由此发展起畜牧业。女子在采集果子、野菜的过程中发现有些植物是可以人工栽种的，由此发展起农业。最早的农业是游耕，即占卜选一块地，然后放火将地上的草木烧光，就在地上耕种，以草木灰为肥料，不人工施肥，不浇水，完全依靠天然雨水。这样几年下来，这块地就不能再用了，又必须换一块地再种。商朝以后，固定的农耕才代替了几年一换的游耕。到了春秋战国时期，出现了铁器农具、牛耕、人工施肥和大量用以灌溉的水利工程，由此形成了精耕细作的成熟农业，并持续了两千多年。

战国时的《管子·地员篇》就有了土壤与植物关系的总结。《吕氏春秋》有《上农》《任地》《辨土》《审时》四篇专门讲农业的文章。《上农》讲农业之重要，提出重农主义的主张。后三篇主要讲农业技术。西汉末年出现了一部重要的农书叫《氾胜之书》，此书总结了西汉农业的一大成果：区田法。区田法就是在干旱地区耕种的方法，即每亩挖一千多个窝，然后将熟土垫在窝中，庄稼就种在窝里，这样就可以保湿抗旱。窝就叫区。氾胜之为汉成帝时议郎，曾在黄土高原教导农业技术获得丰收。《氾胜之书》今已失传，只有清朝人的辑本。南北朝时出现了至今保存下来的全世界最早的一部完整农书《齐民要术》。此书为北魏贾思勰撰，共九卷，系统总结了当时农业生产及生活各方面的情况。像粮食、蔬菜、瓜果、树木的种植，家禽牲畜的喂养，酿酒制酱的方法，无不尽有。尤其是对庄稼的轮栽技术，农作物的选种、育种做了深入研究，使农业栽培技术有了很大的发展，被称为古代农业生活的百科全书。贾思勰生平不详，但古人称其仅此一书便足不朽。唐代农书多已失传，保留下来最有名的就是唐朝末年陆龟蒙的《耒耜经》。耒耜就是犁的前身。此书是我国第一部讲农具的专书。陆龟蒙是唐末著名杂文家，鲁迅先生的文风多受其影响，因此《耒耜经》的文笔颇为古雅。南宋偏安江南，因此出了一部主要总结长江下游农业技术经验的农书《陈旉农书》，陈旉是作者的名字。此书的最大贡献是反对休耕制度，提出土地的反复使用问题。休耕就是一块土地经过几年的耕种，肥力用尽后则让其荒芜，几年后再耕种。陈旉深入研究土地的积肥、施肥及施肥方法，使土地能连续使用，并连续丰收。这就解决了宋代以来人口增长与土地有限的矛盾。元代是蒙古人统治，蒙古原是游牧民族，入主中原以后就更加重视农业生产。中央专门设立大司农司，地方设立行大司农司，督导农业，因此元代农学相当发达。大司农司编辑了《农桑辑要》，取农为食之本，桑为衣之本之义。此书是我国现存最早的官修农书，是关于农业生产技术的指导著作，非常切于实用，影响重大，刊行上万册，是我国历史上刊印最多的农书。另外，维吾尔族人鲁明善著有《农桑衣食撮要》，此书将岁时节令与耕种收藏相结合，简明易晓。元朝农书成就最高的就是王祯的《农书》。《王祯农书》共二十二卷，三部分。第一部分讲农业耕种、生产养殖各方面问题；第二部分讲粮食、蔬果、树木种类；第三部分讲各类农具，此部分配有插图，是对农具、农业机械的杰出总结，成就极高，远非《耒耜经》可比。《四库全书》称王祯此书"引据赅洽，文章尔雅，绘画亦皆工致，可谓华实兼资"。《王祯农书》总结了中古以来农业生产的经验，可与《齐民要术》并称双璧。

　　明代是中国历史上自然灾害最多的一个朝代，两百七十六年之中，灾害发生了一千零一十一次。所以明代农书主要讨论救荒与高产的问题。讨论救荒的农书主要有朱橚的《救荒本草》、鲍山的《野菜博录》。讨论高产的农书主要有徐光启的《农政全书》。朱橚为明太祖朱元璋第五个儿子，他在王府中种了四百余种野菜，又召画工描绘，并以文字说明其形态、生长地、可食部位、食法，集成《救荒本草》。所谓"救荒本草"就是灾荒年可供食用的野菜。《野菜博录》也是与《救荒本草》同性质的书。《救荒本草》收野菜四百一十四种，《野菜博录》收野菜二百六十二种。《农政全书》是整个中国古代农业科学集大成的著作，为明朝末年进士、大学者徐光启所著。徐光启因向意大利传教士利玛窦学习西洋天文、算学、火器，成为中国系统了解掌握西洋文化的第一人。他平生著述甚丰，而《农政全书》影响最大。《农政全书》分农本、田制、农制、水利、开垦、树艺、蚕桑、收养、酿造、造屋、家庭日用、荒政十二部分，对农业理论、技术、政策、资料等均有论述。这本书对于在中国推广外国引进的甘薯、土豆等高产作物，棉花等经济作物贡献很大。而高产作物对于解决灾荒时粮食短缺的问题有极大的作用。《农政全书》是整个古代农业不可多得的总结性巨著。清代出现了官修农家总结性的著作《钦定授时通考》，此书乃奉乾隆皇帝之命修成，有乾隆皇帝御制序文，内容涉及农家土壤、种植、养殖、蚕桑、备荒等各方面的问题。而历代农书中成就最高、影响最大的还是《齐民要术》《王祯农书》《农政全书》。

　　《四库全书》子部农家类共收录了十部著作，分别是《齐民要术》《陈旉农书》《农桑辑要》《农桑衣食撮要》《王祯农书》《救荒本草》《农政全书》《泰西水法》《野菜博录》《钦定授时通考》。《泰西水法》为明朝西洋人熊三拔所撰，讲取水蓄水之法。其余九部前已讲到，兹不赘述。存目共收九部著作，其中最有名的就是陆龟蒙的《耒耜经》。

第十二章

风流的艺术家

一意孤行深入荒煙大漠
兩峰高聳傲橫落日長河
此非藝術家之品性乎其餘國
九十九年春深李里繪於西蜀

　　艺术家在子学中也是非常灿烂的一家，传统读书人必备的琴棋书画四技都属于艺术的范畴。艺术的产生来源于人的美欲，美欲就是人对于美好事物的欲望。比如看到灿烂的鲜花会喜悦，看到清纯的少女会倾心，看到天高云淡、高山流水会心旷神怡。美欲是人人都有的根本欲望之一，所以世人常说"爱美之心人皆有之"。虽然人人都有美欲，但各人对美的体会的强弱是大不相同的，对美有最敏锐最强烈体会的人才可能成为艺术家。艺术家一般都具有玄心、妙赏、洞见、深情的风流人格。这种风流人格的特征就是多愁善感、细腻敏锐、超越功利、自由浪漫，对于风花雪月、山川草木都一往情深。艺术家都有对自然、社会、人生最敏锐细腻的感受和最丰富饱满的情感，但表达这种感受和情感的形式各有不同，由此形成了不同的艺术门类。用文字来表达就形成书法艺术，用线条色彩来表达就形成绘画艺术，用泥砖木石来表达就形成雕塑艺术，由音律乐器来表达就形成音乐艺术，用身体四肢来表达就形成舞蹈艺术，等等。中国传统艺术主要有音乐、书法、篆刻、绘画、雕塑、舞蹈、杂技各类。《四库全书》子部艺术类列了书画、琴谱、篆刻、杂技四类。杂技主要指棋艺、演奏、射箭之类。

　　中国文化追求含蓄内敛的中和之美。所谓"中和之美"就是《诗经》构建起来的"乐而不淫，哀而不伤，怨而不怒"的审美理想。中和之中包含着阴阳、刚柔、虚实、浓淡、粗细、大小、疏密、黑白、快慢、高下的丰富变化与对立统一。传统艺术是对这种含蓄内敛中和之美的集中体现。不管哪一门艺术，它的最高追求都在于此。

　　在中国文化中音乐被看成是艺术类里地位最崇高的一门。孔子就非常重视音乐的教化作用，认为音乐可以在不知不觉之间打动人心，引导人心和平，使社会祥和，故删述六经中特有《乐经》。孔子本人就是伟大的音乐家，一生爱好弹琴唱歌。孔子说"兴于诗，立于礼，成于乐"，意思是用诗来兴发人美好的感情，用礼来约束人的行为，最后在音乐中完成人情感与理智的和谐统一。由于圣人的推崇，虽然《乐经》毁于秦火，《四库全书》经部中仍设乐类，将辨音律、明雅乐的著作收在其中。这也足见音乐的特殊地位，非艺术类其他诸家所能相比。

中国古代音乐可以分为乐理、乐律、乐舞、乐器、乐谱五个部分。乐理主要是对音乐的和谐精神及教化作用的阐发，像《礼记》的《乐记》就是专讲乐理的。乐律主要是研究音律，中国音乐分为五音十二律。五音就是宫、商、角、徵、羽，相当于哆、唻、咪、嗦、啦，又用变宫表示西，变徵表示发，构成七音。五音只有相对音高，古人又用十二律来定音高，十二律分别是黄钟、大吕、太簇、夹钟、姑洗、中吕、蕤宾、林钟、夷则、南吕、无射、应钟。十二律又分为六律六吕，奇数为六律，偶数为六吕。乐舞就是各种配乐的舞蹈。中国的舞蹈基本都是和音乐配合在一起，没有独立出来。乐器主要分为敲击乐、吹奏乐、丝弦乐三大类。编钟、锣、鼓、磬等都属于敲击乐；笛、箫、笙、喇叭等都属于吹奏乐；古琴、筝、琵琶、胡琴等属于丝弦乐。乐谱是对乐曲的记录，中国古乐谱有三十二种，其中代表性的有文字谱、减字谱、工尺谱等。文字谱就是用汉字记录的曲谱。减字谱是将汉字减笔后组成新记号记录的曲谱。减字谱是古琴谱划时代的革新，方便简洁易掌握，中国历史上传下来的三千多首古琴曲都是用这种方法记录下来的。工尺谱是用"合、四、乙、上、尺、工、凡、六、五、乙"作记号记录的曲谱。工尺谱盛行于明清两朝，影响深远。乐理、乐律的著作《四库全书》大都收在经部中，乐舞、乐器、乐谱的著作《四库全书》大都收在子部艺术类琴谱与杂技类里。

中国古代音乐分为上古、中古、近古三个时期。上古指秦朝以前，中古指秦朝到唐朝，近古指宋朝到清朝。上古音乐主要以典礼音乐为主，注重教化作用。典礼音乐指用于祭祀、大典及各种仪式中的音乐。这种音乐节奏缓慢，肃穆庄重。此期典礼音乐以周朝为最盛，主要分为郊社、尝禘、食飨、王师大献、行军田役五类。郊社就是祭祀天地神灵时使用的音乐；尝禘是祭祀祖先时使用的音乐；食飨是外交礼仪中使用的音乐；王师大献是庆祝战争胜利时使用的音乐；行军田役是军事演习中使用的音乐。另外上古还有著名的六代乐舞：《云门》《咸池》《九韶》《大夏》《大濩》《大武》。六代乐舞是以歌舞的形式对六代圣王的歌颂。《云门》是对黄帝的歌颂，《咸池》是对尧帝的歌颂，《九韶》是对舜帝的歌颂，《大夏》是对禹帝的歌颂，《大濩》是对商汤的歌颂，《大武》是对周武王的歌颂。六代乐舞的素材来自民间，由宫廷乐师加工而成，开启了后世宫廷乐舞的先河。

　　中古音乐主要以宫廷乐舞为主，供帝王享乐是其重要目的。宫廷乐舞是皇宫中演给帝王看的大型音乐舞蹈。宫廷乐舞场面辉煌、编制庞大、结构繁复，达到了极高的艺术成就。秦代设乐府，到汉武帝时大盛。乐府是朝廷掌管音乐的专门机构，主要负责到民间收集音乐，然后加工创作供宫廷表演。汉代宫廷音乐最有代表性的就是"相和歌"。相和歌是汉代民间歌曲的总称，一般一人唱，几人和，后来发展成三段式的大型曲调"相合大曲"。西晋南渡以后，北方的相和歌与南方的吴歌、楚声融合，形成了新的音乐"清商乐"。清商乐与相和歌的主要区别是相和歌是以北方音调为主，清商乐是以南方音调为主，婉转、细腻、柔美。隋唐音乐以燕乐为代表，燕乐是隋唐宫廷收集的民间俗乐和与周边国家广泛音乐交流形成的流行音乐的总称。燕乐包含了声乐、器乐、舞蹈、杂技等众多内容，结构庞大，逻辑严密，对比强烈，表演人数众多。唐玄宗亲自编排的《霓裳羽衣舞》就是最典型的代表。

　　近古音乐主要以民间音乐为主，有强烈世俗化的倾向，供市民娱乐是其重要作用。宋代音乐以曲子词为代表，曲子词是可以和乐而歌的词。曲子词除了单唱，还可以多支联为套曲唱。套曲的出现就为后来的说唱艺术及戏曲奠定了基础。宋朝的说唱音乐主要以鼓子词和诸宫调为代表。鼓子词就是用一支乐曲反复吟唱，中间加散文讲说。诸宫调是把同宫和不同宫的若干曲调连缀起来说唱长篇故事。诸宫是指不同宫的曲调，也就是不同音高的曲调。宋代音乐的重大贡献就是促使戏曲的发展壮大，到元朝出现了杂剧。宋朝还出了三部重要音乐理论著作：一部是陈旸著的《乐书》，一部是王灼著的《碧鸡漫志》，一部是朱长文著的《琴史》。《乐书》是我国古代音乐的百科全书，《四库全书》收在经部乐类里。《碧鸡漫志》主要论述古代歌曲。《琴史》是中国第一部琴史专著，讲述了古琴的源流、理论及历代琴师等内容。明代戏曲在广泛吸收南方民间音乐的基础上形成了海盐腔、余姚腔、弋阳腔、昆山腔四大声腔。后来昆山腔地位日益提高，成为明代戏曲声腔中成就最高影响最广的一种。明清的民间音乐还促进了乐器的发展，形成了古筝、古琴、琵琶、笛、萧、唢呐等独奏门类。明代音乐理论出现了集大成的气象，产生了许多总结音乐遗产及理论的著作。

其中最著名的大音乐家是朱载堉，他在乐律学上有重大贡献。

　　人内心中有丰富的情感，不同的情感流露出来就有不同的声音。情感的喜怒哀乐就形成声音的清浊高下，声音按一定的规则组织就形成动听的乐音，乐音组合起来表达一定的思想感情就形成音乐。音乐是人的情感最直接的表达形式，几乎大多数人不经过学习训练就能哼出质朴的曲调。所以音乐也是最容易被人接受、最容易发挥教化作用的艺术，因此它的运用也极广，中国的文学、曲艺、戏曲、舞蹈，以及中国人的审美情趣无不受到它的影响。

　　书法是以汉字为载体的书写艺术，也是中华民族特有的艺术形式，故在艺术家里占有极其重要的位置。书法艺术得以形成的最基本条件是汉字和毛笔。汉字是形、音、义三位一体的文字，又是可以独立作为一门艺术来表现的文字。汉字的方块结构和众多笔画构成了书法艺术的物质载体。毛笔是以兽毛制成笔尖的富有柔软性和弹力的书写工具，正因其柔软性与弹力，在书写时就可以赋予汉字丰富的表现力。故而汉代大书法家蔡邕讲"唯笔软则奇怪生焉"。书法讲究线条美、结构美、章法美、中和美。线条美主要是看线条的力量，结构美主要是看字笔画之间的联结搭配，章法美主要是看一幅字的谋篇布局，中和美主要是看一幅字所展现出来的精神气象。

　　中国书法的发展以先秦为萌芽期，主要以甲骨文、金文、石鼓文为代表。甲骨文是刻在龟甲、兽骨上的文字，金文是铸刻在青铜器上的文字，石鼓文是刻在石头上的文字。这一时期的书法主要是铸刻出来的，所以笔画都比较均匀，主要体现为结构之美。

　　秦汉是中国书法的奠基期，秦代书法以小篆为代表，汉代书法以隶书为代表。秦篆字体纵长，笔画圆润饱满，体现大秦王朝统一天下的气象。隶书字体横长，一笔之内有起伏变化，形成蚕头燕尾的鲜明特征，体现大汉王朝纵横四方的气象。隶书又有方笔和圆笔之分，方笔沉雄劲利，以《张迁碑》为代表；圆笔圆转流动，以《曹全碑》为代表。

　　魏晋南北朝是书法的成熟期，完成了隶书向楷书的演变，出现了书法史上伟大的王羲之、王献之父子。楷书完成的标志性人物是三国时的大书法家钟繇，钟繇各体兼善，小楷成就最高。王羲之是东晋时人，被称为"书圣"。他在书法上的最大贡献是创立了飘逸自然的行草书风，并将时代精神、个人的情感与书法艺术完美地结合在一起，创造出意蕴深邃的艺术境界，使书法摆脱了实用的束缚，真正成为了一门独立的艺术。集中体现王羲之书法最高成就与魏晋时期书法最高成就的作品是行书《兰亭集序》。王献之是王羲之的第七子，他创立了一种体势开张、纵横飞动的书风，对草书发展有极大影响。王羲之、王献之父子史称"二王"。南北朝时期书法也出现了南北风格的极大差异，南朝沿着王羲之的书风继续发展，呈现出温雅灵动的风格；北朝书法以魏碑为代表，呈现出雄劲刚健的风格。另外南朝梁还出了中国第一部讲书法史的专著《书品》，为南朝文学家庾肩吾所著，将汉朝到齐梁之间一百二十八位书家分为九品，论述其得失高下。

隋唐是中国书法的鼎盛期，楷书与草书都达到了登峰造极的地步，出现了中国书法史上第二代伟大的书法家颜真卿、柳公权。隋代书法融合了南朝北朝的书风，为唐楷的出现准备了条件。隋代影响较大的书法家是智永法师，他是王羲之的七世孙，其楷书在魏晋与唐朝之间起了承上启下的作用，并总结出书法用笔的"永字八法"。唐代楷书从笔画、结体到行气、布白都建立起了规整的法度，树立了永恒的楷模，成为后世书家的标准。唐太宗非常喜欢书法，并设书学博士以书法取士，这对唐朝书法的兴盛产生了重要影响。初唐著名的楷书家有欧阳询、虞世南、褚遂良、薛稷。其中欧阳询成就最高，对后世影响也最大。欧阳询书风高峻，结体方整，法度森严，其代表作为《九成宫醴泉铭》。虞世南师从智永法师，书风雍容圆润。褚遂良融二王、虞世南为一家，创立瘦硬娟秀的书风。薛稷是褚遂良的外孙，书风比褚遂良更为细密。初唐四家创立了唐代书法清新刚劲的气派。

盛唐出现了为楷书立法的伟大书家颜真卿、柳公权和代表草书艺术最高成就的张旭、怀素。颜真卿将篆、隶、行、草的笔法融于楷书之中，形成了笔力雄强、结体丰满、气势磅礴的楷书法度，并将儒家温柔敦厚、木讷刚毅、悲天悯人的人格特征融化于书法艺术中，使书法的艺术风格和书家的人格精神达到完美的统一。颜真卿善于在楷书定型的法则下表现丰富多变的情感，所以他的书法作品虽法度严整又变化多样，给人以气象万千的感觉。其早、中、晚三期的书风各有不同，早期书风严整刚劲，代表作为《多宝塔感应碑》；中期书风清正文雅，代表作为《东方朔画赞碑》；晚期书风古拙雄浑，真正将正大的人格与高远的书风融为一体，展现出最高的艺术成就，代表作为《颜勤礼碑》《麻姑仙坛记》。颜真卿在书法史上立下了不朽的丰碑，为后世历代书家所崇仰。柳公权学颜真卿、欧阳询又独出新意，自成一家，书风瘦硬挺健、骨力充盈、笔笔用力、法度谨然。颜真卿主要生活在安史之乱以前，书风体现了盛唐的宏大气象；柳公权主要生活在安史之乱以后，书风更多了些萧杀之气，故而世人称颜柳的字为"颜筋柳骨"。柳公权的代表作为《玄秘塔碑》《神策军碑》。颜真卿和柳公权共同构建了楷书的最高法则。

张旭被称为"草圣"，常醉中写字，世称"张颠"。自创狂草书体，以此抒情，书风变幻莫测，出鬼入神，备受后人推崇。代表作为《肚痛帖》。怀素出家为僧，世称"怀狂"。怀素将书法与书理融为一体，书风比张旭内敛含蓄，纳激情于规矩之中。代表作为《自叙帖》，此帖记叙了怀素学佛习书的经历与时人对书法的评论。除张旭、怀素外，在武则天时期还出了一位有较高成就的草书大家孙过庭，他的传世草书作品《书谱序》既是优秀的草书墨迹，又是思想深刻的书法理论文章，代表了初唐书法理论的水平。

唐以后是书法的发展变化期。五代十国书法成就比较高的书家是以行草见长的杨凝式。宋代书法以展现书家性情的行书见长。宋代由于印刷术普及，楷书的运用远不及唐朝运用之广，所以宋代楷书的成就也远不如唐朝。宋代书法成就最高的主要有苏东坡、黄庭坚、米芾、蔡襄四家。苏东坡字如其人，书法飘逸洒脱，外貌丰厚而内含筋骨，后世称之为"纯棉裹铁"，有"出新意于法度之中，寄妙理于豪放之外"的意趣。黄庭坚的书法结体纵长，奇绝瘦劲。米芾的书法丰神潇洒，平淡天真，对明清两代书家影响甚大。蔡襄书法摹古开新，妙趣横生。

元朝书法成就最高的是赵孟頫。赵孟頫以宋朝皇室后裔在元代五朝为官，四海闻名。书法上集众家之长，各体兼擅，讲究用笔，结构严谨，即尚法度又求神韵，成为颜真卿、柳公权、欧阳询、苏东坡之后伟大的书法家。

明代书法前期复古之风颇盛，出了祝允明、文征明、王宠为代表的"吴门三家"。所以称"吴门"是因三人皆生活于苏州一带，三人的字都体现出浓烈的文人风骨。明代中期出了董其昌、徐渭两位成就较高的书法家。董其昌以画坛盟主的地位创造了淡雅清秀的理想文人书法。徐渭人生经历坎坷传奇，诗、书、画皆绝，书法雄浑苍凉，有侠士之气。明代后期的书法以八大山人、石涛为代表，书风是以画入书。八大山人、石涛本是著名的画家，他们都讲究在书法中体现画意，提倡作书如作画。

清代书法风格多样，空前繁荣。前期主要以董其昌的秀雅书法为宗，后期主要将甲骨、篆隶、魏碑的刀刻意趣引入用笔中，创造出新的书风。清初书法的成就以傅山为代表，傅山集思想家、医药家、书画家为一身，书风刚烈深沉。清代中期的书法以刘墉、王文治、翁方纲、郑板桥、金农为代表。刘墉、王文治、翁方纲皆学董其昌。刘字墨趣浓厚，气度雍容。王字墨色淡雅，空灵飘逸。因刘墉为宰相，王文治为探花，时人称为"浓墨宰相，淡墨探花"。翁方纲学习古人，严守规矩，书风浑厚凝重。郑板桥、金农是乾隆年间著名的大画家，书法怪异狂野，自成一格。金农创漆书体，写字墨浓如漆，用笔如刷。郑板桥杂糅楷、草、篆、隶、行，创六分半书。清代后期的书法以邓石如、何绍基、吴昌硕为代表。此三人皆是将金石融于书法之中，创立碑学派。邓石如本是著名的篆刻家，写字将隶书之意融于篆书之中，使篆书别开生面。何绍基书法将隶篆笔法用于行楷之间，气韵古拙。吴昌硕将石鼓文笔法用于各体之中，书风沉雄，尤以篆书为最。

书法在众多艺术门类中是最特殊的一家，因为写字是所有读书人都必须要做的事，把字写好其实就是书法的初步。而像绘画、音乐、雕塑、舞蹈等，从事的人则少很多。书法对于塑造中国人的性格有至关重要的作用。书法可以让人养静、养正、养和。人坐下来铺纸、磨墨、调笔、一笔一画地写字就是养静；写字的时候身要坐端，手要握端，目不斜视，心无杂念就是养正；写字起笔顿顿，落笔顿顿，间架结构要恰到好处就是养和。人在写字的时候，不知不觉就会受到人格的陶养，养成一种宁静、方正、祥和的精神品格。而这种精神品格正是大多数传统读书人所共有的品格，这是书法对于中国文化最重要的贡献。

与书法艺术联系最紧密的就是篆刻艺术。篆刻就是刻在金石上的书法。篆刻有广义狭义之分：甲骨文、金文、石鼓文是广义的篆刻，印章是狭义的篆刻。印章起源很早，商周之际就有最早的印章。"印"字左边表示手，右边表示取信之物，像手拿取信之物的形状，表示信用的意思。印章是在社会生活中增强信用的东西。秦代以前印章统称玺，秦朝建立后，秦始皇规定只有皇帝的印才能称玺，老百姓的印称印，将军的印称章。印章可以分为官印、私印、鸟虫书印、闲章、收藏印、肖形印等。官印就是帝王、文武百官所用的印。私印就是个人用的印章。鸟虫书印就是用篆书中的鸟虫书刻成的印，鸟虫书笔画屈曲盘绕，颇似鸟虫鱼形状。闲章是刻有诗词对联、名言警句、斋馆名号等的印章，一般盖在书画作品之上，起到补充丰富画面的作用。收藏印是专为盖在收藏品上而刻的印。肖形印是刻有图形的印章。

印章上的字体，有篆书、有隶书、有楷书。因篆书难辨认，难仿制，有防伪的作用，故印章字体多以篆书为主，故称篆刻。篆刻的文字分阴文阳文两种。阴文是直接用刀把字的笔画凿出来；阳文是把字笔画以外的部分掏空，让字的笔画显现出来。阴文因字的笔画印出来是白的，又叫白文；阳文因字的笔画印出来是红的，又叫朱文。朱就是红的意思。篆刻艺术讲究章法和刀法，章法就是文字在印石上的构图布局，刀法就是刻字运刀的方法。章法主要以布局的疏密虚实为重要。刀法主要有切刀法、冲刀法。切刀法就是一刀一刀地把不需要的部分切去，所刻出的印比较规整圆润。冲刀法是以冲走运行的方式用刀凿去不需要的部分，所刻出的印大气朴拙。

元代以前印章基本都是工匠铸刻，元代以后才有文人自己雕刻印章。元以前的工匠篆刻以汉代成就最高，史称"汉印"。汉印多用白文，古拙纯朴，气象宏大，对后世篆刻影响深远，明清篆刻家治印大多取法汉印。元朝大书法家赵孟頫最早开始自己写印稿，交工匠刻字，并创立了线条圆润的圆朱文。大画家王冕找到了适合文人雕刻的质地柔软的印石，为文人刻印打下了物质基础。明朝文人刻印逐渐成熟，大书画家文征明的儿子文彭，被尊为文人刻印的始祖。他将刻印与书画有机结合，使篆刻创作向个性化发展。清代篆刻艺术空前繁荣，前期出现了以何震为代表的皖派和以丁敬为代表的浙派。皖派治印风格圆润温厚，气象阴柔；浙派治印风格古朴苍劲，气象阳刚。清代中期成就最高、影响最大的篆刻家是邓石如，他书法各体皆长，刻印擅长圆朱文，印风婉转飞动。后期出现了赵之谦、吴昌硕、黄牧甫三大篆刻家。赵之谦刻印取法钱币、砖瓦、石刻雕像，自成一体，多姿多彩、生机盎然。吴昌硕以石鼓文笔意入篆，大气磅礴、古拙浑朴，名重一时。黄牧甫治印追求光鲜纯美，反对残损，印风秀丽，妙趣横生。清末出现了篆刻艺术承上启下的大家齐白石，他集历代篆刻艺术之大成，强调章法的疏密对比，用刀单刀直冲，形成了大刀阔斧、气势雄浑、畅快淋漓的印风，对现代篆刻产生了深远影响。另外，浙派篆刻家以"保存金石、研究印学、兼及书画"为宗旨，于一九〇四年在杭州西湖孤山成立了著名的研究金石篆刻的西泠印社，吴昌硕首任社长。西泠印社是近代最富盛名、影响最大的篆刻团体。

篆刻艺术是书法艺术与雕刻艺术的结合，它是在狭小的空间里用雕刻的方式展现书法的意韵。它对中国文人画的发展起了至关重要的作用，文人画的重要特征之一就是诗书画印的结合。明清以后，一幅好字好画都离不开好印的配合。篆刻艺术充分体现了中国文化的高雅与精致，塑造了中国文人的风雅与闲适。

国画是中国绘画最主要最具特色的表现形式，代表了中国绘画艺术的最高水平。国画即中国画，它是以笔、墨、纸、砚等为工具，以线条笔墨为主要表现手段，以皴、擦、点、染为主要技巧，以人物、山水、花鸟为主要内容，以强调神似为主要精神内涵的绘画形式。国画产生于魏晋南北朝时期，以此为分界线，从上古到魏晋南北朝是中国绘画的奠基期，魏晋南北朝到宋朝是中国绘画的成熟期，元明清三朝是中国绘画的变革期。

夏商周以前，中国绘画处于实用阶段，绘画只是对生活的简单纪录和对生活用品的简单装饰，这个时期的绘画和文字有相似的作用，故而后人称中国绘画与书法"书画同源"。实用阶段的绘画主要以彩陶上的花纹、壁画、地画为代表。夏商周到秦汉，中国绘画处于礼教阶段，绘画主要用来助人伦、成教化，使老百姓知是非善恶。夏商周的绘画主要以青铜器上的花纹图画为代表，这些花纹图画或彰表功德，或描绘圣贤，或铸刻神灵，或表现礼制，教化目的明确。秦汉绘画主要以画像砖为主，内容主要表现人和神的交流，但也开始出现现实人间的生活场景，绘画更为精细形象，奠定了中国绘画强调神韵的造型基础。

魏晋南北朝时期，由于纸的普遍运用，文化的自觉，绘画从实用中独立出来，出现了真正意义上的国画，形成了国画的理论，并有了专业的画家。三国时吴国的曹不兴、曹不兴的弟子卫协，东晋时的顾恺之、顾恺之的弟子陆探微，南朝齐梁之际的张僧繇都是当时著名的专业画家。曹不兴画人，细致微妙，衣服紧贴肉体，好像被水沾湿似的，有"曹衣出水"之称。卫协当时更被称为"画圣"，有"古画皆略，自协始精"的说法。陆探微画人笔法缜微而有骨力，人称"陆得其骨"。张僧繇创造了意到笔不到的艺术效果。顾恺之的成就最高，是第一位被正史列入传记的画家。他第一个提出了绘画贵在传神的主张，奠定了中国绘画不片面追求形式，而将形式作为神韵表达载体的核心艺术精神，为国画的独立发展做出了巨大贡献。《论画》《摹拓妙法》《画云台山记》是流传至今的顾恺之的三篇画论，系统阐述了传神的理论要求和实际经验。《女史箴图》《洛神赋图》是保存至今的顾恺之画作的摹本，从中可以看出顾恺之注重神情表达的艺术追求。

魏晋国画的主要内容都是人物，山水只是人物的背景。到了南北朝才出现了独立的山水画，并有了专门论述山水画理论的著作，其中最有代表性的就是南朝画家宗炳的《画山水序》和王微的《叙画》。这两篇文章都提到山水是画家心灵的表现，这对后世山水画乃至整个国画的发展都有重要的理论影响。随着魏晋南北朝绘画的繁荣，中国画的理论体系也开始确立，其标志就是南朝齐梁时期著名画家、绘画理论家谢赫的著名绘画理论著作《画品》的出现。《画品》按照绘画的风格与水平将七十二位画家分为六个品级，并总结出创作国画与品评国画的六个标准，分别是：气韵生动、骨法用笔、应物象形、随类赋彩、经营位置、传移摹写。气韵生动是讲国画的神韵，骨法用笔是讲国画的笔墨技巧，应物象形是讲国画的造型方法，随类赋彩是讲国画的色彩要求，经营位置是讲国画的构图布局，传移摹写是讲国画的学习临摹。六法构成了一个完整有联系的理论体系，树立了中国画的艺术标准，影响巨大深远。《画品》也是全世界第一部系统评论画家及艺术风格的著作。南朝末期还出现了姚最的《续画品》，此书只评论画家风格，不论品级。

隋朝最有名的画家是展子虔，其代表作《游春图》是保存至今最早的山水画，其中已初步体现了山水画的基本要素，创立了青绿山水的画风，标志着山水画作为独立的门类进入国画的殿堂。

唐宋时期国画达到了全面成熟，人物、山水、花鸟各类绘画题材齐备并得到深入发掘，皴、擦、点、染各种技巧逐渐完善，工笔、写意各种创作手法自由运用，绘画理论极具规模，装裱、收藏、流通也形成规矩。唐宋国画的区别可用"唐工宋巧"来概括。唐朝国画描绘工致，色彩华丽，宋朝国画细致入微，趣味十足。唐代人物画题材广泛，帝王将相、宫人仕女、域外使臣、神仙佛道、世俗人物无不尽有。其中最著名的画家初唐有阎立德、阎立本兄弟，中唐有吴道子、张萱，晚唐有周昉。阎氏兄弟以阎立本成就为高，擅画肖像，笔力圆劲，传世名作有《历代帝王图》《步辇图》。前者描绘了从汉昭帝到隋炀帝十三个帝王形象，后者描绘了松赞干布派使臣迎请文成公主的场景。吴道子的人物画成就极高，既有创新又不失法度，笔力遒劲，画风生动，所画飘带临风飞舞，被称为"吴带当风"。吴道子与顾恺之、陆探微、张僧繇并称为"画家四祖"。张萱、周昉皆以仕女画见长，描法设色颇为独到。张萱传世名作有《捣练图》《虢国夫人游春图》，周昉传世名作有《簪花仕女图》，皆为唐代绘画之精品。

唐代山水画分为青绿山水和写意山水。青绿山水以李思训和李昭道父子为代表，所画山水用厚重的青色和金色共同着色勾勒，具有浓厚的装饰意味，画风精细，成为工笔山水画之祖，传世名作有《江帆楼阁图》《春山行旅图》。写意山水以王维为代表，所画山水以水墨晕染，画风飘逸，成为水墨山水画之祖，并开启后世文人画的先河。

唐代还有以画动物知名的画家，有以画马著名的韩干，传世名作有《牧马图》；有以画牛著名的韩滉，传世名作有《五牛图》。这些作品都描绘精致细腻，显示了高超的写实技巧。

五代时期山水画取得了巨大的成就，出了四位里程碑式的画家，分别是荆浩、关仝、董源、巨然，史称"荆关董巨"。荆浩、关仝为北方画家，董源、巨然为南方画家。前者擅画木石，画风雄浑森然；后者擅画山水，画风秀润平淡。四家对于山水画的主要贡献是将巨大的山水布局与细小的笔墨技巧结合，前所未有。从此山水画的地位超过了人物画，成为后世绘画最重要的门类。五代时期花鸟画成为一种正式的门类，并形成了自己的流派。花鸟画的出现与画院的设立有密切的关系，南唐宫廷开始创立画院，培养专业画家。花鸟画的始祖黄荃就是西蜀著名的宫廷画家，他为花鸟题材的独立，为花鸟画的形成做出了卓越贡献。他集众家之长，创立了专门描绘花鸟的技法，画风妍丽工细、富丽堂皇，传世名作《写生珍禽图》，展现了高妙的写实技巧，比西方古典绘画的写实有过之而无不及。与黄荃齐名的花鸟画家是南唐的布衣徐熙，徐熙的花鸟画题材广泛，彩墨并施，注重写意，画风闲淡潇洒。后世称"黄荃富贵，徐熙野逸"。五代时期人物画家最著名的有顾闳中、周文矩和贯休。顾闳中的传世名作《韩熙载夜宴图》，是奉李后主之命潜入中书侍郎韩熙载家偷窥绘制而成，描绘韩熙载宴客歌舞的场景，细致生动，为人物画中不可多得的佳作。周文矩的传世名作《重屏会棋图》，画南唐中主李璟和弟弟下棋的场景，委婉有情志。贯体为唐末五代画僧，爱用夸张手法描绘罗汉，传世名作有《十六罗汉图》。

宋代的山水画沿着五代发展，北宋山水画家最著名的有李成、范宽、郭熙。南宋有刘松年、李唐、马远、夏圭，被称为"南宋四大家"。李成、范宽、郭熙继承荆浩、关仝的画法，擅画大幅作品，多取深远高旷的全景构图，画风既大气又精致。南宋四家表现手法丰富，构图特殊，有"马一角""夏半边"之称。"马一角"就是说马远喜爱一个角落的构图，"夏半边"是说夏圭喜爱半边的构图。在全景式的大幅山水之外，还有富于诗意情趣的小景山水，代表画家是米芾、米友仁父子。他们的山水用笔墨随意点染，别有意趣，开启了元代文人山水画的先河。

宋代的花鸟画也达到了致广大、极精微的程度，大多花鸟画家都出自宋代画院。最著名的是北宋徽宗赵佶。徽宗酷好书画，亲掌翰林图画院，并以绘画开科取士，为前古所未有。考试以诗句为画题，著名的有"踏花归来马蹄香""深山藏古寺""恼人春色不须多"等。徽宗又大力表彰画师，故而宫廷绘画异常兴盛。徽宗书画皆长，书法创"瘦金体"，高雅别致；工笔画精美细腻，传世名作有《芙蓉锦鸡图》《瑞鹤图》等。南宋画院很多无名氏的工笔花鸟画，善于捕捉各种生动的姿态和转瞬即逝的情景，精巧生动，富有生活情趣。

宋代人物画家最著名的有北宋的李公麟和南宋的梁楷。李公麟擅长白描人物，出神入化。梁楷自创泼墨人物，笔法洗练放逸，开启元明清写意人物画的先河。另外，北宋还有善画道教人物的武宗元，善画风俗的画家苏汉臣、张择端。武宗元善画道教人物，画风细密，有传世名作《八十七神仙卷》；苏汉臣善画妇女儿童、市井小民，画风精细活泼；张择端的《清明上河图》更是描绘北宋都城汴京风俗人情的鸿篇巨制。

唐宋绘画理论也有长足发展，出现了不少画论专著。其中成就最高影响最大的是唐代张彦远的《历代名画记》。此书为中国第一部较完备的绘画通史，被誉为"美术史上的《史记》"。全书共十卷，四个部分，分别是中唐以前的绘画历史、绘画理论与技法、画家传略、画作的装裱鉴赏收藏。

唐宋时期绘画各门类、各种技巧都达到了极工尽巧的地步，这就给元明清的绘画提出了新的要求，必须要变革创新。而元明清绘画的巨大变革，就是文人画的出现。文人画主要是文人创作的反映他们生活理想和审美情趣的具有独特形式的绘画。文人画的特点有三：一是注重绘画的文学性，使绘画具有强烈的文学趣味，也就是追求诗中有画、画中有诗的意境；二是注重绘画笔墨的韵味，强调将书法的意趣融入绘画之中；三是在画面上大量题字写诗，并以印章增添其雅趣。文人画的出现是文学艺术、诗书画印交融的最佳体现。到元朝，真正形成了宫廷画师、文人画家、民间画工三大画家群。

元朝初年，成就最高的画家是赵孟頫。赵孟頫学识渊博，精通诗文、书画、音律，在国画上提出法古、复古的主张，讲"作画贵有古意，若无古意，虽工无益"。他所谓的"复古"即复唐人之古。为了复古，赵孟頫提出以书入画，将书法线条之美融入绘画，以之寻求古意，这为文人画的出现奠定了基础。元代文人画的真正代表是黄公望、王蒙、吴镇、倪瓒，被称为"元四家"。其中以黄公望、倪瓒成就较高。元四家皆以山水见长，笔墨简淡而意蕴深远，画风空灵幽邃，对后世影响极深。另外，元代还有山西永乐宫壁画，描绘百余人物，高大精妙，色彩绚丽，其艺术水平在壁画中可谓空前绝后。

明代绘画沿着元代文人画的方向发展，更重画家人品、学养对绘画的影响，强调个性成为绘画的主流。明初绘画主要以效法南宋院画为主，没有什么大的突破。明代中期出现了影响巨大的吴门画派，所以称"吴门"，是因为这些画家都是苏州人，苏州别名吴门。吴门画派的代表即沈周、文征明、唐寅、仇英，这四人皆是秀雅高逸的文人画家，真正创立了明代绘画的独立面貌，又被称为"明四家"。沈周、文征明是吴门的开派大家。沈周对于笔墨有深入的研究与自如的把握，画风豪放。文征明以书法大家作画，画风宁静典雅，有浓厚的书卷气。唐寅即是天下知名，山水、花鸟、人物无不擅长的风流画家唐伯虎。仇英将民间绘画与文人画完美地结合，有雅俗共赏之妙。

继吴门四家之后，出了一位集明代中期绘画之大成的画家董其昌。董其昌在绘画与理论方面均有巨大影响，为晚明画坛盟主。他诗文书画俱佳，画风秀雅高逸。提倡读万卷书行万里路，认为画家的认识水平与生活阅历是绘画创作的关键，直接开启了"人品高则画品自高"的重要理论。自董其昌始，文人画的理论全面成熟。晚明绘画有以独创水墨大写意花卉著称的名画家徐渭，有以夸张变形、古拙秀雅著称的人物画家陈洪绶，有以肖像画著名的崔子忠、曾鲸，有以积墨山水著名的龚贤，有以没骨花鸟著名的恽寿平。

清初绘画成就最大的是以明朝遗老出家为僧的四位画家：八大山人、石涛、弘仁、髡残，号称"四僧"。八大山人、石涛是明朝宗室出家，皆攻山水花鸟。八大山人名朱耷，花鸟画简约冷峻，造型怪诞，自成一家，空前绝后；落款总是"八大山人"四字连缀，似"哭之笑之"字样，以寄遗民之怀。石涛号大涤子、苦瓜和尚，所画山水画构图新奇，画风古淡，自成高格，有画论《画语录》，辞义玄妙；弘仁号渐江，髡残号石溪，画风皆宏厚苍老，独具特色。

清初除了画风野逸怪诞的四僧外，还有受朝廷赏识的正统画家四王：王时敏、王鉴、王翚、王原祁。四王皆擅山水，规矩严格，画风温柔敦厚；最大的成就是对古代绘画技法的精研和总结，并形成了良好的教学程式，对清代画谱的盛行产生了重要影响。清代最有名的画谱是清初文学家李渔编的《芥子园画谱》，分山水、花鸟、梅兰竹菊、人物四卷，影响深远。

清代中期出现了极富个性、盛极一时的"扬州画派"，因这一派的画家都寓居扬州而得名。扬州画派中最有名的就是"扬州八怪"，分别是金农、郑板桥、黄慎、李鱓、罗聘、李方膺、汪士慎、高凤翰。八怪大多是失意官吏和隐居文人，画风清高怪诞，借古开新。其中郑板桥以画竹知名，罗聘、黄慎、汪士慎以画人物知名，李鱓以画花鸟知名，李方膺以画梅兰竹菊知名，高凤翰以画山水知名，金农画格最高，山水花鸟人物皆擅，画风古雅奇崛。另外，扬州画派还有以画山水知名的华岩。

清末西学东渐，西洋绘画随之而来，国画受到影响，在西化颇深的上海形成海派。海派画风是在文人画中增添了写实精神。著名的画家有赵之谦、任熊、任熏、任颐、虚谷、吴昌硕等。赵之谦、虚谷、吴昌硕皆以花鸟见长；"三任"皆以人物见长。吴昌硕成就最高，画作多有书卷气与金石气。清末出了集古代绘画之大成、又开现代绘画之先河的伟大国画家齐白石。齐白石的画将文人画与民间绘画完美地融合，大俗大雅，既古且新，将中华文化的优美精神表现到了极致。

工笔与写意是国画最主要的两种表现方式。工笔展现了中国绘画高超逼真的写实能力与对客观世界之美的细腻真实表达，说中国画写实不如西洋是对中国画本身的不了解。写意是中国绘画重视意象、重视神韵的艺术精神的集中体现，它以线条笔墨为基础，贵虚无，讲诗意，求趣味，代表了中国人对于高古、悠远、淡雅、虚静之美的追求。图画与书法篆刻共同塑造了中国人的审美趣味与精神品格。

雕塑是立体的绘画，在中国艺术中也占有重要的位置。雕塑分浮雕与圆雕。浮雕是在物体的表面雕刻，雕刻得浅的叫浅浮雕，雕刻得深的叫深浮雕。圆雕是直接把材料雕塑成需要的形体。中国雕塑差不多与绘画同时出现于上古时代，其代表就是刻在岩壁上的岩刻和各种陶器。中国古代雕塑艺术的发展可以分为先秦、两汉、魏晋到唐代、宋元明清四个阶段。先秦雕塑以青铜器为代表；汉代雕塑以陵墓雕塑为代表；魏晋到唐代雕塑以佛教雕塑为代表；宋元明清以民间工艺雕塑为代表。

青铜器主要兴盛于商周时期，以青铜器表面浮雕纹饰的精致之美和青铜器圆雕造型的雄奇之美著称。汉代陵墓雕塑分地上地下两类，地上以石阙、石兽为代表，地下以俑、画像砖石为代表。石阙就是陵墓前边象征天堂之门的石门建筑，上面往往有各种神话传说的雕刻，是建筑与雕刻艺术的完美结合。石兽是陵墓前边的各种石雕神兽。汉代霍去病墓的石兽雕塑最具特色，依天然石形精妙打凿而成，朴拙形象。石阙、石兽都有古拙雄壮之美。俑是以木、泥、陶等雕塑成的各种人与动物像。秦始皇兵马俑是最大型的俑像雕塑，造型逼真、规模宏大、气势磅礴。汉俑造型夸张、手法简练、小巧玲珑、生动形象。画像砖石或刻或塑，描绘了汉代上至神灵帝王，下至耕织说唱等丰富内容，风格豪放，技巧成熟。魏晋到唐代的佛教雕塑，以山西大同的云冈石窟、河南洛阳的龙门石窟、甘肃敦煌的莫高窟石窟为代表。云冈石窟开凿于北魏，时间最早，雕塑注重整体效果，不大追求细部，佛像造型多有印度风格，体现了佛教传入中国早期的时代特点。龙门石窟略晚于云冈石窟，佛像造型渐渐中国化，雕刻更为清秀俊丽。莫高窟石窟多唐代雕塑，佛像造型温和平易、和蔼可亲，体现了由神向人的过渡，其雕塑优美，达到了极高的艺术水平。全国最大的四川乐山大佛也是唐朝著名的雕塑。另外，唐代的唐三彩雕塑成就极高。唐三彩是在陶俑雕塑上施加各种色彩的铅釉，使之产生一种微妙奇幻之美。唐三彩内容丰富，有人有马有骆驼，造型各异，准确生动。宋元明清的雕塑总体规模、气象、成就都远不及前代，大型的陵墓雕塑、佛像雕塑都几乎消失，取而代之的是一些小巧精致的具有工艺品性质的象牙雕、玉雕、竹雕、木雕、彩雕。宋代的象牙雕工艺极为精湛。清代的彩雕颇为著名，出现了天津泥人张、无锡惠山泥人等彩雕艺人。

中国艺术是线的艺术，线条是中国艺术的灵魂。线条是中国艺术把握宇宙万物最主要的方式，它是对事物形神的提炼。中国的书法、篆刻、绘画无不是线的运用，而雕塑艺术中体现的也是线的精神，与西方艺术对体积的重视是截然不同的。中国的雕塑是将绘画的线条立体化，它所追求的不是骨骼、肌肉、皮肤的逼真，比例、结构、大小的准确，而是展现雕塑体线条下的神韵与趣味。

棋是艺术中比较特殊的一类，它是在竞技活动中培养人的智慧、品格的一门艺术。中国古代起源最早、影响最大的棋就是围棋。围棋就是在画有纵横各十九条直线的棋盘上，两个人分别用黑白两种扁圆石子互相围战的竞技。黑子一百八十一颗，白子一百八十颗，共三百六十一颗，刚好是纵横十九条线相交的交叉点数，棋子就下在这些交叉点上。围棋的胜负就看交叉点占领的多少。相传围棋起源于尧帝用石子在地上摆出行军布阵图形的活动。后来尧帝把这种军事活动改变为竞技娱乐活动，并用以教授儿子丹朱，故古书上讲"尧造围棋，以教丹朱"。

春秋战国时期，围棋在社会中已广泛流传，《左传》中已记载了当时人用"举棋不定"的围棋中的术语来比喻政治上的优柔寡断。西汉围棋没有什么发展。东汉围棋有了较大进步，史学家班固著有讲围棋的《弈旨》，经学家马融著有《围棋赋》，都对围棋作了理论的总结。魏晋南北朝围棋颇为兴盛，并出现了围棋史上的第一次重大变化——围棋棋盘由纵横十七条线变为今天的纵横十九条线。魏晋时期崇尚清谈，棋风更盛，人们把下棋称为手谈。南北朝还以棋技高下设官，将棋技分为九品，现在围棋的九段就源自于此。曹操、建安七子之一的王粲、梁武帝都是此期的围棋高手。唐宋是围棋史上的第二次重大转变时期，棋子由方形变成圆形。由于帝王好棋，唐朝还出现了棋待诏。棋待诏就是朝廷中专门设立的陪皇帝下棋的专业棋手。这些人都是经严格考核从全国选出的一流围棋高手，时称国手。棋待诏的出现标志着围棋的专业化、职业化，并且奠定了围棋的崇高地位。唐朝和外国交流频繁，围棋也因此传到了日本、朝鲜诸国。王积薪是此期最著名的围棋国手。下棋可以陶情怡性，培养智慧，到了宋代，围棋变成了与弹琴、写字、作画并列的风雅韵事，成为文人竞相追求的才艺。大诗人刘克庄就是此期的围棋高手。宋朝还出现了《玄玄棋经》《棋诀》两部重要棋学理论著作。前者为围棋家严德甫、晏天章撰。后者为围棋家刘仲甫撰。两书皆认为下棋如用兵。明清围棋更普及到民间，兴盛于天下。明朝围棋还形成了流派，其中著名的有以鲍一中为代表的永嘉派，以程汝亮为代表的新安派，以颜伦为代表的京师派。明朝围棋理论著作大量涌现，反映了当时高超的棋艺。清朝皇帝重视汉文化，提倡围棋，使围棋空前繁荣，高手辈出。康熙年间更出现了梁魏今、程兰如、范西屏、施襄夏"围棋四大家"。范、施二人更称为"棋圣"。

围棋是中国文化将竞技活动赋予艺术精神最典型的代表，围棋的黑白两子就像水墨画的黑白，它是阴阳精神的体现。黑白两子的围与攻就是阴阳的消长，在这种阴阳消长中包含着宇宙的万千变化。当对弈双方置身在阴阳消长的万千变化里时，不知不觉就沉浸在超时空的宇宙之美中，这就是围棋的艺术精神。这种艺术精神使围棋具有了审美与教化的重要意义，因此也才可能与琴、书、画并列为中国文人追求的高雅技艺。

《四库全书》子部艺术类共收著作八十一部，其中书画类七十一部，琴谱类四部，篆刻类两部，杂技类四部；存目共收著作八十部。书画类著名的有：《古画品录》《书品》《续画品》《贞观公私画史》《书谱》《书断》《法书要录》《历代名画记》《画山水赋》《翰墨志》《益州名画录》《图画见闻志》《画史》《书史》《宣和书谱》《宣和画谱》《画继》《续书谱》《书史会要》《墨池琐录》《御定佩文斋书画谱》《石渠宝笈》《秘殿珠林》《庚子销夏记》《江村销夏录》《小山画谱》；琴谱类有《琴史》《松弦馆琴谱》《松风阁琴谱》《琴谱合璧》；篆刻类有《学古编》《印典》；杂技类有《羯鼓录》《乐府杂录》《玄玄棋经》《棋诀》。

《贞观公私画史》为唐人裴孝源撰，内容是评点唐贞观年间官府和私人所藏历代名画。《书断》为唐人张怀瓘撰，内容是论述古今书体和书法家。《法书要录》为唐代画论大家张彦远撰，内容是编集东汉到唐代论述书法之语。《画山水赋》为五代大画家荆浩撰，内容是讲画山水的理论。《翰墨志》为宋高宗赵构御撰，内容是评点历代书法。《益州名画录》为宋人黄休复撰，内容是以逸、神、妙、能四品评点唐宋时期画家及作品。《图画见闻志》为宋人郭若虚撰，内容是记五代到宋朝的画史。《画史》《书史》皆为宋代大书法家、大画家米芾撰。《画史》是米芾记平生所见名画，品题真伪，《书史》是米芾记平生所见书法名品及装裱收藏等情况。《宣和画谱》分十类记录宋徽宗内府所藏诸绘画作品。《宣和书谱》分六类记载宋徽宗内府所藏诸书法作品。《画继》为宋人邓椿撰，内容是继《历代图画记》《图画见闻志》之后的画史，书名由此而来。《续书谱》是宋代大词人姜夔撰，内容是继唐代孙过庭《书谱》而后的书法评论。《书史会要》为明代文学家陶宗仪撰，内容是记录从三皇到元朝历代书法家的情况。《墨池琐录》为明代文学家杨慎撰，内容是书法评论。《御定佩文斋书画谱》为清朝康熙皇帝御定，内容是对历代书画及书画家的记录品评。《石渠宝笈》《秘殿珠林》乃奉乾隆皇帝之命编撰，前者是对历代书画的记录品评，后者是对皇宫所藏佛道两家书画作品的记录。《庚子销夏记》为清人孙承泽撰，内容是鉴赏书画。《江村销夏录》为清人高士奇撰，内容是考订书画源流。两书皆在夏天所作，故名"销夏记"。《小山画谱》是清代画家邹一桂撰，内容是论述画花卉的方法技巧。《松弦馆琴谱》为明人严澂撰，内容是对二十八支琴曲的记录。《松风阁琴谱》为清人程雄撰，内容是对十一支琴曲的记录，并附记弹琴指法。《琴谱合璧》为明代杨伦撰，清人和素把它译成了满文。《学古编》为元人吾丘衍撰，此书是讲篆刻理论方法与鉴赏。《印典》为清人朱象贤撰，内容是篆刻所需知识之大全。《羯鼓录》为唐人南卓撰，内容是讲羯鼓源流典故及曲名。《乐府杂录》为唐人段安节撰，内容是讲古代音乐、舞蹈、乐器、乐曲等情况。其余诸书，前已论述，兹不赘述。

第十三章

广博的类书家

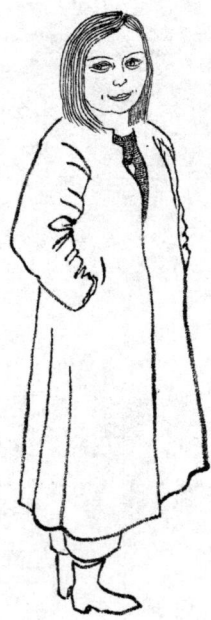

分門別類編家著建目設網匯百科

學了幼學走天下煙氣每嘆此言之不虛更古教學相長之不虛
故為三十三類單通此書古書之興故常見者悉知之乜古人云
之浩瀚雖為蒙書實蒙書中之類書分吾華古文化之興
者亦不歸中有煙嵐者滿幼學瓊林愈講愈知其書
青年教師八年來已登講堂者不辭且有頗高水平
里句創之公益國學院傳新書院培養國學弘揚之

　　类书是具有百科全书性质的资料汇编集，《四库全书》子部将历代的类书归为一类，称为类书家。类是分门别类的意思，类书就是分门别类的资料汇编。类书家和杂家表面看似乎都是一书中包含了不同体系的各种内容，但其本质却是不同的。杂家客观上看虽没有自己的思想体系，但主观上杂家是希望汇百家思想为一家思想的，所谓"兼儒墨之道，通众家之意"。类书家则完全是汇编资料，并无形成一家思想的愿望。而且杂家在汇编各家学说的时候，是将各家内容提炼加工，重新写成。类书则主要是对所编资料原文的抄录，并且标明出处。类书编写的目的是为了方便资料的查核，客观上也为保存古籍起到了重要的作用。很多散失的古籍，都能在类书中找到遗存。类书的类型按性质分有综合型和专业型。综合型是囊括自然、社会、人生各方面内容的汇编，专业型则是或自然或历史或文学或典故某方面内容的汇编。按编纂者来分有官修的，有文人编的，有书坊编的。按用途来分有为一般查核资料编的，有为诗文取材编的，有为应付科举考试编的，有为儿童启蒙编的，有为家常日用编的。按编录的方法来分有按内容分类编的，有按韵部分类编的，有按字的笔画数来编的。类书的内容无所不包，经史子集皆有涉猎，故《四库全书》称其："兼收四部，而非经非史，非子非集。"

　　中国历史上第一部类书是曹操的儿子魏文帝曹丕召集群儒编的《皇览》，不过此书已经失传。现存最早的一部类书是唐初大学者、著名书法家虞世南编的《北堂书钞》。时虞世南任秘书监，秘书省就设在宫城的北堂，故名。此书是对作骈文所需典故的汇编。唐朝有名的类书还有《艺文类聚》《初学记》。《艺文类聚》是初唐大学者、著名书法家欧阳询等奉唐高宗之命编纂，此书分天地、岁时、州郡、帝王、后妃、职官、礼乐、文武、鸟兽、祥瑞等六十四类，一百卷，约百万字。《艺文类聚》引用古籍一千四百三十一种，而这些古籍至今十不存一，因此保存了大量珍稀史料。在编纂体例上，《艺文类聚》也是诸多类书中最好的。《初学记》是唐玄宗为教诸皇子作文时查检辞藻典故而编纂的，分二十三类，三十卷。《初学记》内容不及《艺文类聚》广博，但比《艺文类聚》精要。宋代是类书编纂的黄金时期，出了《太平御览》《册府元龟》《玉海》等著名类书。《太平御览》是宋初学者李昉等奉宋太宗之命编纂，因太宗称要日览三卷，一年读完，故名"御览"。此书分五十五类，一千卷，引用古书一千六百九十种。其所引古书后大都失传，故其资料相当珍贵。《册府元龟》是王钦若、杨亿等学者奉宋真宗之命编纂。"册府"是藏书的府库，"元龟"即大龟，古人认为龟可以预见未来，故名。此书分三十一类，一千卷，内容是分门别类采录上古至五代历代君臣事迹，所录皆六经子史，不收它书。《册府元龟》篇幅比《太平御览》多一倍。《玉海》为南宋大学者王应麟所编纂，王应麟是宋代仅次于朱熹的最博学的人。此书分二十一类，两百卷，是为考生应考而著，所收内容之广博，超过了唐宋各种类书，其中宋代掌故尤为详实，为后之史书所不及。明清两朝编了中国历史上最大的两部类书《永乐大典》《古今图书集成》。《永乐大典》是明成祖朱棣命解缙等人所编。此书广收宋元以前经史子集各类古籍七八千种，以韵分类编排，共二万二千八百七十七卷，装成一万一千零九十五册，三亿七千多万字，保存了许多极珍贵罕见的资料。由于此书规模太过宏大，未能刊印，仅有手钞的永乐年间正本和嘉靖年间副本各一部。正本毁于明末战火，副本先后毁于英法联军、八国联军之手，至今残存三百七十余册。《古今图书集成》是现存最大的类书，为康熙皇帝第三子诚亲王胤祉的门客陈梦雷所编，雍正三年编成，有雍正皇帝御制序文。全书内容分历象、方舆、明伦、博物、理学、经济六大类，其下又分若干小类，共一万卷，一亿六千多万字。此书编排完善，检索方便，实用价值大，至今仍广泛运用。另外，清朝嘉庆、道光年间的大学者阮元还编了一部著名的类书《经籍纂诂》，此书是对周朝到唐朝经籍词汇解释的汇编。类书家对于中国文化最大的贡献就是保存了大量珍稀散失古籍的内容，使人能够清晰简要地了解中国传统文化的体系内容，并展现了中国文化的博大浩瀚。

《四库全书》子部类书类共收著作六十五部，存目著作二百一十七部。其中著名的有《艺文类聚》《北堂书钞》《初学记》《白孔六帖》《小名录》《太平御览》《册府元龟》《历代制度详说》《玉海》《小学绀珠》《姓氏急就篇》《御定骈字类编》《御定子史精华》《御定佩文韵府》《格致镜原》。存目中著名的有《永乐大典》《续文献通考》《三才图会》。《白孔六帖》为唐朝大诗人白居易编的《六帖》

和宋朝学者孔传编的《后六帖》的合编，故名。内容为成语故实之汇编。六帖何意，后世已不可考。《小名录》为晚唐文学家陆龟蒙所编，内容是从秦朝到南北朝的古人小名的汇编。《历代制度详说》为南宋道学家吕祖谦所编，内容是分十三类详述历代各种制度。《小学绀珠》《姓氏急就篇》为南宋大学者王应麟所编。前书是广收各类事物的一般类书，"绀珠"就是红色的珠子，比喻珍贵，"小学绀珠"就是指幼学应该了解的各类重要内容。后书是对姓氏的汇编，并注明姓氏的起源，各姓的历代名人及出处。《御定骈字类编》《御定子史精华》《御定佩文韵府》皆为清朝康熙皇帝下令编成。《御定骈字类编》是以字编排的一般性类书，分十二类。《御定子史精华》是子书、史书内容精华的分类汇编，分三十类。《御定佩文韵府》是以字韵为纲目编成的文学类书，内容是诗文典故的汇编。《格致镜原》为清初学者陈元龙所编，内容是对自然、器物、制度、饮食起居等内容的分类汇编。"格致"就是格物致知的意思。该书所编各类事物皆溯起本原，就如镜子照出事物的本原，故名"镜原"。《续文献通考》《三才图会》皆是明朝学者王圻等所编。前书是经史子集各种内容的分类汇编，后者是对诸书图谱的分类汇编。其余诸书，前已述及，兹不赘述。

专门的谱录家

录就是目录，目录就是一本账单，账单让你一目了然有多少家底。《四库全书》史部专设目录一类，这个目录就是中国古代书籍的账单。读了这个账单，对中国古籍的情况就能了然于心。在书籍以外还有许多比较珍贵、重要或者有趣的东西也有账单，如花有花的账单，鸟有鸟的账单，古玩有古玩的账单，这些账单就叫谱录。谱就是指一类事物的系统情况。《四库全书》子部将谱录列为一类，称为谱录家，并将其分为器物谱、食谱、草木鸟兽虫鱼谱三类。器物谱是讲古玩、器物系统的专书。其中有讲刀剑的，如《古今刀剑谱》《铜剑赞》；有讲鼎的，如《鼎录》；有讲砚的，如《砚谱》《砚史》《歙州砚谱》《端溪砚谱》；有讲墨的，如《墨谱》《墨经》《墨史》；有讲钱的，如《钦定钱录》；有讲香的，如《香谱》《香乘》；有讲文房四宝的，如《文房四谱》；有讲玉的，如《古玉图谱》；有讲泉水的，如《泉志》；有讲帽子的，如《冠谱》；有讲古玩的，如《宣德鼎彝谱》《钦定西清古鉴》。食谱是讲饮食系统的专书，其中有讲茶的，如《茶经》《茶录》《品茶要录》《茗史》；有讲酒的，如《酒谱》《酒史》《酒概》；有讲糖的，如《糖霜谱》；有讲食补的，如《饮膳正要》《饮食须知》。草木鸟兽虫鱼谱是讲植物动物的专书。其中有讲花木的，如《洛阳牡丹记》《扬州芍药谱》《范村梅谱》《范村菊谱》《荔枝谱》《御定广群芳谱》《花史》《竹谱》《笋谱》《菌谱》；有讲鸟的，如《禽经》；有讲虫鱼的，如《异鱼图赞》《蟹谱》《蛇谱》。谱录家深刻反映了中国传统文人的雅情高怀和对于生活的广泛兴趣，丰富了传统文化的内容，展现了中华文化的高雅与精致。

《四库全书》子部谱录类共收著作五十六部，其中器物谱二十五部、食谱十部、草木鸟兽虫鱼谱二十一部，存目著作八十九部。其中最著名的器物谱有《砚史》，食谱有《茶经》《茶录》，草木鸟兽虫鱼谱有《洛阳牡丹记》《范村梅谱》《范村菊谱》《荔枝谱》《御定广群芳谱》等。《砚史》为北宋著名书法家米芾所撰，此书系统讲述历代砚台历史、砚石品性、砚台形制、砚台制作等内容。《茶经》为唐朝著名隐士陆羽所撰，陆羽被称为"茶圣"。此书为全世界最早的关于茶的专著，内容共九类，分别讲了茶的起源、采茶的器具、茶叶加工的方法、煮茶的茶具、茶叶的煎煮、饮茶的方法、茶的典故、茶叶的产地、茶叶的品种。

《四库全书》称"言茶者莫精于羽,其文亦朴雅有古意"。《茶录》《荔枝谱》皆为北宋大书法家蔡襄所撰。《茶录》分上下篇,上篇论茶,下篇论烹茶之法。《荔枝谱》分七篇,分别讲了荔枝的起源、特性、买卖、服食、护养、制作、种类。《洛阳牡丹记》为北宋大学者欧阳修所撰,分三篇分别讲了牡丹花的种类、名称、栽培。全书文笔古雅有法,蔡襄曾将其书写刻于家中。《范村梅谱》《范村菊谱》皆为南宋大诗人范成大所撰。范村是范成大所居之地,两书所记是范成大在范村所种梅花与菊花的种类、名称、形状等。《范村梅谱》是我国第一部讲梅花的专书。《御定广群芳谱》为清朝康熙皇帝御定,乃增广明朝王象晋所撰《群芳谱》而成,详述了各种花卉的名称、形状、种类、种植及历代诗文对于花卉的吟咏。

附录一 《论六家要旨》

（西汉）司马谈

《易大传》："天下一致而百虑，同归而殊途。"夫阴阳、儒、墨、名、法、道德，此务为治者也，直所从言之异路，有省不省耳。尝窃观阴阳之术，大祥而众忌讳，使人拘而多所畏；然其序四时之大顺，不可失也。儒者博而寡要，劳而少功，是以其事难尽从；然其序君臣父子之礼，列夫妇长幼之别，不可易也。墨者俭而难遵，是以其事不可遍循；然其强本节用，不可废也。法家严而少恩；然其正君臣上下之分，不可改矣。名家使人俭而善失真；然其正名实，不可不察也。道家使人精神专一，动合无形，赡足万物。其为术也，因阴阳之大顺，采儒墨之善，撮名法之要，与时迁移，应物变化，立俗施事，无所不宜，指约而易操，事少而功多。儒者则不然。以为人主天下之仪表也，主倡而臣和，主先而臣随。如此则主劳而臣逸。至于大道之要，去健羡，绌聪明，释此而任术。夫神大用则竭，形大劳则敝。形神骚动，欲与天地长久，非所闻也。

夫阴阳四时、八位、十二度、二十四节各有教令，顺之者昌，逆之者不死则亡，未必然也，故曰"使人拘而多畏"。夫春生夏长，秋收冬藏，此天道之大经也，弗顺则无以为天下纲纪，故曰"四时之大顺，不可失也"。

夫儒者以《六艺》为法。《六艺》经传以千万数，累世不能通其学，当年不能究其礼，故曰"博而寡要，劳而少功"。若夫列君臣父子之礼，序夫妇长幼之别，虽百家弗能易也。

墨者亦尚尧舜道，言其德行曰："堂高三尺，土阶三等，茅茨不翦，采椽不刮。食土簋，啜土刑，粝粱之食，藜藿之羹。夏日葛衣，冬日鹿裘。"其送死，桐棺三寸，举音不尽其哀。教丧礼，必以此为万民之率。使天下法若此，则尊卑无别也。夫世异时移，事业不必同，故曰"俭而难遵"。要曰强本节用，则人给家足之道也。此墨子之所长，虽百家弗能废也。

法家不别亲疏，不殊贵贱，一断于法，则亲亲尊尊之恩绝矣。可以行一时之计，而不可长用也，故曰"严而少恩"。若尊主卑臣，明分职不得相逾越，虽百家弗能改也。

名家苛察缴绕，使人不得反其意，专决于名而失人情，故曰"使人俭而善失真"。若夫控名责实，参伍不失，此不可不察也。

道家无为，又曰无不为，其实易行，其辞难知。其术以虚无为本，以因循为用。无成埶，无常形，故能究万物之情。不为物先，不为物后，故能为万物主。有法无法，因时为业；有度无度，因物与合。故曰"圣人不朽，时变是守。虚者道之常也，因者君之纲"也。群臣并至，使各自明也。其实中其声者谓之端，实不中其声者谓之窾。窾言不听，奸乃不生，贤不肖自分，白黑乃形。在所欲用耳，何事不成。乃合大道，混混冥冥。光耀天下，复反无名。凡人所生者神也，所托者形也。神大用则竭，形大劳则敝，形神离则死。死者不可复生，离者不可复反，故圣人重之。由是观之，神者生之本也，形者生之具也。不先定其神形，而曰"我有以治天下"，何由哉？

附录二 《汉书·艺文志》（节选）

（东汉）班固

儒家者流，盖出于司徒之官，助人君顺阴阳、明教化者也。游文于六经之中，留意于仁义之际，祖述尧舜，宪章文武，宗师仲尼，以重其言，于道最为高。孔子曰："如有所誉，其有所试。"唐虞之隆，殷周之盛，仲尼之业，已试之效者也。然惑者既失精微，而辟者又随时抑扬，违离道本，苟以哗众取宠。后进循之，是以五经乖析，儒学渐衰，此辟儒之患。

道家者流，盖出于史官，历记成败、存亡、祸福、古今之道，然后知秉要执本，清虚以自守，卑弱以自持，此君人南面之术也。合于尧之克攘，《易》之嗛嗛，一谦而四益，此其所长也。及放者为之，则欲绝去礼学，兼弃仁义，曰独任清虚可以为治。

阴阳家者流，盖出于羲和之官，敬顺昊天，历象日月星辰，敬授民时，此其所长也。及拘者为之，则牵于禁忌，泥于小数，舍人事而任鬼神。

法家者流，盖出于理官，信赏必罚，以辅礼制。《易》曰："先王以明罚饬法。"此其所长也。及刻者为之，则无教化，去仁爱，专任刑法而欲以致治，至于残害至亲，伤恩薄厚。

名家者流，盖出于礼官。古者名位不同，礼亦异数。孔子曰："必也正名乎！名不正则言不顺，言不顺则事不成。"此其所长也。及警者为之，则苟钩𫣓析乱而已。

墨家者流，盖出于清庙之守。茅屋采椽，是以贵俭；养三老五更，是以兼爱；选士大射，是以上贤；宗祀严父，是以右鬼；顺四时而行，是以非命；以孝视天下，是以上同。此其所长也。及蔽者为之，见俭之利，因以非礼，推兼爱之意，而不知别亲疏。

纵横家者流，盖出于行人之官。孔子曰："诵《诗》三百，使于四方，不能专对，虽多，亦奚以为？"又曰："使乎，使乎！"言其当权事制宜，受命而不受辞，此其所长也。及邪人为之，则上诈谖而弃其信。

杂家者流，盖出于议官。兼儒、墨，合名、法，知国体之有此，见王治之无不贯，此其所长也。及荡者为之，则漫羡而无所归心。

农家者流，盖出于农稷之官。播百谷，劝耕桑，以足衣食，故八政一曰食，二曰货。孔子曰："所重民食。"此其所长也。及鄙者为之，以为无所事圣王，欲使君臣并耕，悖上下之序。

小说家者流，盖出于稗官。街谈巷语，道听途说者之所造也。孔子曰："虽小道，必有可观者焉。致远恐泥，是以君子弗为也。"然亦弗灭也。闾里小知者之所及，亦使缀而不忘。如或一言可采，此亦刍荛狂夫之议也。

诸子十家，其可观者九家而已。皆起于王道既微，诸侯力政，时君世主，好恶殊方，是以九家之术，蜂出并作，各引一端，崇其所善，以此驰说，取合诸侯。其言虽殊，辟犹水火，相灭亦相生也。仁之与义，敬之与和，相反而皆相成也。《易》曰："天下同归而殊途，一致而百虑。"今异家者各推所长，穷知究虑，以明其指，虽有蔽短，合其要归，亦六经之支与流裔。使其人遭明王圣主，得其所折中，皆股肱之材已。仲尼有言："礼失而求诸野。"方今去圣久远，道术缺废，无所更索，彼九家者，不犹愈于野乎？若能修六艺之术，而观此九家之言，舍短取长，则可以通万方之略矣。

附录三 《四库全书总目提要·子部总叙》

　　自六经以外立说者，皆子书也。其初亦相淆，自《七略》区而列之，名品乃定。其初亦相轧，自董仲舒别而白之，醇驳乃分。其中或佚不传，或传而后莫为继，或古无其目而今增，古各为类而今合，大都篇帙繁富。可以自为部分者，儒家以外有兵家，有法家，有农家，有医家，有天文算法，有术数，有艺术，有谱录，有杂家，有类书，有小说家，其别教则有释家，有道家，叙而次之，凡十四类。儒家尚矣。有文事者有武备，故次之以兵家。兵，刑类也。唐虞无皋陶，则寇贼奸宄无所禁，必不能风动时雍，故次以法家。民，国之本也；谷，民之天也。故次以农家。本草经方，技术之事也，而生死系焉。神农黄帝以圣人为天子，尚亲治之，故次以医家。重民事者先授时，授时本测候，测候本积数，故次以天文算法。以上六家，皆治世者所有事也。百家方技，或有益，或无益，而其说久行，理难竟废，故次以术数。游艺亦学问之余事，一技入神，器或寓道，故次以艺术。以上二家，皆小道之可观者也。《诗》取多识，《易》称制器，博闻有取，利用攸资，故次以谱录。群言歧出，不名一类，总为荟萃，皆可采撷菁英，故次以杂家。隶事分类，亦杂言也，旧附于子部，今从其例，故次以类书。稗官所述，其事末矣，用广见闻，愈于博弈，故次以小说家。以上四家，皆旁资参考者也。二氏，外学也，故次以释家、道家终焉。夫学者研理于经，可以正天下之是非；征事于史，可以明古今之成败。余皆杂学也。然儒家本六艺之支流，虽其间依草附木，不能免门户之私。而数大儒明道立言，炳然具在，要可与经史旁参。其余虽真伪相杂，醇疵互见，然凡能自名一家者，必有一节之足以自立，即其不合于圣人者，存之亦可为鉴戒。虽有丝麻，无弃菅蒯；狂夫之言，圣人择焉。在博收而慎取之尔。

初版后记

外孙李里《大众子学》书稿成册行将付梓,嘱余做最后校对。在短短一周内浏览了此书,阅读后颇有感触,受益良多。通过阅读全书,眼界大开,明确了"子学"产生的土壤:春秋战国时代,诸侯争霸,王道不行,诸侯都想得到能助自己称霸的学问,天下有志之士皆各持己学,游说诸侯,子学于是应运而生。又对其丰富的内涵及诸子百家的著述、理论、异同有了较全面的了解,把我以前所知的各派的思想、学说的一鳞半爪系统化了,也更全面、深化了。

阅读后既惊叹我国几千年文化宝藏之丰富,先辈们智慧之敏锐,忧国忧民之心高远,给后代留下了取之不尽、用之不竭的宝贵精神财富,孕育了无数优秀的中华儿女;又感叹外孙李里在短短的数年间博览了如此众多的书籍,能把对"子学"的理解编纂成册,阅后使人对"子学"形成一个全面的认识。书中把各派各家各人的简历、学说、内容条分缕析,且语言晓畅明快,内容易读易懂易记。各个小标题也很有特色。小标题前面的定语把各家的特点充分显示了出来。如雍容的儒家、冷峻的法家、形象的小说家、风流的艺术家等,一看标题就略知各家学术的特点了。此书名为《大众子学》,的确适合广大群众阅读,也为爱好国学的同仁进一步钻研作一铺垫,不失李里多年致力宣扬国学的初衷。

此书成书因时间较紧,难免有疏漏。我校对时只在文字上作了些修改,内容上提了点建议。不当之处,敬请读者见谅指正。

八十六岁苏应萱
二〇一〇年五月

初版跋

　　二〇〇八年，里应山东教育电视台《名家论坛》之邀主讲先秦诸子。后又督印成书。里初觉所讲皆为普及之谈，且讲论先秦诸子之作甚多，刊之无益。后思学界尚无全面述及历代子学之著，遂定增补《四库全书》所列之小说、天算、艺术、类书、谱录、中医诸家及所有各家之历史，以求能泛览子学全貌。二〇〇九年秋始就讲稿删改，汰去大半，添加数倍于前，今春方毕。修撰需假电脑，为里所不擅，先后得家母与国学工作室诸生相助以终其篇。书竟，八十六岁外祖母复逐字校对，撰成后记。最感恩师九十八岁国学大师杜道生先生、九十二岁硕学朱鹤亭先生、著名中医卢崇汉先生赐序勉励，史学家王炎平先生、诗僧洪禅法师带病匡正谬失，里铭感在心，以为鞭策，誓不忘。

二〇一〇年孟夏，渝州芳园子李里于西蜀川师东园

再版后记

里儿的《大众子学》由广西师范大学出版社再版，循曾在此出版的《论语讲义》与《蒙书讲义》之惯例更名为《子学讲义》，并嘱我为他写一篇再版后记。写什么呢？

思自他的第一本国学著作《论语讲义》2007年出版至2012年间，虽连续出版了《蒙书讲义》《大众子学》《传薪文丛》等作品，但之后就停下了。他自己反思此前作品并不完满，应该厚积薄发，而不是太急功近利地忙着出版。但我及他父亲乃至所有长辈却都认为他近年来除了备课讲学，把大把时间都花在饲养动物身上是浪费了上天给与他的天赋，我们觉得在普及传播国学上他是可以有所作为的。那么多读者一直盼着他的新作，他应该有更好的著述奉献给他们。而他却一心"参天化地，继绝传薪"，丝毫不为我们的希望所动。正如他在再版自序中所言："继绝传薪即设帐讲学，参天化地则创赞化园于书院内，饲飞禽走兽百余种，数年间参赞其中，呕心沥血，与生灵为友，自有深情妙悟。"正是这"参天化地"与这"深情妙悟"令他孤独地、执着地行走在他所选择的这条道路上。他爱动物，与动物为友，真是"呕心沥血"；他爱万物众生，把儒家生生不息之精神化在自己的日用常行中，时时去努力践行。然而他确实走得辛苦，走得艰难，作为他的父母，虽已年届古稀，虽无法理解他的选择，但看着他没日没夜地辛劳，着实心疼，故仍始终如一地帮他分忧，替他操劳，为他解难。只愿他能多有一点属于自己的时间，能够在学问上有所精进，在著作上有所增益和突破，以不负上天，不负自身，更不负喜爱他的读者。《大众子学》的再版，增加了自绘插图，又对内容作了修改和调整，或许可令翘首以盼李里著作的读者稍感欣慰。

2007年3月，我为他的《论语讲义》写完后记，恰是"搁笔抬头窗外，满园桃花正粲然绽开"之时，而今年撰写《子学讲义》再版后记又逢百花盛开，但愿这是一个好的兆头，做母亲的我默默地祈祷着。

黄旬于二〇一九年孟春